Inge Seiffge-Krenke/Klaus Schmeck (Hg.)

Diagnostische und therapeutische Arbeit mit der OPD-KJ-2

Ein Fallbuch

Mit 25 Abbildungen und 2 Tabellen

Vandenhoeck & Ruprecht

Bibliografische Information der Deutschen Nationalbibliothek:
Die Deutsche Nationalbibliothek verzeichnet diese Publikation in der
Deutschen Nationalbibliografie; detaillierte bibliografische Daten sind
im Internet über https://dnb.de abrufbar.

© 2020, Vandenhoeck & Ruprecht GmbH & Co. KG, Theaterstraße 13, D-37073 Göttingen
Alle Rechte vorbehalten. Das Werk und seine Teile sind urheberrechtlich
geschützt. Jede Verwertung in anderen als den gesetzlich zugelassenen Fällen
bedarf der vorherigen schriftlichen Einwilligung des Verlages.

Umschlagabbildung: GooseFrol/Shutterstock.com

Satz: SchwabScantechnik, Göttingen
Druck und Bindung: ⊕ Hubert & Co. BuchPartner, Göttingen
Printed in the EU

Vandenhoeck & Ruprecht Verlage | www.vandenhoeck-ruprecht-verlage.com

ISBN 978-3-525-45330-8

Inhalt

Einführung
Inge Seiffge-Krenke: Die OPD-KJ-2: Entstehungsgeschichte und Überblick
über die Achsen 8
Helene Timmermann: Lassen sich Szenisches Verstehen und OPD-KJ
miteinander vereinbaren? 14

Achse Behandlungsvoraussetzungen
Oliver Bilke-Hentsch: Differenzierung der Behandlungsvoraussetzungen
am Beispiel von Kindern und Jugendlichen mit ADHS 22
Martina Kempf-Giefing und Ruth Weissensteiner: Ein Kampfroboter,
der in die Werkstatt muss 30
Ilonka Schwarzenfeld und Ruth Weissensteiner: Ich scheine, also bin ich –
die schwierige Suche nach dem kohärenten Selbst 39

Achse Struktur
Alexa Kyra Weber und Ruth Weissensteiner: Veränderung der strukturellen
Fähigkeiten im Laufe der Psychotherapie einer anorektischen 15-jährigen
Jugendlichen 48
Eginhard Koch: Der Junge mit dem Zettelkasten: Ein hochbegabter
Jugendlicher mit einer paranoid-halluzinatorischen Psychose 57
Carmen Eger, Jenny Kaiser, Lydia Kruska und Annette Streeck-Fischer:
Diagnostik und Therapie einer Zehnjährigen mit einer generalisierten
Angststörung 64
Emine Yücel-Gülay, Klaus Schmeck und Susanne Schlüter-Müller:
Psychotherapie eines Mädchens nach dem Suizid seiner Mutter 77
Ruth Weissensteiner und Jörg Ulrich Koenig: Du darfst nicht wichtig werden –
ich wäre ansonsten verletzlich. Behandlung einer frühen narzisstischen
Kränkung 85

Achse Beziehung
Carola Cropp und Bastian Claaßen: Die OPD-KJ-2-Achse Beziehung als hilfreiches Instrument zur Fokusbildung in der Behandlungsplanung. Charakteristische Merkmale von Beziehungsdynamiken jugendlicher Patienten und Patientinnen mit Konfliktpathologie, struktureller Störung und Traumafolgestörung 94

Achse Konflikt
Gisela Kalkum und Inge Seiffge-Krenke: Eine Diagnose – verschiedene Konflikte am Beispiel von Essstörungen 108
Inge Seiffge-Krenke: Verschiedene Konflikte, die der Diagnose »Emotionale Störung mit Trennungsangst des Kindesalters« zugrunde liegen können, und die Bedeutung des ödipalen Themas 118
Fabian Escher: Wie eine Symptomverschiebung helfen kann, einen OPD-Konflikt besser zu lösen 131

Besondere Herausforderungen
Sebastian Glock: Der Einsatz von OPD-KJ-2 bei Patienten und Patientinnen mit leichten geistigen Behinderungen 142
Petra Adler-Corman: Kann die OPD-KJ-2 auch bei Kindern und Jugendlichen mit Intelligenzminderung eingesetzt werden? 151
Heiko Dietrich: OPD-KJ-2 in der therapeutischen Begleitung transidenter Jugendlicher 165

Neue Methoden
Klaus Schmeck: Der Strukturfragebogen OPD-KJ-2-SF: Erfassung der Achse Struktur im Selbsturteil 176
Inge Seiffge-Krenke und Fabian Escher: Der Konfliktfragebogen: Multiperspektivische standardisierte Erfassung der intrapsychischen Konflikte nach OPD-KJ-2 182

Ausblick
Klaus Schmeck und Inge Seiffge-Krenke: OPD-KJ-2: Wo stehen wir und wie geht es weiter? 188

Literatur 192

Die Autorinnen und Autoren 195

EINFÜHRUNG

Inge Seiffge-Krenke

Die OPD-KJ-2: Entstehungsgeschichte und Überblick über die Achsen

Die Frage der Symptomdiagnostik versus einer Struktur- und Konfliktdiagnostik beschäftigt gegenwärtig viele Therapeutinnen und Therapeuten. Die OPD-KJ ist als eine Ergänzung zur herkömmlichen Diagnostik mit der ICD-11 oder dem DSM-5 zu sehen. Auf eine Symptomdiagnostik kann keinesfalls verzichtet werden. So muss etwa bei dem Bericht an den Gutachter eine krankheitswertige Störung belegt werden, damit die psychotherapeutische Behandlung von der Krankenkasse übernommen wird. Im Übrigen sind es die Symptome, unter denen die Patienten und ihre Familie leiden und die letztlich zur diagnostischen Untersuchung und gegebenenfalls zu einer Beratung, psychotherapeutischen Behandlung oder einer anderen Indikation führen. Allerdings ist die alleinige Feststellung der Symptome für eine effiziente Behandlung nicht ausreichend, denn oftmals können sich Symptome spontan verändern oder es treten verschiedene Symptome gleichzeitig auf, sodass eine rein symptomspezifische Behandlung wenig zielführend ist. Die Operationalisierte Psychodynamische Diagnostik im Kindes- und Jugendalter (OPD-KJ) strebt daher eine komplexe Erfassung psychodynamischer Prozesse an, die die Symptome verursacht haben, und bettet sie in den Entwicklungskontext ein. Der Entwicklungsgedanke ist zentral und betrifft alle Aspekte des Prozesses, von der Art der Befunderhebung über die Auswahl relevanter diagnostischer Kategorien bis hin zum Prozess der diagnostischen Einschätzung auf verschiedenen inhaltlichen Achsen sowie einer Behandlungsempfehlung.

Entstehungsgeschichte

Die OPD-KJ (Arbeitskreis OPD-KJ-2, 2013) ist eine psychodynamisch orientierte Diagnostik für das Kindes- und Jugendalter, die in einem umfangreichen Manual vorliegt. Sie basiert auf den langjährigen Arbeiten einer Arbeitsgruppe, an der namhafte Vertreter der Psychotherapie im Kindes- und Jugendalter regelmäßig teilnahmen. Die Arbeit orientierte sich zwar an der OPD für Erwachsene, mit der bereits 1996 eine psychodynamisch orientierte Diagnostik mit verschiedenen Achsen für den Bereich der Erwachsenendiagnostik vorlag, stellt aber auch ein grundsätzlich eigenes Konzept dar, da der Entwicklungsgedanke alle Achsen durchzieht. Die OPD-KJ verbindet somit psychodynamische, entwicklungspsychologische und klinisch-psychiatrische Perspektiven.

Als Orientierungshilfe werden bestimmte *Altersfenster* vorgegeben, in denen entwicklungsbezogene Adaptation bzw. Fehlanpassung sowie strukturelle Ressourcen sichtbar werden. Die Altersstufen halten sich grob an das Piaget'sche Konzept der Entwicklung, nämlich die Stufen 0 (etwa 0 bis 1,6 Jahre), 1 (1,7 bis 6 Jahre), 2 (6 bis 12 Jahre) und 3 (ab dem 13. Lebensjahr), sie haben einen mittleren Differenzierungsgrad und lassen sich an wichtigen normativen Einschnitten wie Vorschulzeit, Schulzeit, beginnende körperliche Reife etc. festmachen. Die Stufe 3, ab dem 13. Lebensjahr, entspricht der formaloperatorischen Stufe nach Piaget. Der Jugendliche hat auf dieser Stufe selbstreflexive Fähigkeiten und metakognitive Prozesse höherer Ordnung erworben, Fähigkeiten, die zu extremer Beschäftigung mit sich selbst führen können. Ganz generell werden auf dieser Entwicklungsstufe psychische Perspektiven wichtig. Dies gilt für Beziehungen, aber auch für Prozesse der Krankheitsentstehung. Die Bewältigungsfertigkeiten sind zunehmend durch eine Vielzahl differenzierter Strategien und deren flexiblen Einsatz gekennzeichnet.

Die Achsen im Überblick

Auf vier psychodynamischen Achsen – zu den Beziehungsmustern, den intrapsychischen Konflikten, der psychischen Struktur und den Behandlungsvoraussetzungen von Kindern und Jugendlichen – werden psychodynamische Befunde erhoben, die dann als Entscheidung für die Indikation, gegebenenfalls die Therapieplanung und nach Ende der Therapie zur Evaluation des Therapieerfolges herangezogen werden können.

Achse Beziehung

Eine adäquate Beziehungsdiagnostik für das Kindes- und Jugendalter setzt voraus, dass die unterschiedlichen Beziehungsebenen des Kindes bzw. Jugendlichen Berücksichtigung finden. Aus diesem Grund setzt sich die Achse Beziehung aus unterschiedlichen Modulen zusammen. So hat der Untersucher oder die Untersucherin die Möglichkeit, zwischen den Ebenen Kind-Untersucher, Kind-Vater,

Kind-Mutter etc. bis hin zu Triaden die Beziehungen zu codieren. Ebenso ist es möglich, die eigene Gegenübertragung in einer separaten Codierung zu vermerken. Zentral ist die Einschätzung des Verhaltens des Kindes bzw. Jugendlichen in der Untersuchungssituation, und zwar zum einen *objektgerichtet* (wie nimmt er oder sie Einfluss auf den Therapeuten?) und zum anderen *subjektgerichtet* (wie reagiert das Kind, der Jugendliche auf den Therapeuten?). Die komplexen Gefühle werden anhand eines Kreismodells beschrieben, wobei zwei grundsätzliche Beziehungskonstellationen, die emotionale Qualität der Beziehung (Affiliation) und die Kontrolle in der Beziehung, eingeschätzt werden können.

Achse Struktur

Die Achse psychische Struktur basiert auf dem psychoanalytischen Strukturbegriff, wobei davon ausgegangen wird, dass Struktur in jeder Altersstufe durch eine relativ optimale Anpassungsfähigkeit gekennzeichnet ist. Sie gliedert sich in vier Bereiche: *Steuerung* (z. B. Impulssteuerung, Umgang mit negativen Affekten, Konfliktbewältigung), *Identität* (Selbst- und Objektdifferenzierung, Selbsterleben), *Interpersonalität* (z. B. Kontakt, Kommunikation eigener Affekte und Entschlüsselung fremder Affekte) sowie *Bindung* (z. B. sichere Basis, Fähigkeit, allein zu sein). Wiederum werden auch hier anhand der Altersstufen die entwicklungspsychologischen Äußerungsformen auf diesen vier Strukturdimensionen beschrieben. Die Einschätzung der Struktur bezieht sich auf die letzten sechs Monate, wobei zwischen *guter Integration* (die beschriebenen Strukturdimensionen gelingen in allen beschriebenen sozialen Bereichen unter Alltagsbedingungen zu fast jeder Zeit und ohne wesentliche Hilfe von außen) über *mäßige oder geringe Integration* (dem Kind bzw. Jugendlichen gelingen die Strukturleistungen nur mit zusätzlichen oder erheblichen Hilfen von außen in den meisten oder in wenigen beschriebenen sozialen Situationen meistens bzw. selten) bis *Desintegration* unterschieden wird. Bei Letzterer können trotz intensiver Hilfen die Strukturleistungen nicht befriedigend gelingen, in fast keiner für das Kind oder den Jugendlichen relevanten Situation und zu keiner Zeit.

Achse Konflikt

Für die Diagnostik in der OPD-KJ spielen intrapsychische, zeitlich überdauernde Konflikte eine herausragende Rolle. Entscheidend ist, dass sie entwicklungshemmend sind und das Thema des Kindes bzw. Jugendlichen darstellen. Von den insgesamt sieben intrapsychischen Konflikten wird jeweils der zentrale bzw. der zweitwichtigste Konflikt auf Basis des vorliegenden Materials diagnostiziert. Dabei richtet sich diese Einschätzung danach, wie dysfunktional dieser Konflikt ist, das heißt, in wie vielen Entwicklungsbereichen (Schule, Eltern, Freunde) er deutlich wird. In jedem Konfliktbereich werden ein passiver und ein aktiver Modus der Konfliktbearbeitung voneinander unterschieden: Der *aktive Modus* liegt dann vor, wenn kontraphobische Abwehr- und Reaktionsbildungen überwiegen. Beim *passiven Modus* überwiegen dagegen regressive Abwehrhaltungen. Pro Altersstufe findet man eine Operationalisierung des jeweiligen Konflikts im aktiven und passiven Modus, jeweils bezogen auf die Familie, die Gleichaltrigen, auf Kindergarten/Schule und den Körper.

Da die bei Kindern und Jugendlichen beobachtete Symptomatik auch die Folge einer akuten schweren Belastung sein kann, ist schließlich noch einzustufen, ob die Kinder bzw. Jugendlichen im letzten halben Jahr schwerwiegende Belastungen und Traumata erlebt haben. Diese Belastungen können die Verarbeitungskapazitäten generell einschränken und unter anderem dazu führen, dass die Verarbeitung des intrapsychischen Konflikts verändert ist im Sinne von starker Regression. Bei traumatisierten Patientinnen und Patienten sind auch andere Herangehensweisen zu befolgen. Als besonders problematisch ist einzuschätzen, wenn das erst vor einiger Zeit vorgefallene traumatische oder schwer belastende Ereignis ein Thema aufnimmt, das auch in dem intrapsychischen Konflikt des Patienten von großer Bedeutung ist.

Ein *Nähe-Distanz-Konflikt* als lebensbestimmendes Thema sollte nur dann diagnostiziert werden, wenn er alle anderen Konflikte überragt und seine Zuordnung eindeutig ist. Er liegt nicht vor, wenn Kinder bzw. Jugendliche zu flexiblen und wechselseitigen Beziehungen in der Lage sind. Bei *Unterwerfung versus Kontrolle* kreist der Grundkonflikt um die Auseinandersetzung mit Gehorsam/Unterwerfung versus Kontrolle/Machtausübung, Sichauflehnen. Bei *Selbstversorgen versus Versorgtwerden* erlebt das Kind, der Jugendliche Beziehungssicherheit, sie wird aber sehr stark durch Ansprüche auf materielle oder affektive Versorgung bzw. durch deren Abwehr bestimmt. Bei *Selbstwertkonflikten* geht es um den Selbst- versus Objektwert bzw. darum, dass das Selbsterleben bestimmt ist durch das Gefühl, nichts wert zu sein (passiver Modus) bzw. durch Selbstüberschätzung (aktiver Modus). *Schuldkonflikte* verweisen auf eine überzogene Treuebindung an die Eltern oder ein Elternteil, die so massiv ist, dass sie die weitere Entwicklung behindert. Bei den *ödipalen Konflikten* geht es um die Auseinandersetzung mit Sexualität im passiven und aktiven Modus, während bei den *Identitätskonflikten* die Suche nach Identität im aktiven und passiven Modus die Lebensbereiche der oder des Jugendlichen durchzieht. Die klinische Arbeit mit der Konfliktachse wird in Seiffge-Krenke et al. (2014) an Langzeitbehandlungen dargestellt.

Achse Behandlungsvoraussetzungen

Hier bilden sich Bereiche ab, die zusätzlich zu rein psychodynamischen Konstrukten für die Behandlung von großer Bedeutung sind. Dazu gehören subjektive Dimensionen der Kinder und Jugendlichen, aber auch Ressourcen. Gerade der Blick auf die Ressourcen sollte nicht verloren gehen, weil sich nur allzu schnell der Blick auf das pathologische und intrapsychisch Defizitäre richtet. Hier werden beispielsweise die *subjektive Beeinträchtigung* des Kindes und Jugendlichen erhoben, seine *Theorien und Hypothesen* über seine Erkrankung, der *Leidensdruck* und die *Veränderungsmotivation*. Ist er oder sie unzufrieden und äußert er oder sie das Bedürfnis nach Veränderung? Wie steht es mit seinem oder ihrem Leidensdruck?

Bei den *Ressourcen* werden die gegenwärtige Lebenssituation des Kindes bzw. des Jugendlichen, seine familiären Beziehungen und Verhältnisse berücksichtigt. Als weitere Ressource wird die Beziehung zu den Gleichaltrigen aufgenommen, die bei Kindern und Jugendlichen von großer Bedeutung ist. Hier wird detailliert nach dem Umfang und der Qualität von Freundschaftsbeziehungen gefragt, um zu eruieren, inwieweit sie eine Ressource bei möglicherweise defizitären familiären Beziehungen darstellen. Auch die außerfamiliäre Unterstützung, etwa durch Hilfsangebote von Institutionen, wird erfragt. Bei den *familiären Ressourcen* werden in erster Linie die Offenheit der Familie im Interview, die Flexibilität der Mitglieder, die Bezogenheit aufeinander und der Austausch in der Familie herangezogen. Dabei ist es wichtig, wie weit Eltern oder andere Bezugspersonen ambivalente Gefühle gegenüber dem Kind wahrnehmen und verbalisieren können, wie weit transgenerationale Grenzen bewusst sind und Ähnliches. Die Veränderungsmotivation der Familie fließt ebenfalls in den Bereich Ressourcen ein. Zu den *intrapsychischen Ressourcen* zählen schließlich Kontrollüberzeugung und Selbstwirksamkeit sowie eigene Kompetenzen, über die das Kind, der Jugendliche verfügt, um mit der gegenwärtigen Situation und den gegenwärtigen Problemen umzugehen. Auch die Einsicht spielt eine wichtige Rolle, was unter anderem durch die *Introspektionsfähigkeit* und ein Verstehen, was die Ursachen des Symptoms sind, operationalisiert wird. Ferner erfasst die Kategorie der speziellen *Psychotherapiemotivation* das spezifische Interesse daran, durch eine Fortsetzung oder Vertiefung des entstandenen Dialogs mit dem Therapeuten oder der Therapeutin auf eine Reduzierung der bestehenden Problematik bzw. Symptomatik hinzuwirken. Der *Krankheitsgewinn* wird ebenfalls erfasst, er ist zum Teil erheblich und kann verhindern, dass Patienten in Behandlung gehen bzw. in der Behandlung angemessen mitarbeiten. Von großer therapeutischer Bedeutung ist auch die Feststellung der *Arbeitsbündnisfähigkeit*. Sie bezieht sich darauf, wie gut der Patient oder die Patientin Vereinbarungen, die den äußeren Rahmen betreffen (Pünktlichkeit, Stundenfrequenz, Ferienregelung), einhalten kann. Diese Arbeitsbündnisfähigkeit wird in der Regel erst nach mehreren Vorgesprächen deutlich.

Zu diesem Buch

In diesem Buch schildern langjährige Mitarbeiter der Arbeitsgruppe OPD-KJ bzw. Therapeuten und Therapeutinnen, die nach einem Training mit der OPD-KJ arbeiten, ihre Erfahrungen im Umgang mit diesem Instrument. Dabei werden sowohl diagnostische als auch therapeutische Fragen berührt. Wir haben uns bemüht, sowohl verschiedene Altersgruppen einzubeziehen als auch ein möglichst breites Spektrum von Diagnosen anzubieten und auf eine ausgeglichene Balance zwischen stationären und ambulanten Fällen zu achten. Es geht nicht nur um die Diagnosestellung, sondern auch um Indikationsfragen und um Fragen der Behandlungsplanung, und in einigen Beiträgen werden auch vollständige Behandlungen geschildert, die unter OPD-KJ-Gesichtspunkten durchgeführt wurden. Die Beiträge sind unterschiedlich gestaltet und geben auf diese Weise auch einen Einblick in die unterschiedlichen Arbeitsbedingungen und Tätigkeitsfelder der Autorinnen und Autoren, die ambulant oder stationär arbeiten, psychodynamisch-psychotherapeutisch oder stärker kinder- und jugendpsychiatrisch orientiert sind. Bei den Ausführungen ist die Geschlechtsneutralität hervorzuheben; die Ausführungen gelten immer für alle Geschlechter. Wir hoffen sehr, dass die Leser und Leserinnen durch diese Lektüre angeregt werden, mit der OPD-KJ zu arbeiten, und dass diejenigen, die bereits schon länger mit der OPD-KJ arbeiten, sich in den unterschiedlichen Arbeitsfeldern wiederfinden.

Helene Timmermann

Lassen sich Szenisches Verstehen und OPD-KJ miteinander vereinbaren?

Die Frage, ob sich die manualisierte psychodynamische Diagnostik und das Konzept Szenisches Verstehen in der klinischen Praxis miteinander vereinbaren lassen, entstand durch meine Tätigkeit als Supervisorin an mehreren Ausbildungsinstituten, in denen Kinder- und Jugendlichenpsychotherapeuten in psychoanalytischer und in tiefenpsychologisch fundierter Psychotherapie ausgebildet werden.

Während einige Institute beziehungsweise deren Dozenten und Supervisoren dies in Lehre und therapeutischer Praxis für selbstverständlich halten, vertreten andere, dass dies eine Überforderung für die Kandidaten sei. Die OPD-KJ verführe unter Umständen dazu, die Beachtung von Übertragung und Gegenübertragung zu vernachlässigen und schematisch vorzugehen, indem zum Beispiel die Konflikte nach der Symptomatik zugeordnet werden und die Suche nach der unbewussten inneren Konfliktdynamik nicht mehr im Vordergrund steht. Tatsächlich scheint dies ein Problem zu sein, wenn den Ausbildungskandidaten nicht klar ist, dass es sich um innere und unbewusste Konflikte handeln muss, die sich nicht ohne Weiteres aus der Symptomatik ableiten lassen.

Andererseits gehört die manualisierte psychodynamische Diagnostik im Kindes- und Jugendalter (OPD-KJ) zwingend in die Curricula der Institute; denn sie ist prüfungsrelevant für den schriftlichen Teil der Approbationsprüfung; auch im mündlichen Teil ist mit Fragen zur OPD-KJ zu rechnen. Es soll also der Frage nachgegangen werden, ob und wie sich die Arbeit mit dem Szenischen Verstehen und der OPD-KJ sowohl im Ausbildungskontext als auch in der späteren klinischen Praxis vereinbaren lässt.

Was verstehen wir unter Szenischem Verstehen?

Das Konzept des Szenischen Verstehens wurde Anfang der 1970er Jahre von Alfred Lorenzer und Hermann Argelander auf dem Hintergrund der psychoanalytischen Objektbeziehungstheorie entwickelt. Lorenzer ging eher von sozialisationstheoretischen Überlegungen aus, während Argelander sich mit der klinischen Anwendung – vor allem in Erstinterviews mit erwachsenen Patienten – befasste. Inzwischen gehört das Konzept des Szenischen Verstehens zum Handwerkszeug psychoanalytischen Arbeitens. Die bei der Beziehungsaufnahme und im Verlauf des diagnostischen Prozesses vom Patienten inszenierte Szene wird verstanden, in dem der Analytiker die Differenz zwischen der manifesten Szene, der von ihr überlagerten aktuellen oder berichteten Situation und einer vom Patienten internalisierten früher erlebten Szene wahrnimmt und interpretiert. Der Therapeut nutzt dazu das Konzept von Übertragung und Gegenübertragung, das heißt, er achtet nicht nur auf die äußeren Ereignisse, sondern auch auf sein subjektives inneres Erleben. Nach Lorenzer (1970) handelt es sich um einen intuitiven Gestaltschluss verschiedener zuvor wahrgenommener Gestaltelemente des Unbewussten, auf deren Grundlage Hypothesen über intrapsychische Strukturen und Konflikte gewonnen werden können. Argelander (1970) nutzte das Szenische Verstehen vor allem für das Erstinterview. Nach seinen Beobachtungen stammen die Informationen aus drei unterschiedlichen Quellen: der *objektiven Information,* der *subjektiven Information* und der *szenischen* oder *situativen Information.*

Bei den *objektiven Informationen* handelt es sich zum Beispiel um biografische Daten wie bestimmte Verhaltensweisen, Kleidung, Aussehen etc. Die Daten sind nachprüfbar, lassen sich verknüpfen, sagen aber wenig über die individuelle Persönlichkeit aus. Da sie eher auf intellektuellen Erkenntnissen basieren, eignen sie sich nach Argelander gut für wissenschaftliche Zwecke, aber weniger für Voraussagen in Bezug auf einen Behandlungsprozess.

Bei der *subjektiven Information* geht es um die Bedeutung, die der Patient oder die Patientin den Informationen verleiht. Diese Bedeutung ist schwer oder gar nicht nachprüfbar. »Das Kriterium für ihre Verlässlichkeit ist die situative Evidenz, das Gefühl einer prägnanten Übereinstimmung zwischen der Information und dem Geschehen in der Situation« (Argelander, 1970, S. 14). Wegen der Aktualität und der Individualität des Geschehens zwischen zwei bestimmten Personen sind die Erkenntnisse zwar wertvoll, lassen sich aber nur schwer auf andere Personen übertragen.

Die *szenische oder situative Information* geht noch einen Schritt weiter. Dabei »dominiert das Erlebnis der Situation mit all seinen Gefühlsregungen und Vorstellungsabläufen – auch wenn der Patient schweigt« (Argelander, 1970, S. 14). Solche Informationen sind nicht nachprüfbar (allenfalls bei Videoaufzeichnungen nachzuempfinden), nach Argelander aber für den therapeutischen Prozess am aufschlussreichsten, da sie auf das unbewusste Beziehungsfeld zwischen Therapeut und Patient abgestimmt sind. Dazu ein Beispiel aus dem Bericht einer Kandidatin, die in der Institutsambulanz tätig ist:

Eine 19-jährige Jugendliche meldet sich elektronisch in der Ambulanz; den Anruf zur Terminvereinbarung beantwortet sie sofort. Ihre helle Stimme klingt kräftig, sie gibt sich zurückhaltend und abwartend. Alle angebotenen Termine lehnt sie ab, sie müsse arbeiten. Die Tonlage ihrer Stimme ändert sich dabei nicht, es gibt keinen Ausdruck des Bedauerns oder Nachdenkens über eine Lösung. Die weitere Terminvereinbarung gestaltet sich kompliziert; sie meldet sich nicht zurück, ich fühle mich aufgefordert, sie anzurufen und ihr unbedingt einen passenden Termin anzubieten. Letztendlich lässt sich, auf meine deutliche Initiative hin, eine passende Zeit finden.

Vor dem ersten Termin sitzt sie im Wartebereich auf der Stuhlkante, sie wirkt erleichtert, als ich mich ihr vorstelle. Es begegnet mir eine dynamisch und gleichzeitig müde wirkende junge Frau. Sie ist eher dunkel gekleidet, auf den ersten Blick sehr schick wirkend. Später fällt mir auf, dass ihre Kleidung auch etwas abgetragen wirkt, wie Risse in der Fassade … Während sie sich setzt, entschuldigt sie sich dafür, »so fertig« auszusehen. Im Folgenden berichtet sie wasserfallartig von ihren unendlich vielen Tätigkeiten und Plänen.

Am Ende des Termins fühle ich mich überflutet von Informationen. Sie hat viel gesprochen und keine Pausen entstehen lassen, sodass ich nur wenig sagen oder fragen konnte. Ihren Wunsch nach Kontakt konnte ich nur erahnen, auf der manifesten Ebene hielt sie mich draußen.

Objektiv zeigt sich beim Aushandeln des ersten Termins eine Ambivalenz bei der Jugendlichen. Zwar bittet sie selbst um einen Termin, signalisiert aber gleichzeitig, keine Zeit zu haben. Sie sendet also zwei sich widersprechende Informationen. Subjektiv erweckt sie den Eindruck, dass sie gebeten werden möchte, was sie selbst vermutlich zurückweisen würde.

Im ersten Termin setzt sich dieser Eindruck fort. Sie kommt, sitzt aber auf der Stuhlkante, so als sei sie nur kurz hier und bereit, wieder zu gehen bzw. weggeschickt zu werden. Sie wirkt dynamisch und gleichzeitig müde. Ihre Kleidung sieht auf den ersten Blick schick aus, aber auf den zweiten Blick abgetragen.

Die Therapeutin reagiert irritiert und zunehmend ärgerlich. Die Fantasie, es gebe »Risse in der Fassade«, drängt sich auf und weckt ihr Interesse. Doch die Patientin überflutet sie wasserfallartig mit Informationen und hält sie damit draußen. Es kommt nicht zu einem emotionalen Kontakt. Ein Wunsch nach Kontakt und Beziehung lässt sich eher erahnen. Gleichzeitig spürt die Therapeutin eine Verführung, sich mit den objektiven Daten und Themen zufriedenzugeben, um der sich dahinter verbergenden Leere nicht begegnen zu müssen.

Nach einem weiteren Gespräch und Erhebung der biografischen Anamnese bestätigen sich die Eindrücke aus der ersten Szene.

Die Patientin schildert, sie habe das Gefühl, nach dem Abi »in der Luft zu hängen«. Sie könne keine Entscheidungen für ihre weitere Zukunft treffen, sie sei häufig krank, fühle sich aber von den Ärzten nicht ernst genommen und von den Eltern alleingelassen. Misserfolge würden sie in »die tiefste Traurigkeit« stürzen. Sie frage sich aber, ob es einen Zusammenhang zwischen inneren Zuständen und den Symptomen gebe. Hier deutet sich ein Behandlungswunsch an.

Eine notwendige Voraussetzung für die Anwendung des Konzepts Szenisches Verstehen ist die Bereitschaft der Analytikerin oder des Analytikers zur Rollenübernahme (Sandler, 1976). Es eignet sich gerade für Patienten, die noch nicht zum Verbalisieren in der Lage sind, was vor allem in der Arbeit mit ichstrukturell beeinträchtigten und traumatisierten Patienten eine Rolle spielt. Dieses »in der Psychoanalyse lediglich dem Handeln zugeordnete und als Agieren abgewertete Feld der ›niederen‹ Sinne wurde als ein Reservoir für die symbolische Darstellung von komplexen Sachverhalten angesehen. Diese nichtverbalen Informationen in einer differenzierten Szene geben weit mehr über die bewussten und unbewussten Beziehungen, Komplexe und die Persönlichkeit der Patienten preis als nur sprachlich vermittelte Inhalte« (Laimböck, 2013, S. 885).

Die Arbeit mit Kindern und mit Jugendlichen in der frühen und mittleren Adoleszenz kann weder nur im sprachlichen Austausch noch im klassischen Setting auf der Couch stattfinden, obwohl die Essentials der Psychoanalyse für alle Altersgruppen gelten. Durch die Akzeptanz der nichtverbalen Informationen und des Handelns ergibt sich eine Öffnung und Wertschätzung der psychotherapeutischen Arbeit mit Patientinnen und Patienten, die durch das ausschließlich gesprochene Wort nicht erreichbar sind. Psychotherapie mit Kindern bis zum Beginn der Pubertät findet vor allem im Spiel statt. Diese spielerische Interaktion geschieht nicht nur mit Gegenständen wie Spielsachen und kreativem Material, sondern mit Mimik, Gestik, Geräuschen, kurz: dem ganzen Körper. Neben der spielerischen Verarbeitung des Alltagserlebens zeigen Kinder im Spiel ihre Sehnsüchte, Wünsche, Ängste und inneren Konflikte in symbolischer und szenischer Form (Lehmhaus u. Reiffen-Züger, 2018). »Spiel ist also neben allem, was es sonst noch ist, auch und gerade Kommunikation, und zwar indirekte Kommunikation im Gegensatz zu einer direkten, gezielten Mitteilung« (Staehle, 2013, S. 37).

Was verstehen wir unter Arbeit mit der OPD-KJ?

Mit der Operationalisierten Psychodynamischen Diagnostik wurde »ein Instrument geschaffen, das einerseits der psychodynamischen Theoriebildung Rechnung trägt und andererseits versucht, die Interrater-Reliabilität in der psychodynamischen Beurteilung seelischer Zustände zu steigern« (Arbeitskreis OPD-KJ-2, 2013, S. 12). Dieses Instrument soll dazu beitragen, die Unschärfe psychoanalytischer Begriffe zu präzisieren und der Kritik entgegenwirken, dass psychoanalytische Theorie mit anderen Schulen nicht kommunizierbar und in der Forschung nicht einsetzbar sei. Diese Schärfung bewirkt aber einerseits, dass der für psychoanalytisches Arbeiten notwendige Einbezug von Fantasien, Gefühlen und Anmutungen weniger Raum bekommt, was insofern zu Verkürzungen in Diagnostik und Behandlungspraxis führen kann. Andererseits ermöglicht sie eine Verbesserung der Kommunikation zwischen Therapeuten unterschiedlicher psychoanalytischer Sichtweisen, Behandlungserfahrungen werden besser operationalisierbar.

Da die OPD-KJ sowohl den Entwicklungsaspekt berücksichtigt als auch in die vier Achsen *Beziehung, Struktur, Konflikt* und *Behandlungsvoraussetzungen* untergliedert ist, trägt sie zur Strukturierung in der Vorgehensweise bei und stellt eine Unterstützung für die Verschriftung der erhobenen Daten dar. Dies kann vor allem für angehende Psychotherapeutinnen und Psychotherapeuten in der Ausbildung hilfreich sein, sofern sie die OPD-KJ nicht schematisch anwenden.

Die *Achse Struktur* erfasst beispielsweise den Schweregrad einer Störung. Durch die Unterteilung in verschiedene Dimensionen innerhalb der Strukturachse ergeben sich Anhaltspunkte für die in der Regel schwierig zu treffende Unterscheidung zwischen einer Struktur- und einer Konfliktpathologie. Diese Unterscheidung ist ausgesprochen wichtig für die Behandlungsplanung und Empfehlung am Abschluss der diagnostischen Phase.

Die *Achse Konflikt* konzentriert sich auf »zeitlich überdauernde psychodynamische Konflikte, die in entsprechenden Situationen immer wieder zu ähnlichen Verhaltensmustern führen, ohne dass dies bewusst wäre« (Arbeitskreis OPD-KJ-2, 2013, S. 139; Seiffge-Krenke et al., 2014). Diese inneren Konflikte entstehen aufgrund widerstreitender, aber abgewehrter Emotionen, die im Symptom oder im Verhalten ihren Ausdruck finden. Die Unterscheidung der beiden Modi aktiv und passiv bezieht sich auf die unterschiedliche Art der Abwehr. Die Konfliktachse kann ausgesprochen hilfreich sein für die Erstellung der Berichte an den Gutachter im Antragsverfahren auf Kostenübernahme im ambulanten Setting. Allerdings darf man sich nicht dazu verführen lassen, von der Symptomatik direkt auf bestimmte Konflikte zu schließen. Dies wäre ein grundlegendes Missverständnis bei der Arbeit mit der Konfliktachse. Im oben genannten Beispiel ließ sich aufgrund der Interpretation der ersten Szene eine Ambivalenz der Jugendlichen zwischen dem Wunsch nach Versorgung und dessen Abwehr vermuten, der sich hinter einem im Vordergrund stehenden Konflikt Unterwerfung versus Kontrolle verbirgt.

Der diagnostische Prozess ist »im Kern von der Beziehungsaufnahme des Patienten mit dem Untersucher geprägt« (Arbeitskreis OPD-KJ-2, 2013, S. 63). Da der Untersucher aber ein Antwortender ist, der eigene Vorerfahrungen und Resonanzen einbringt, das heißt, selbst ein Teil des Geschehens wird, ist die Operationalisierung dieses ausgesprochen komplexen Geschehens ein höchst anspruchsvoller Prozess. Es verlangt vom Untersucher, dass er sowohl das Verhalten und das Beziehungsangebot des Patienten beobachtet als auch seine eigene innere Reaktion darauf wahrnimmt. Günstigenfalls bildet sich schon im ersten Kontakt die Beziehungs- und Konfliktproblematik ansatzweise in der Beziehung zum Untersucher oder zur Untersucherin ab. In der Arbeit mit Kindern, die noch existenziell abhängig sind von den primären Bezugspersonen, ist es notwendig, diese real einzubeziehen, was die Komplexität erhöht. Jugendliche neigen dazu, ihr Erleben handelnd zum Ausdruck zu bringen, Kinder tun dies im Spiel. Um das im Kontakt mit dem Patienten und seinen Bezugspersonen Erlebte für andere nachvollziehbar dokumentieren zu können, wird in der *Achse Beziehung* ein schrittweises Vorgehen zwischen den Ebenen Kind-Untersucher, Kind-Vater, Kind-Mutter bis hin zu triadischen und polyadischen Ebenen vorgeschlagen. Für psychodynamisch erfahrene Psychotherapeuten wirkt diese Achse leicht sperrig und wenig zielführend. Es wird argumentiert, dass die Beziehung mit einer Diagnostik des Übertragungs-Gegenübertragungserlebens und dem Konzept des Szenischen Verstehens schneller und ebenso gründlich zu erfassen sei. Dies mag zutreffen, wobei die differenzierte Dokumentation mit den verschiedenen Beziehungskreisen dieser Achse im Forschungskontext oder im stationären Bereich sicherlich zielführend ist.

Die Arbeit mit der *Achse Behandlungsvoraussetzungen* konzentriert sich auf die Indikationsstellung und die Behandlungsplanung. Diese Achse, die leicht unterschätzt wird, ist für eine sorgfältige Indikationsfindung, gemeinsam mit dem Patienten und seinen Bezugspersonen, außerordentlich hilfreich. Die subjektiven Dimensionen wie Leidensdruck, Veränderungsmotivation, Krankheitsgewinn sollten geprüft und gegeneinander abgewogen werden. Dies betrifft nicht nur den kindlichen oder jugendlichen Patienten, sondern auch das Bezugssystem Familie bzw. bei außerfamilialer Betreuung die entsprechenden Bezugspersonen in Pflegefamilien oder Wohngruppen. Gerade bei Kindern aus prekären Verhältnissen, die dringend therapiebedürftig sind, besteht die Gefahr, dass die Ressourcen des Systems überschätzt werden. Eine begonnene Therapie, die nach wenigen Stunden abgebrochen wird, bedeutet für alle Beteiligten eine (erneute) Erfahrung des Scheiterns und sollte nach Möglichkeit vermieden werden.

Arbeit mit Szenischem Verstehen und OPD-KJ – für Ausbildungskandidaten hilfreich oder hinderlich?

Die Ausbildung zur Kinder- und Jugendlichenpsychotherapeutin, zum Kinder- und Jugendlichenpsychotherapeuten mit den Fachkunden tiefenpsychologisch fundiert und psychoanalytisch erfordert eine umfangreiche Auseinandersetzung mit Theorien, mit sich selbst innerhalb der Selbsterfahrung und dem Erlernen von Diagnostik und Behandlung unter Supervision innerhalb der praktischen Ausbildung. Die Kandidaten werden mit verschiedenen psychoanalytischen Theorien konfrontiert und sie müssen sich im Hinblick auf die Approbationsprüfung medizinisches Fachwissen und Kenntnisse über andere Psychotherapieverfahren aneignen. Die Ausbildung soll auf eine spätere Tätigkeit in unterschiedlichen Arbeitsbereichen (ambulant, stationär, teilstationär, Jugendhilfe) vorbereiten. Insofern erübrigt sich die Frage, ob es sinnvoll ist, sich mit unterschiedlichen Konzepten auseinanderzusetzen, sie zu erlernen und in der Praxis zu erproben. Inwieweit im Rahmen einer Diagnostik im stationären Bereich oder von probatorischen Sitzungen im ambulanten Setting sowohl die OPD-KJ herangezogen wird als auch das Konzept des Szenischen Verstehens oder beides kombiniert, hängt letztlich von der Arbeitsweise des jeweiligen Psychotherapeuten, der jeweiligen Psychotherapeutin ab. Keinesfalls schließen sie sich aus, denn »dem szenischen Verstehen kommt großes Gewicht in der Konfliktachse zu« (Arbeitskreis OPD-KJ-2, 2013, S. 311). Die Autoren der OPD-KJ empfehlen, probatorische Sitzungen mit einem unstrukturierten Interview zu beginnen, Kinder und Eltern getrennt einzuladen und die biografische Anamnese und die Krankengeschichte erst später zu erheben. Insofern lässt sich behaupten, dass die Arbeit mit dem Konzept des Szenischen Verstehens und der OPD-KJ durchaus kompatibel ist und sich gegenseitig ergänzt. Die OPD-KJ ist ausreichend flexibel und bietet die Möglichkeit, im Rahmen einer Diagnostik sowohl mit allen Achsen zu arbeiten als auch einzelne Achsen zu bestimmten Fragen heranzuziehen. Beispielsweise eignet sich die Strukturachse zur Bestimmung von Entwicklungsdefiziten oder die Achse Behandlungsvoraussetzungen bei unklarer Indikation. Das Szenische Verstehen schult den Blick für die nonverbalen Signale in der Beziehung, die OPD-KJ unterstützt bei der Einordnung und Strukturierung.

ACHSE BEHANDLUNGSVORAUSSETZUNGEN

Oliver Bilke-Hentsch

Differenzierung der Behandlungsvoraussetzungen am Beispiel von Kindern und Jugendlichen mit ADHS

Folgt man den aktuellen nationalen und internationalen Leitlinien zur Therapie der Aufmerksamkeitsdefizit-Hyperaktivitätsstörung (ADS bzw. ADHS), so spielt die psychodynamische Psychotherapie und damit auch eine psychodynamische Diagnostik eine untergeordnete bis marginale Rolle. Die erfolgreichen Möglichkeiten der Psychoedukation, der schulischen Interventionen, der seit Jahrzehnten bewährten Pharmakotherapie und der in den letzten Jahren immer ausgereifteren und manualisierten Verhaltenstherapie bei dieser primär als neurobiologisch bezeichneten Störung lassen ein psychodynamisches Verstehensmodell als überholt und nicht effizient erscheinen.

Wenn dieser Reduktionismus auch für leichte Fälle oder gut behandelbare Fälle mit geringer Komorbidität zutreffen mag, so sorgt die chronifizierte ADHS innerhalb der Familie und innerhalb der dyadischen oder triadischen Beziehungen für erhebliche Probleme und Konflikte. Diese Konflikte sind nicht nur oberflächlicher Natur, sondern verstärken oder initiieren Beziehungsstörungen, Bindungsprobleme, intrapsychische Konflikte und beeinflussen die altersentsprechende psychische Strukturbildung. In letzter Zeit wurden mehrere Langzeituntersuchungen publiziert, die neben dem bekannten Übergang einer ADHS in eine psychotische Störung vor allem den Übergang in eine instabile Persönlichkeit vom Borderline-Typus oder impulsiven Typus zeigen. Nicht zuletzt unter diesem Aspekt sind psychodynamische Herangehensweisen bei ADHS nicht nur gerechtfertigt, sondern in vielen Fällen unbedingt notwendig.

Die Achse Behandlungsvoraussetzungen der OPD-KJ-2 ermöglicht es hierbei, frühzeitig diejenigen Fälle, bei denen die psychoedukativen, pharmakologischen oder verhaltenstherapeutischen Interventionen ausreichen, von jenen Fällen zu unterscheiden, bei denen ein umfassendes psychodynamisches Krankheitsverständnis und eine entsprechende Interventionsplanung sinnvoll sind.

Die Achse Behandlungsvoraussetzungen

Mit der Achse der Behandlungsvoraussetzungen werden einerseits die subjektiven Krankheits- und Veränderungshypothesen, die subjektive Einschätzung der eigenen Befindlichkeit, andererseits die faktisch vorhandenen Ressourcen in den Bereichen »Familie«, »Selbstwirksamkeit«, »außerfamiliäre Unterstützung« und »Peer-Beziehungen« sowie die spezifische Therapiemotivation und der Veränderungswille anhand von alterstypischen, aber nicht störungsspezifischen Ankerbeispielen bewertet.

- Es geht bei dieser auf den ersten Blick wenig psychodynamisch erscheinenden Achse zum einen um Subjektivität als Grundlage später therapeutisch relevanter Intersubjektivität und Passung mit fünf Beobachtungsbereichen.
- Es geht zweitens um verfügbare und real wirksame Ressourcen (vier Beobachtungsbereiche), die therapeutisch aktiviert und für die Erreichung der individuellen Therapieziele nutzbar gemacht werden können.
- Es geht drittens um eher praktische und besonders bei ADHS-Patienten stark therapiehindernde Themen wie die faktische Arbeitsbündnisfähigkeit, um das stets heikle Thema des Krankheitsgewinns und die spezifische Motivation zu einer psychodynamischen Psychotherapie.

Die sorgfältige Erarbeitung und kritische Bewertung der einzelnen Beobachtungsbereiche bietet eine realistische Grundlage zur Planung (und Begründung) von Therapieprozessen und/oder zur Fokusfindung bei Kurzinterventionen und ist besonders bei instabilen und impulsiven Patienten nützlich. Zur praktischen Dokumentation dienen die Tabellen im Anhang des OPD-KJ-2-Manuals (siehe Tabelle 1).

Tabelle 1: Befunddokumentation der Achse Behandlungsvoraussetzungen

Behandlungs-voraussetzungen	0	1	2	3
Subjektive Dimensionen				
Ressourcen				
Spezifische Therapievoraussetzungen				

Differenzieller Einsatz der Achse Behandlungsvoraussetzungen bei ADHS

Subjektive Krankheitshypothesen

Im Einzelfall kann es höchst wichtig und zielführend sein, die subjektiven Hypothesen des Kindes bzw. auch seiner Eltern (und Geschwister) zu erfragen, die die Herleitung und den Kontext der ADHS erklären. In der klinischen Erfahrung werden zumeist externe Gründe genannt (unruhige Schulklasse, ungünstige Peergroup etc.), aber auch Themen wie Temperament, Naturell, Vererbung oder Charakter. In den letzten Jahren werden zunehmend mediale Einflüsse (Internet, Spiele etc.) und schulischer Leistungsstress angeführt. Vielen Krankheitsmodellen und -hypothesen ist eine Externalisierungstendenz eigen, wie sie auch bei der komorbiden dissozialen Störung gefunden wird. Die systematische Erarbeitung der somatischen, psychischen und allgemeinen Krankheitshypothesen unter Verwendung der OPD-KJ-2 ermöglicht es, diese besonders bei belasteten ADHS-Familien diffus wirkenden Themen zu ordnen und einer therapeutischen Bearbeitung zugänglich zu machen. Die Erfassung der subjektiven Veränderungsmotivation, die häufig auch im externen Bereich liegt (Wechsel der Schule, Wechsel des sozialen Umfelds, Wechsel des Medikaments etc.), ist hier ebenso hilfreich wie die Erhebung des subjektiven Leidensdrucks, der bei auch schwer betroffenen ADHS-Patienten und -Patientinnen erstaunlich gering sein kann.

Ressourcen

Der Unterbereich Ressourcen der Achse Behandlungsvoraussetzungen der OPD-KJ-2 fokussiert in Ergänzung der Achse V des Multiaxialen Klassifikationsschemas (MAS; Remschmidt, Schmidt u. Poustka, 2008) auf intrapsychische Ressourcen, vor allem das Selbstwirksamkeitsgefühl, sowie auf familiäre Ressourcen, deren Nutzbarmachung für eine psychodynamische Therapie unabdingbar ist, aber auch auf die Nutzung institutioneller Hilfen. Dem Bereich der Peer-Ressourcen kommt mit steigendem Alter höhere Bedeutung zu, zumal viele ADHS-Patienten ab der Frühpubertät die bis dahin noch recht gut »funktionierenden« Therapie- und Unterstützungsformen verlassen und sich eher Peergroups anschließen, die ihr jeweiliges auffallendes aufmerksamkeitsgestörtes oder impulsives Verhalten tolerieren.

Behandlungsvoraussetzungen im engeren Sinn

Jede Therapeutin, die sich mit ADHS-Patienten jeglicher Altersstufe beschäftigt, wird deren Unberechenbarkeit, scheinbare Unzuverlässigkeit und den hohen Aufwand kennen, dessen es bedarf, um eine therapeutische Beziehung langfristig zu halten und nutzbar zu machen. Dies trifft für psychoedukative, pharmakotherapeutische und sozialinterventive Maßnahmen ebenso zu wie für den Aufbau einer psychodynamisch orientierten therapeutischen Beziehung. Es ist daher sinnvoll, am Anfang eines therapeutischen Kontextes diagnostisch genau zu prüfen, ob die Behandlungsvoraussetzungen für eine längerfristige psychodynamische Therapie überhaupt gegeben sind. Der hohe Anfangsleidensdruck und die hohe Motivation zu (irgendeiner) Veränderung täuschen manchmal darüber hinweg, dass das Durchhaltevermögen auch im Kontext einer Therapie beeinträchtigt ist. Die therapeutische Motivation, die Krankheitseinsicht im engeren biopsychosozialen Sinn und die bisher unter Beweis gestellte Arbeitsbündnisfähigkeit sind hierfür wichtige Faktoren.

Im klinischen Fall ist es oft notwendig, zunächst einen psychoedukativ-systemischen Rahmen zu schaffen, dann die spezifische Symptomatik medikamentös zu behandeln (wenn gewünscht und hilfreich), sodann verhaltenstherapeutische Verfahren zur Symptomreduktion und sozialen Anpassung zu wählen und sich danach tiefer liegenden Konflikten und Strukturproblemen zuzuwenden. Bedauerlicherweise zeigt die Erfahrung: Wenn die ersten Schritte relativ erfolgreich verlaufen, sinkt die subjektive und familiäre Motivation, sich den letztlich schmerzhafteren und tiefer liegenden psychodynamisch erklärbaren Faktoren zuzuwenden. Die Erarbeitung eines gemeinsamen psychodynamischen Verständnisses hat dann in der Adoleszenz und auch in der Phase des jungen Erwachsenenalters eine noch größere Bedeutung für Partizipation und Kooperation.

Klinisches Fallbeispiel: Ein »ADHS-Junge« und sein Therapeut

Der zwölfjährige, leicht adipöse rothaarige Nicolas wird wegen motorischer Unruhe, störenden, impulsiven Verhaltens in der sechsten Klasse und starken Stimmungsschwankungen vorgestellt. Die grundsätzlich seit dem fünften Lebensjahr bekannte Problematik einer ADHS (ICD-10: F90.0; bei IQ von 96, inhomogen) war nach Angaben der Mutter durch familiäre Psychoedukation, »viel Auslauf mit den Bauernjungs«, vor allem aber eine angemessen dosierte Medikation »im Griff gewesen«. Nach dem Umzug der Familie wegen deutlichem beruflich-sozialem Aufstieg des Vaters (48 Jahre, zweiter Bildungsweg,

Bauernsohn) und Umzug aus dem ländlichen Odenwald in ein gediegenes Viertel in Frankfurt setzte Nicolas die Medikation ab, weil die neuen »arroganten« Mitschülerinnen im Gymnasium ihn deswegen »mobbten« und er sich ohne Medikation »viel cooler und lustiger« und »irgendwie normal« fühle. Die aus Hamburg-Blankenese stammende Mutter (44 Jahre) war froh, nicht mehr in Teilzeit hinzuverdienen zu müssen, den dörflichen Haushalt mit den Tieren nicht mehr um sich zu haben und sich wieder vermehrt um ihre künstlerischen Talente kümmern zu können – eine kleine Galerie in Bad Homburg hatte schon Werke ausgestellt. Die 17-jährige musikalisch hochtalentierte Schwester erhielt nach dem Umzug überraschend ein Begabtenstipendium und stand neben den Abiturprüfungen mit ihrem Freund in Umzugsvorbereitungen nach Salzburg.

Aufgrund von Nicolas' strikter Weigerung, wieder die »Roboterpillen« zu nehmen und an den von ausgebildeten Oberstufenschülerinnen geleiteten »Mediationsgesprächen« in der Schule teilzunehmen, die ihm nach den jeweiligen aggressiven Eskalationen sehr nahegelegt wurden, ging die Schule davon aus, dass der Junge frühkindlich traumatisiert sei und eine aufarbeitende Therapie benötige, womit de facto individuelle Psychotherapie bei einem der Schule gut bekannten Psychologen gemeint war. Alternativ hätte ein Schulwechsel angestanden, was die Eltern der von den Impulsdurchbrüchen betroffenen anderen Kinder bevorzugt hätten. Praktischerweise konnte eine verständnisvolle Nachbarin der Familie den auffälligen Jungen auf ihrem Weg zum Pilates immer beim Therapeuten vorbeibringen, und zurück fuhr ein Bus.

Beim Ersttermin stellte der Therapeut fest, dass Nicolas an sehr vielem interessiert war, nur sicher nicht an einer üblichen Therapie. Er alberte herum, hatte diverse Witze in hessischer Mundart zu bieten und mokierte sich über die altmodische IT-Ausstattung des Therapeuten, zumal »der Papa eine eigene IT-Abteilung« habe. Nach 30 Minuten relativer Zurückhaltung des Therapeuten versiegte der Strom an Äußerungen und Nicolas wandte sich still dem Schachbrett zu, das auf dem Tisch stand. Er erwähnte seine Game-App, die »alle Spiele« könne, und verstummte auf die sachliche Frage des Therapeuten, ob er, Nicolas selbst, denn Schach spielen könne. »Das hat mir niemand beigebracht«, konnte er den Tränen nahe nach vielen Sekunden sagen und schaute nun erstmals den Therapeuten direkt an. Der Therapeut stellte daraufhin ansatzlos die Figuren vor, erklärte deren Möglichkeiten und erläuterte das Spielziel. Nicolas wollte spontan die weißen Figuren haben, zögerte dann aber und sagte: »Vielleicht gucke ich erst mal, was Sie machen, ist besser.« Vorher müsse er aber auf die Toilette, er müsse »immer aufs Klo«, wenn er aufgeregt sei.

Nach Nicolas' Rückkehr entwickelte sich eine Eröffnungsszenerie des Schachspiels, die der Therapeut mit den Worten beendete: »Wir sehen uns ja nächste

Woche wieder, dann spielen wir genau hier weiter.« Nicolas zeigte sich zunächst irritiert und wollte noch etwas weiterspielen, war aber tief beeindruckt, als der Therapeut das Spiel in einen Schrank stellte und einen Zettel mit Nicolas' Namen hinzufügte. Dann fragte der Junge mit unsicherer Stimme: »Und das Schachspielen hilft mir, wenn ich allein bin?« Der Therapeut gab dem Jungen die Hand und verabschiedete ihn mit den Worten: »Wer sagt, dass du allein bist?« – »Stimmt auch wieder, bis Donnerstag.«

Während Nicolas nicht gerade mit dem schnellsten Bus nach Hause fuhr, dabei seine Lieblingshörbücher aus der Odenwald-Zeit hörte und der neugierigen, besorgten Mutter (der Vater musste kurzfristig zu einem »Board Meeting«, die Schwester hatte »Probe«) auf die Frage, wie es denn beim Therapeuten gewesen sei, lapidar antwortete: »Wir haben Schach gespielt«, und sich auf seine lauwarme Tiefkühl-Pizza konzentrierte, ordnete der Therapeut seine Eindrücke mithilfe der OPD-KJ-2.

Selbstverständlich ergaben sich schnell multiple Hypothesen über Konflikte und Strukturthemen, und auch Material zur Beziehungsachse war wie üblich vorhanden, aber der Therapeut musste klar herausarbeiten, ob bei dieser Konstellation eine psychodynamische Einzeltherapie überhaupt indiziert war und nicht familientherapeutische Interventionen, eine unbedingte Wiederaufnahme der Medikation und ein verhaltenstherapeutisches Training erfolgversprechender waren.

Mittels der Achse Behandlungsvoraussetzungen erarbeitete er folgendes erstes Profil:
1. Subjektive Hypothesen zur somatischen Störung: noch kein Thema, gegebenenfalls keine Störung (Adipositas?).
2. Subjektive Hypothesen zur psychischen Störung: noch nicht erarbeitet.
3. Krankheitshypothese: Mobbing, diffus.
4. Leidensdruck: subjektiv niedrig (latent deutlich spürbar, Material für die Beziehungsachse).
5. Veränderungsmotivation: unklar, eher externalisiert.
6. Intrapsychische Ressourcen: gering bis mäßig, Locus of Control eher extern.
7. Familiäre Ressourcen: theoretisch sehr hoch, in praxi kaum wirksam oder in Reduktion (Schwester), unklare Rolle der Großeltern.
8. Peer-Ressourcen: in der Vergangenheit (»Bauernjungs«) gut, aktuell eher gering bis null.
9. Institutionelle Ressourcen: theoretisch hoch, »gute Schule«, in praxi inflexibel.
10. Therapiemotivation: in 50 Minuten »von null auf hundert« – aber: bei einem ADHS-Kind ... dennoch sehr gut im Kontakt.

11. Einsichtsfähigkeit: altersentsprechend gut, siehe »Klo-Szene«, Thema des Alleinseins.
12. Arbeitsbündnisfähigkeit: Das Setting ist gut organisiert und umsetzbar, technisch gesehen.
13. Krankheitsgewinn: Klassenclown, Aufmerksamkeit der zentrifugal sich entwickelnden Familie, Abwehr von Trauer über die »verlorene Kindheit«.

Der Therapeut macht sich eifrig Notizen für das nächste anstehende »Schachspiel«, um die weiteren offenen Fragen des subjektiven Erlebens (vor allem die oben genannten Themen 2, 3, 4, 5) behutsam bzw. schnell zu klären, denn sein primärer Resonanzimpuls (Beziehungsachse) ist sehr positiv getönt. Nur zu gern möchte er alsbald wissen, ob es sich letztlich bei Nicolas um eine mit einer Fokaltherapie leicht zu behandelnde Anpassungsstörung bei einer erheblichen familiären Umstellungssituation handelt oder um die unbewusste Reinszenierung einer schweren Partnerproblematik mit (unbewussten) Ausstoßungsfantasien der Eltern (»wer wollte eigentlich dieses zweite Kind?«), die eher spät jeweils in eine neue, spannende Lebensphase treten. Und dennoch wäre eine Medikation nicht unklug, aber als Teil eines Gesamtkonzepts.

Das erste probatorische Rating der Achse beendet den impulsiven Flow an Ideen des Therapeuten und kanalisiert diejenigen Dinge, die wirklich mit dem Patienten zu tun haben.

Zusammenfassung und Ausblick

Die hohe Prävalenz und Persistenz von ADHS dürfte sich unter dem Einfluss gesellschaftlicher und medialer Prozesse in den nächsten Jahren nicht verringern, weswegen differenzierte und individualisierte Behandlungsangebote – in einem ökonomisch vertretbaren Rahmen – steigende Bedeutung haben werden. In diesem Kontext ist bei chronifizierten Fällen mit erheblicher familiärer Belastung, bei Fällen mit hoher Komorbidität beispielsweise mit Angst- oder Zwangserkrankungen und bei Fällen, die in eine Persönlichkeitsstörung überzugehen drohen, neben den üblichen evaluierten und in den Leitlinien empfohlenen Maßnahmen auch ein psychodynamischer Zugangsweg zu empfehlen. Auch trifft dies zu für Kinder, die als Konsequenz aus ihrer unbehandelten Symptomatik und den daraus entstehenden interpersonellen Schwierigkeiten erhebliche Selbstwertprobleme entwickelt haben.

Der psychodynamische Zugangsweg ermöglicht vor allem in Transitionsphasen (man denke an die Medikamentenverweigerung der 12- bis 14-jährigen

ADHS-Patienten oder an den Ausbildungsbeginn) eine auch an der Persönlichkeit, der Identität und den emotionalen Entwicklungsaufgaben des ADHS-Patienten orientierte Herangehensweise mithilfe der OPD-KJ-2. Insbesondere dem klinisch bekannten und mittlerweile empirisch gezeigten Übergang in langfristig problematische Persönlichkeitsstrukturen bis hin zu Persönlichkeitsstörungen könnte durch ein psychodynamisches Grundverständnis und Krankheitsmodell entgegengewirkt werden. Bedauerlicherweise ist der empirische Forschungsstand in der Therapie von ADHS mit psychodynamischen Methoden noch überschaubar, was sich sicher in den nächsten Jahren durch interdisziplinäre und multimodale Zugangswege verändern wird.

Martina Kempf-Giefing und Ruth Weissensteiner

Ein Kampfroboter, der in die Werkstatt muss

Ziel ist es, mit diesem Fallbeispiel eines bindungstraumatisierten, hyperkinetischen 13-jährigen Jungen zu zeigen, wie die Bestimmung der Behandlungsvoraussetzungen nach OPD-KJ-2 (Arbeitskreis OPD-KJ-2, 2013) für die Therapieplanung hilfreich wurde.

Markus ist 13 Jahre alt, als ihn seine Mutter in einer kinderpsychiatrischen Praxis aufgrund seines hyperaktiven Verhaltens, seiner Konzentrations- und Aufmerksamkeitsprobleme und seines auffälligen impulsiven Verhaltens vorstellt. In der Schule gelingt es ihm nicht, die geforderten Leistungen zu erbringen. In der Peergroup fällt er durch sein aufdringliches, grenzüberschreitendes Verhalten auf. Dies führte zu Erfahrungen der Ablehnung. Es resultiert ein labiler Selbstwert mit wechselnder Selbstüberschätzung und negativem Selbstbild und ein Unvermögen, die anstehenden psychosozialen Entwicklungsaufgaben zu bewältigen. Eine deutliche Behandlungsbedürftigkeit war aufgrund der kinder- und jugendpsychiatrischen Diagnostik Achse I, F90.1 »Hyperkinetische Störung des Sozialverhaltens« nach ICD-10 MAS (Remschmidt, Schmidt u. Poustka, 2008) gegeben, bei auf Achse III durchschnittlichem Begabungsprofil, aber deutlicher Beeinträchtigung im psychosozialen Funktionsniveau auf Achse VI. Die Erhebung der psychosozialen Anamnese (Achse V) ergibt eine Disharmonie in der Familie mit Trennung der Eltern, Markus lebt mit seiner Mutter allein, sie kann ihn nicht ausreichend beaufsichtigen und strukturierend zu Verfügung stehen. Ein medikamentöser Behandlungsversuch mit Atomoxetin und Methylphenidat scheiterte. Markus stellte von Beginn an seinen großen Widerstand gegen Medikation klar.

Am Ende des Erstkontaktes schildert Markus, dass er einen Riesenroboter bauen, hineinsteigen und alles zertrampeln möchte. Eine stationäre Behandlung wird von Mutter und Sohn abgelehnt. Er wird unregelmäßig in der ärztlichen Praxis gesehen, da es der Familie an Struktur und Verlässlichkeit mangelt. Mit der Zeit gelingt es jedoch, die narzisstische Kränkung durch seine Symptomatik mit ihm zu verbalisieren, eine psychotherapeutische Behandlung zu erwägen und ihn und seine Mutter dafür zu motivieren. Die gemeinsame Erhebung der OPD-KJ-2-Achse Behandlungsvoraussetzungen durch die Psychotherapeutin und KJP-Ärztin mit ihm und seiner Mutter zeigt sich dabei hilfreich, jedoch ernüchternd.

Behandlungsvoraussetzungen

Subjektive Beurteilung der Problematik: Der Vorstellungsgrund lautet in Markus' Worten: »Weil ich anderen Stress mache.« Ihm gelingt es schwer, seinen Leidensdruck in Worte zu fassen, er stellt jedoch in seinen Zeichnungen den enormen Druck und die Kränkung in seinem subjektiven Krankheitserleben dar. Er versucht, die Problematik ins Außen zu verlagern, und beschreibt seine geringe Zuversicht, eine Veränderung zu bewirken. Seine Symptomatik führt zum enormen Leidensdruck seines Umfelds. Von diesem erfährt er hauptsächlich Vorwürfe. Er ist bereit, diese geduldig zu ertragen. Dennoch macht er auch klar, dass er vehement darunter leidet, nicht in reziproken Kontakt mit Gleichaltrigen treten zu können. Lediglich die passive Haltung, den Roboter in eine Werkstatt zu bringen, kann als Therapiemotivation von Markus anfangs zugelassen werden.

Ressourcen: Die Kontakte, die Markus pflegt, wirken wahllos und undifferenziert. Er zieht sich insgesamt sozial zurück und hält sich lieber in einer virtuellen Welt auf. Sein Vater bleibt durch die nachbarschaftliche Nähe in Verbindung mit seinem Sohn und stellt mit seiner neuen Familie ein weiteres Betreuungsfeld dar. Allerdings scheinen die Kontakte von wenig emotionaler Verbindlichkeit geprägt. Seine alleinerziehende Mutter ist arbeitsbedingt wenig präsent. Nennenswert ist, dass Markus einen sehr engagierten Lehrer hat, der um Verständnis bemüht ist und auch ein positives Bild von dem Jungen hat. Seine intrapsychischen Ressourcen lassen nicht auf ein inneres Arbeitsmodell von Zuversicht bei der Problembewältigung schließen.

Spezifische Therapievoraussetzungen: Markus zeigt eine deutliche Beeinträchtigung in seiner Reflexionsfähigkeit. Gefühle, die er nicht benennen kann, überschwemmen ihn und werden in körperlicher Erregung abgeführt und in Zeichnungen dargestellt. Mithilfe des Zeichnens entsteht ein Raum des gemeinsamen Verstehens und der Beruhigung, die ein Nachdenken zulassen. Markus ist davon überzeugt, auch in der Psychotherapie abgelehnt zu werden, und doch zeigt er sich bereit, es zu versuchen. Er ist überzeugt, als isoliert und krank abgestempelt zu bleiben. Durch seine Symptomatik kann er Beziehung steuern und Aufmerksamkeit erzwingen. Durch diesen Krankheitsgewinn wird ihm eine »Sonderrolle« zugewiesen, den es psychodynamisch weiter zu entschlüsseln gilt. Die Arbeitsbündnisfähigkeit ist als brüchig einzustufen.

Die Behandlungsvoraussetzung wird insgesamt als niedrig eingestuft. Der Fokus der Behandlung wird auf die Entwicklung eines Beziehungserlebens gesetzt, in dem Erregung reguliert werden kann, sowie auf eine Nachreifung der Symbolisierungsfähigkeit, um Affekte in Sprache zu bringen, die dadurch nicht agiert werden müssen. Die psychotherapeutische Behandlung findet ambulant für zweieinhalb Jahre einmal wöchentlich statt. Die Mutter kommt sehr unregelmäßig zu den einmal monatlich vorgesehenen Elterngesprächen.

Therapieverlauf bei Markus

Markus ist ein langer und dünner 13-jähriger Jugendlicher mit traurig wirkenden großen Augen. Seine psychomotorische Unruhe fällt sofort ins Auge. Er wippt im Wartebereich erregt auf dem Sessel und beginnt, sich kopfüber darauf hinzustellen. Die Mutter steht unbeteiligt daneben. Der Weg in eine psychotherapeutische Praxis fällt ihr sichtlich schwer. Ihre Ambivalenz ist von Beginn an spürbar. Auf Anraten der behandelnden Kinderpsychiaterin komme sie doch. Markus müsse allerdings schon selbst den Weg in die Therapie schaffen – sie könne ihn unmöglich begleiten, überhaupt habe sie es als alleinerziehende Mutter sehr schwer. Ihr Ton ist mir (Martina Kempf-Giefing) gegenüber abwertend. Eine Bedrohung macht sich breit, und mich beschäftigt von Beginn an eine Unverbindlichkeit. Ich, als Fremde, werde in der Mutter-Sohn-Verstrickung wie ein möglicher Eindringling wahrgenommen. Die Mutter teilt mit, dass der Vater sich von ihr trennte, als Markus drei Jahre alt war. Er heiratete die Schwester der Mutter und bekam mit ihr zwei weitere Kinder.

Markus zeichnet gern, und eindrücklich stellt er in der Zeichnung »Familie in Tieren« dar (siehe Abbildung 1), dass er sich als ein »Monster« wahrnimmt. Dabei grenzt er sich eindeutig von den anderen ab, die auch durch Farbe und Größe ganz anders wirken. Die Halbgeschwister sind als ein Giraffenkopf mit langem Hals undifferenziert dargestellt. Links ist ganz schwach noch der frühere Partner der Mutter abgebildet oder vielleicht der Vater – so ganz wisse er das selbst auch nicht. Es zeigt jedenfalls den Verlust eines »Dritten« zwischen Mutter und Sohn. Seine Figur wirkt isoliert und einsam, aber mächtig.

Für ein subjektives Krankheitskonzept findet Markus keine Worte, jedoch zeichnet er einen lebendigen Baum mit einem Gesicht, Augen und Astloch als Mund sowie kargen Ästen, welche die Hände einer Furie darstellen (siehe Abbildung 2). Die Wurzeln ragen über den Blattrand hinaus. Der Baum bekommt

Abbildung 1: Familie in Tieren   Abbildung 2: Baum

eine spärlich angedeutete grüne Baumkrone. Rechts am Bild kommt ein Haus geflogen. Markus meint, es stamme »von irgendeiner Explosion, die darf ich ja nicht zeichnen«. Die Tür steht offen, und ein Mensch fällt heraus; ein Zaun hält ihn dabei auf, eine große Hand unter dem Haus wird zu einem Ast, und es entsteht ein weiterer Baum mit Augen sowie gewelltem Mund und Brüsten: ein weiblicher Baum. Nun explodiert dennoch ein Atomreaktor – das Haus fällt auf den männlichen Baum und dieser schreit. Der weibliche Baum tröstet ihn und beginnt, selbst zu brennen. Die Frau ist so unglücklich, weil sie das brennende Haus nicht aus der Baumkrone bekommt. Abschließend meint er: »Das war's mit der Menschheit.«

Markus zeigt durch diese Zeichnung, wie er sich in Beziehungen erlebt. Der Kontakt zu jemandem, der helfen kann, bringt ihn in einen Konflikt darüber, inwieweit dieser seine »Explosion« überleben wird. Seine Äste suchen nach Kontakt, doch in der Beziehung gibt es einiges, was den Rahmen sprengen kann, eine explosive Ladung, die nach Containment sucht. Markus' Mutter beschreibt eine belastende Schwangerschaft mit vielen körperlichen Beschwerden und Schmerzen. Schon damals war sie überzeugt, dass sie »einen kleinen Terroristen« zur Welt bringen werde.

Mit Markus in Kontakt zu treten ist eine Herausforderung. Von negativen Gefühlen überschwemmt, ständig in Erregung, agiert er seine Not unmittelbar motorisch und interaktionell aus. Er hatte nicht die Möglichkeit, ein ausreichend verlässliches inneres Objekt auszubilden, das ihm Sicherheit und Orientierung vermittelt. Seine Selbstregulationskompetenz und sein Empathievermögen sind deutlich eingeschränkt. In der Beziehung zur Mutter verhält er sich provokant und verbal aggressiv. Dabei tritt besonders seine Ambivalenz zwischen Versorgungswünschen und Autonomiestrebungen hervor. Das Fehlen der väterlichen Position, als »Dritte Position« (Aberlin, 1971), hat zu einer nicht aufgelösten frühen Bindung an die Mutter geführt, mit Versorgungswünschen, die nicht befriedigt werden konnten (Günther, 2009). Über seine besondere Auffälligkeit und seinen bedürftigen Auftritt versucht Markus, seine Mutter an sich zu binden. Dabei hemmt dieses Verharren in einer frühkindlichen und regressiven Position seine zeitgleich stattfindenden ersten adoleszenten Ablösungsbestrebungen.

Das kinderpsychiatrische Angebot (Ruth Weissensteiner) erwies sich für den Erhalt der psychotherapeutischen Beziehung als notwendig. Immer wieder wurden Mutter und Sohn motiviert, den psychotherapeutischen Prozess fortzusetzen. Markus fiel es besonders nach Trennungsphasen schwer, an das Angebot wieder anzuknüpfen, ein Hinweis auf seine Bindungstraumatisierung. Dies offenbarte sich auch am Stundenende. Markus war meistens besonders gekränkt, wenn die Stunde zu Ende war. Dabei fühlte er sich womöglich verlassen und von mir (Martina Kempf-Giefing) betrogen. Meistens verwandelte er sich zu einem hüpfenden Ball oder Seil am Boden, um nichts spüren zu müssen. Später wurde er beim Verabschieden zu einer »Mumie«, indem er sich seine Kleider um den Kopf wickelte und wie schlafwandelnd hinausging. Es gelang ihm, dass ich mir Sorgen um ihn machte und befürchtete, er könnte gegen die Wand laufen. Auf diese Weise kontrollierte er die Beziehung in der Trennungssituation. Dabei ging es auch darum, dass sein Trennungsschmerz nicht »lebendig« werden durfte.

Verbale Kommunikationswege wurden stets von ihm vermieden. Insbesondere vermied Markus, seine emotionalen Erfahrungen in der Beziehung zur Mutter zu thematisieren. Im Spiel dagegen symbolisierte er seine Not, wie die folgende Sequenz aus der sechsten Stunde zeigt:

Markus stürmt rein, wirft seine Sachen überall verteilt im Raum herum und teilt mir freudig die Idee mit, dass er mit den Spielschwertern kämpfen möchte. Ich bereite mich innerlich auf einen wilden und verspielten Kampf vor, doch Markus erklärt zunächst, dass er ein Kampfroboter sei. Dabei bewegt er sich plötzlich mechanisch, und seine Gesichtsmimik wird ganz matt. Alles wirkt starr und wenig lebendig. Er erklärt mir, dass, bevor er kämpfen könne, er zuerst in die Reparatur gehen müsse. Er marschiert dabei im Raum in die für ihn vorgesehene Werkstatt, in welcher er verspielt zeigt, dass dort die Reaktionen sehr heftig sind, denn mit ihm stimmt gehörig etwas nicht. Dabei spielt er szenisch, wie er sich in meiner »Kinderpsychotherapiewerkstatt« erlebt. Ich darf eine beobachtende Haltung einnehmen. Zunächst muss er mit »Intelligenz« aufgerüstet werden. Hierbei ist ein Zusammenhang zu vermuten mit den schlechten Noten in der Schule und der Drohung, die Schulklasse wiederholen zu müssen. Weiter stellt er fest, dass die »Kampfschwerttechnik« mangelhaft sei und die »Ausrüstung« beschädigt, sodass es nicht zum Kampf kommen könne. Er wirft sich in die Ecke und fordert mich auf, ihn als Beschädigten anzugreifen, indem er mir andeutet, dass ich nun gute Chancen hätte. Seine Verzweiflung und Ohnmacht sind spürbar. Markus sieht sich als schlecht ausgerüsteter und beschädigter Gefährte. Eine depressive Stimmung machte sich breit.

Der Roboter als Maschine ohne Gefühl trifft auf seinen Wunsch, dass seine eigenen Emotionen nicht allzu sehr zum Vorschein kommen. Die Vorstellung, dass bei der Reparatur – hier verstanden als Kinderpsychotherapie – an ihm einiges zu »schrauben« sei sowie dass diese Therapie ihn überwältigen könnte und vielleicht nicht helfen werde, stellt er eindrücklich dar. Markus zeigte im Spiel die Einsicht, etwas stimme nicht mit ihm. Die Angst, sich seinen Defiziten zu stellen, verdeckte den Wunsch nach Veränderung. Selbstbehauptung und Erleben von Wirksamkeit gelangen ihm nur mittels Kontrolle des Gegenübers durch sein Verhalten. Die Bereitschaft, mit mir zu spielen, stimmte mich in der Kinderpsychotherapie zum einen zuversichtlich, da sein Beziehungswunsch dadurch spürbar wurde; zum anderen war ich beunruhigt, da Markus eine starke Abwehr gebildet hatte, um sich vor seinem inneren Erleben zu schützen.

Mithilfe der Squiggle-Technik konnte es in der Psychotherapie oftmals gut gelingen, in Beziehung zu ihm zu treten und seine inneren Bilder ins gemeinsame Außen zu kehren. Die Erfahrung, aktiv und selbstwirksam involviert zu sein, und die Erfahrung einer Ebenbürtigkeit, da ich ebenso gefordert und involviert war wie er, erleichterten den therapeutischen Prozess. Das Dargestellte ermöglichte eine Triangulierungserfahrung und einen ständigen Wechsel der Perspektiven. Dabei näherten wir uns einer ambivalenten Beziehungsdynamik, die von Nähe und Distanz, Schutz und Gewalt geprägt war. Dies soll an den folgenden Squiggle-Zeichnungen veranschaulicht werden.

Mit meinem ersten Bild (siehe Abbildung 3), das einen Grashüpfer darstellte, war ich vermutlich im Kontakt mit seiner starken motorischen Unruhe, die manchmal durchaus nervig werden konnte. Dementsprechend zeigt der Mund eine Wellenbewegung. Markus fand den Grashüpfer »cool«, und er sagte, dies sei der »Gustav«. Als Nächstes malte er einen »offenen Rucksack«, in diesen könne man etwas hineingeben. Gustav würde einfach in ihn hineinspringen. Ich ergänzte, das sei der Rucksack, der Gustav trage, und er meinte, dass er sich darin verstecke. Ich antwortete mit einem nächsten Bild, einem Notenschlüssel. »Ich mag Musik«, meinte Markus, »besonders Hip-Hop.« Er schlug vor, dass der Notenschlüssel ein Anhänger am Rucksack sein könnte.

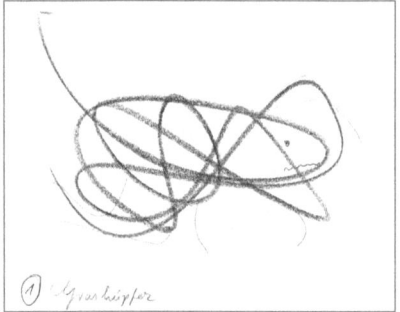
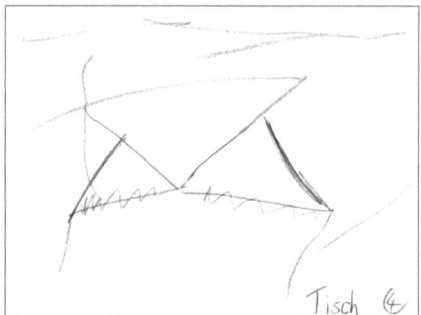

Abbildung 3: Gustav, der Grashüpfer   Abbildung 4: Tisch

Daraufhin begann er sein nächstes Bild damit, dass er meinte, es sei schwierig. Er malte eine Linie, strich sie wieder durch, brachte dann aber doch noch einen Tisch zustande, der »besonders modern« sei (siehe Abbildung 4). »Dieser Tisch steht auf wackeligen Beinen«, stellte ich fest – Markus wiederum meinte, da sei es nicht so gut, etwas draufzustellen. Ob man nur die Schönheit bewundern, aber nicht etwas Essbares oder etwas zum Werken oder Spielen hinstellen könne, fragte ich, und reagierte mit einem nächsten Bild, indem ich einen Schwan zeichnete. »Den sollte man auch lieber von Weitem anschauen«, meinte Markus, denn der sei »bissig«, wenn man ihn streicheln möchte. Eine Beschreibung, die unsere Beziehung aus Markus' Perspektive gut wiedergibt. Offenbar gab es das Bedürfnis nach Nähe im Kontakt zu mir; zeitgleich stellte sich die Frage, wie sehr ich ihn abstoßen würde oder eine Verletzung entstehen könnte. Die zwei Pole der Zuwendung und Ablehnung in der Beziehungserfahrung von Markus wurden deutlicher. Kaum war die Verletzung beim Wunsch nach Nähe thematisiert, malte Markus im fünften Bild (siehe Abbildung 5) eine Messerscheide. Das ist wichtig, um sich zu schützen, stellte ich fest. Er bestätigte dies und meinte, er habe im Werken selbst eine angefertigt und besitze sie nun zu Hause. Dabei habe er auch ein kleines Messer drin. »Das Messer ist so nicht so gefährlich«, sagte ich, und Markus nickte.

Das Ganze kippte allerdings wieder zu einer Gefahrenquelle zurück, als ich aus seinem Kritzel einen Frosch mit ausgestreckter Zunge zeichnete (siehe Abbildung 6). Er meinte, das Bild sei bisher das beste. Der Grashüpfer Gustav, sagte er, verlässt seinen Rucksack, und der Frosch findet ihn und frisst ihn auf. Dabei rieb er sich die Hände und schien ganz zufrieden zu sein mit seiner Erzählung. Ich sagte, dass Gustav es ganz schön gefährlich habe außerhalb des Rucksacks. Wie sehr das Verlassen des Schutzraumes bei Markus auf Zerstörung

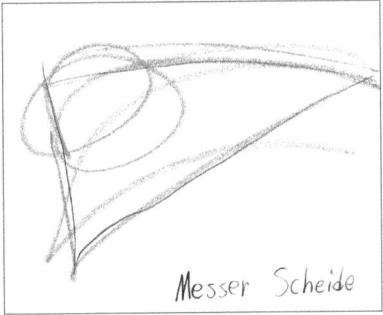 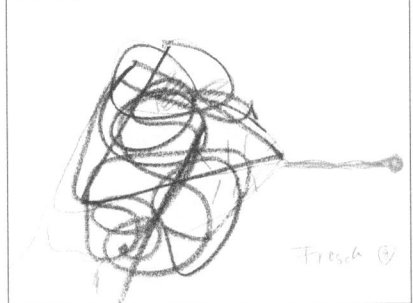

Abbildung 5: Messerscheide   **Abbildung 6:** Frosch

bzw. Ablehnung stößt, wenn es um Bedürfnisbefriedigung oder den Wunsch nach Zuwendung geht, konnten wir auf diese Weise symbolisieren.

Die Frage einer »holding function« (Winnicott, 1979) bzw. eines »containment« und damit einer Umwandlung von »Beta-Elementen« in »Alpha-Elemente« (Bion, 1997) war therapeutisch besonders relevant, damit Mentalisierung und eine »reflective function« (Fonagy u. Target, 2001) anstelle motorischen Agierens möglich wurden. Im Fokus standen grundlegende Defizite im Denken sowie in der Affektwahrnehmung und -verarbeitung, die zu einer schweren Beziehungs- und Kontaktstörung geführt hatten (Günther, 2009, S. 392).

Markus ließ besonders in der ersten Anfangsphase destruktive Verhaltensweisen erkennen und sprengte den Rahmen, wenn er die Stunden nicht verlassen wollte und für ein Gespräch nicht erreichbar war. Dabei versuchte er, den Raum und dessen Inhalte zu zerstören, sodass Grenzsetzungen und Schutz notwendig waren. Indem gewährleistet werden konnte, dass mir, ihm und auch dem Raum nichts passierte, konnte Markus sich immer mehr darauf verlassen, dass für seine Aggression eine haltende Form in der Beziehung gegeben war. Er begann immer mehr, symbolische Entwicklungen aufzuzeigen. Die Messerscheide war dabei ein wichtiges Symbol bzw. eine Form, die dem Zweck diente, sich seinem »Sprengstoff« und seinen Kränkungen anzunähern.

Als Markus die Schule beendete und in die Berufsschule wechselte, fand er sozialen Anschluss und kam plötzlich, ohne ein Wort zu sagen, nicht mehr zu unseren Stunden. Damit ein Abschied und die Bearbeitung des Trennungsschmerzes möglich wurden, war es auch am Ende notwendig, dass »die dritte Position«, die mit seiner Kinderpsychiaterin gegeben war, in unserer Zweierbeziehung hinzutrat. Durch ihren Zuspruch konnte Markus sich darauf einlassen, dass wir uns »im Guten« verabschiedeten.

Abschließende Überlegungen zu den Behandlungsvoraussetzungen nach OPD-KJ-2

Von Beginn an stellte sich die Frage, ob eine ausreichende Therapiemotivation bei Markus zur Indikation einer tiefenpsychologisch orientierten Psychotherapie bestand, sodass er die Psychotherapie für seine psychosoziale Entwicklung nutzen konnte.

In unserer Erfahrung besteht eine der Herausforderungen der Behandlungsvoraussetzungsachse darin, die subjektive Sichtweise des Kindes und in diesem Fall des Jugendlichen zu erfassen und zu akzeptieren, denn erst im Verstehen des individuellen Erlebens kann daraus eine intersubjektive Grundlage für die Behandlung entstehen. In diesem Fall wurde herausgearbeitet, wie Markus »anderen Stress zu machen« erlebte. Ein Veränderungsanliegen formulierte er in seinem Wunsch nach Akzeptanz in seiner Peergroup.

Als primäres Ziel der Psychotherapie wurde die Herstellung einer sicheren therapeutischen Übertragungsbeziehung definiert, damit Markus in der Übertragung eine sichere emotionale Basis erleben könne. Dies ist gelungen in Momenten, in denen Markus dafür offen war. Hier durften auch negative Gefühle wie Wut, Angst und Trauer ihren Ausdruck finden, wenn auch nicht verbal, da sie eine Bedrohlichkeit annehmen und für ihn real werden konnten – ein Hinweis auf seine mangelnde Symbolisierungsfähigkeit. Im Spiel und in Zeichnungen kamen sie auf der projektiven Ebene zum Vorschein mit dem Wunsch, sie zu erkennen und zu denkbaren Inhalten werden zu lassen. Dies signalisierte er in seiner Kontaktbereitschaft, die eine Therapie ermöglichte. Hierfür war die Erhebung seines subjektiven Krankheitserlebens entscheidend gewesen. Durch die Bearbeitung seines bisherigen Krankheitserlebens, das ihn sehr geängstigt und narzisstisch gekränkt hatte, konnte Markus sich mit seinen negativen Gefühlen, wenn auch nicht verbal, auseinandersetzen. Im Spiel und in Zeichnungen kamen sie auf der projektiven Ebene zum Vorschein, sodass er eine neue Beziehungserfahrung machen konnte und eine progressive Entwicklung möglich wurde.

Ilonka Schwarzenfeld und Ruth Weissensteiner

Ich scheine, also bin ich – die schwierige Suche nach dem kohärenten Selbst

Maria, eine knapp 16-jährige Jugendliche, wird jugendpsychiatrisch vorgestellt mit einer Panikstörung. Sie schildert in einer appellativen Weise die begleitenden körperlichen Symptome: Schwindel, Kopfschmerz, Schwäche und drohenden Bewusstseinsverlust, die zu regelmäßigen akuten Begutachtungen in der Notaufnahme führen und der Zuweisungsgrund für eine jugendpsychiatrische und psychotherapeutische Behandlung sind. Von Beginn an ist die kritische diagnostische Frage, ob durch eine psychodynamisch orientierte tiefenpsychologische Therapie eine ausreichende Linderung der beeinträchtigenden Symptomatik bewirkt werden kann. Der Achse Behandlungsvoraussetzungen kommt hier eine wichtige Brückenfunktion zwischen der psychotherapeutischen und der jugendpsychiatrischen Einschätzung zu.

Information zur Achse Behandlungsvoraussetzungen

Maria erscheint in der Praxis, sie ist freundlich und zugewandt im Kontakt, parathym lächelnd und aufreizend gekleidet. Die Diskrepanz zwischen der belastenden körperlichen Symptomatik und ihrer scheinbaren Nichtbetroffenheit ist eindrucksvoll. Sie spart ihre Angst verführerisch aus und bringt sie nicht zur Sprache. Der hohe Leidensdruck durch die körperlichen Symptome steht im Vordergrund.

Die Ressourcen sind als mäßig einzustufen. Ihre Peers sind bevorzugt männliche Jugendliche, die funktionalisiert werden, um Anerkennung und Selbstbestätigung zu erhalten. Ihre Angst, verlassen zu werden, ist hiermit bewältigt. Familiäre Ressourcen sind aufgrund der brüchigen und ambivalenten Bindungserfahrungen sowie der sexualisierten Beziehungsdynamik zwischen Vater und Tochter nur begrenzt verfügbar.

Marias Zuversicht in ihre eigenen Problembewältigungsfähigkeiten ist nur schwach ausgeprägt. Eine stimmige subjektive Krankheitshypothese zu formulieren und im Weiteren eine gemeinsame Betrachtungsweise ihrer Problematik zu erarbeiten gelingt kaum. Neben der intrapsychischen Entlastung durch die Symptomatik spielt der sekundäre Krankheitsgewinn eine Rolle, da die Symptomatik ihre Versorgungswünsche und den Objekthunger beantwortet und Maria auf diese Weise den schwierigen Aufgaben und Anforderungen ihrer Autonomieentwicklung aus dem Weg gehen kann.

Insgesamt verfügt Maria über eine eingeschränkte Fähigkeit, sich selbst zum Objekt der Wahrnehmung und Interpretation zu machen. Die Entwicklung ihrer Reflexionsfähigkeit stellt die Indikation zur beziehungsorientierten tiefenpsychologischen Psychotherapie dar. Fraglich ist, ob Maria eine ausreichende Behandlungsmotivation und zuversichtliche Veränderungsmotivation aufbringen kann, um ihr Selbsterleben kritisch zu hinterfragen und der Abwehr der Spaltung entgegenzuwirken.

Um sich dieser Frage kritisch zu stellen, wurde gemeinsam mit ihrer Psychotherapeutin das Strukturniveau eingeschätzt nach der Evaluationsphase. Die OPD-KJ-2-Diagnostik der Strukturachse zeigt bei der Dimension »Identität«, dass Maria über kein kohärentes Selbstkonzept verfügt. Dies zeigt sich in widersprüchlichen, verwirrenden Selbstbildern, im Aneignen unterschiedlicher Rollen, hinter denen ihr Selbst unkenntlich wird und verschwindet. Marias mangelnde Fähigkeit, ein stimmiges und kohärentes Konzept von sich selbst sowie von anderen zu integrieren, führt auch zu großen Schwierigkeiten mit Gleichaltrigen sowie zu raschen Beziehungsabbrüchen. Die Dimension »Bindung« zeigt, dass Maria auf keine ausreichend Sicherheit gebenden inneren Objekt- und Beziehungsrepräsentanzen zurückgreifen kann. Alleinsein löst starke Gefühle von Hilflosigkeit und Ohnmacht aus, wodurch die physische Präsenz anderer und ständiger Kontakt mit der Außenwelt erforderlich sind. Eine Reifung der selbstregulativen Fähigkeiten hängt empfindlich von der Erfahrung von Schutz und Sicherheit in überwältigenden Situationen ab. Hier fehlt es Maria an einem verfügbaren mentalen Repertoire für die Wiederherstellung eines affektiven Gleichgewichts. Infolgedessen wird innerhalb der Dimension »Steuerung« ihre Affekttoleranz als gering integriert eingeschätzt mit einer Intoleranz in Bezug auf ihre Angstzustände.

Zusammenfassend zeichnet sich zu Behandlungsbeginn eine geringe Integration ihrer strukturellen Fähigkeiten ab. Als Behandlungssetting wird eine regelmäßige begleitende jugendpsychiatrische Behandlung etabliert mit Fokus auf den äußeren Belangen wie somatische Abklärungen, Labor, EEG, C-MRT und unterstützender medikamentöser Behandlung mit einem Serotonin-Wiederaufnahmehemmer. Die tiefenpsychologische psychotherapeutische Behandlung wird von Ilonka Schwarzenfeld durchgeführt. Die Psychotherapie findet einmal wöchentlich statt. Der Fokus der Psychotherapie wird auf die Nachreifung von Marias selbstreflexiven und regulativen Fähigkeiten sowie auf ihre Identitätsentwicklung durch das Zusammenfügen nicht kohärenter Fragmente in ihrem Ich-Erleben gesetzt.

Fallbeispiel

Maria ist 16 Jahre alt, als sie das erste Mal zu mir (Ilonka Schwarzenfeld) kommt. Lächelnd, in sehr kurzem Rock und perfekt gestylt, wirkt sie auf den ersten Blick älter und reifer, als sie ist. Sie betritt die Praxis, als wären ihr der Raum und ich bereits bekannt und vertraut. Im ersten Moment ist es schwer zu erahnen, dass sich unter der Maske der Fröhlichkeit ein Mädchen verbirgt, das unter Panikattacken und massiver Identitätsdiffusion leidet.

Ich bitte sie zu erzählen, weshalb sie zu mir kommt. Sie leide unter Panikattacken, ihre erste habe sie im letzten Sommer in Buenos Aires im Beisein ihrer Mutter erlebt. Sie war das erste Mal wieder in ihrer Geburtsstadt, in der sie die ersten vier Lebensjahre verbrachte. Maria schildert ihre Zustände, als die beiden gerade in einen Bus steigen wollten: »Ich wurde plötzlich ganz kraftlos und mir war schwindlig. Meine Finger waren taub, alles um mich herum ganz leise, dann laut, dann wieder leise. Mein Herz klopfte wie verrückt und ich hatte das Gefühl, ohnmächtig zu werden.« Diese Zustände wiederholten sich später auch in Wien, entweder in der Schule oder beim Ausgehen, wo sie dann tatsächlich ohnmächtig wurde und in den Armen von Sanitätern versorgt werden musste.

Maria erzählt von ihren Problemen zu Hause und in der Schule. Sie leidet unter der Strenge ihres Vaters und an den hohen Leistungsanforderungen, die er an sie hat. »Freiheit«, sagt sie, »kann ich mir nur mit guten Noten erkaufen.« Sie fühlt sich manchmal wie eingesperrt und meint, ihr Vater sei wie eine Überwachungskamera, vor der es kein Entkommen gibt. Auch darf sie niemandem erzählen, dass sie sich selbst verletzt und Medikamente nimmt. Die Beziehung zu ihrer Mutter bekommt zunächst kaum Konturen. Später erfahre ich, dass ihre Mutter depressiv ist, seit Maria denken kann.

In der Schule hat sie vor allem Probleme mit Gleichaltrigen. Sie hat mit zwölf Jahren schon einmal die Schule gewechselt, weil sie gemobbt wurde, und musste eine Klasse wiederholen. Hier gerät ihre Erzählung ins Stocken und wird sprunghaft. Unbekümmert wirkend erzählt sie, dass Mitschülerinnen eine Facebook-Seite mit dem Titel »Maria, die Hure« eingerichtet hatten, die allerdings wieder gelöscht wurde. Seit sie zwölf ist, verbringt sie viel Zeit im Skaterpark, vor allem mit älteren Burschen. Sexuelle Kontakte verneint sie zunächst, weiht mich aber später ein, dass sie mit fast allen schon Sex gehabt hat, ohne dabei etwas zu spüren.

Die größte Angst hat Maria vor dem Alleinsein. Es gibt Phasen, in denen immer jemand bei ihr sein muss, bis sie einschläft. Sie kommt zwar schnell in Kontakt mit anderen, wird aber dann oft fallen gelassen. Auch ihre beste Freundin hat sich von ihr abgewandt. Sie leidet unter ihrem schlechten Ruf: »Mich kennt jeder, in der ganzen Schule. Ich rede mit allen, ich bin wie ein offenes Buch. Aber trotzdem fühle ich mich oft allein.« Dann offenbart sich die verborgene Seite des Buches: »Die anderen wissen gar nicht, wie es wirklich in mir aussieht. Ich weiß eigentlich selbst nicht genau, wer ich wirklich bin.« Hier zeigen sich bereits ihre Schwierigkeiten in der Selbstwahrnehmung und Herstellung einer kohärenten Identität. Neben dem Gefühl, verschiedene »Gesichter« zu haben, die nicht zusammenpassen, ist ihr manchmal gar nicht klar, was wirklich und wahr ist.

Am Ende der ersten Sitzung erzählt sie von ihrer Angst, entführt zu werden. Sie hat einen wiederkehrenden Traum, in dem sie ein kleines Mädchen im Kindergarten ist und ein alter Mann sie entführen will. Sie möchte flüchten, landet aber immer wieder im Kindergarten und schreit vor lauter Angst. Auf meine Frage, ob sie eine Vorstellung habe, was denn der alte Mann im Traum von ihr wollte, sagt sie lächelnd: »Ich weiß es nicht, vielleicht wollte er mich vergewaltigen.« Mit mechanischer Fröhlichkeit spricht sie über ihre Panikattacken und Ängste, eine Diskrepanz zwischen Gesagtem und Gezeigtem, zwischen Leidensdruck und Symptomatik ist evident. Auf meine Frage, ob sie eine Idee habe, womit ihre Panikattacken und Ängste zu tun haben könnten, schaut sie mich kindlich fragend und überfordert an. Ihr Körper setzt ein Erleben in Szene, das nicht denkbar scheint. Am stärksten leidet sie unter ihrem Misstrauen ihrer eigenen Wahrnehmung gegenüber und der Verwirrung, wer sie eigentlich ist, was sie tatsächlich erlebt hat und was sie sich an Veränderung wünschen würde, damit es ihr besser geht. Auf ihre eigenen Veränderungsmöglichkeiten angesprochen, stockt sie zunächst und meint dann: »Ich glaube, ich habe Angst vor einer anderen Maria, weil ich weiß ja nicht, ob ich die dann überhaupt leiden könnte.«

Schon zu Beginn zeigt sich im Hinblick auf die subjektiven Dimensionen der Achse Behandlungsvoraussetzungen eine Diskrepanz zwischen Symptomatik, Leidensdruck und Veränderungsmotivation. Maria verfügt über keine Krankheitshypothese, der Zugang zu ihrer Innenwelt und Symptomatik ist ihr versperrt. Um die Veränderungsmotivation zu erhöhen und ein stabiles Arbeitsbündnis herstellen zu können, müssen ihre Veränderungsangst und der Krankheitsgewinn psychodynamisch entschlüsselt werden.

Beziehungsgestaltung mit Gleichaltrigen: Marias Probleme mit Gleichaltrigen stellen sie vor ein Rätsel. Es ist ihr kaum zugänglich, warum Freundschaften in die Brüche gehen, warum eine Gruppe von Mädchen gegen sie intrigiert und sie sich trotz ihrer Offenheit und Kontaktfreudigkeit so oft allein und einsam fühlt. Marias Ressource, mit ihrer offenen Art sehr schnell Kontakte zu knüpfen, stehen die Schwierigkeiten gegenüber, Freundschaften zu halten und ihre Körpergrenzen zu schützen. Sie fasst Beziehungen schnell zu eng auf, vor allem in Kontakt mit Burschen und jungen Männern. Diese sind für Maria wichtig als Rückversicherung ihres Selbstwerts und ihrer Identität. Sie ist auf ständiger Suche nach Aufmerksamkeit und versteht es dabei, ihre sexuellen Verführungskräfte einzusetzen. Sie lässt andere schnell eindringen, wird häufig jedoch nach einem kurzen sexuellen Abenteuer wieder fallen gelassen, und ihre Bedürfnisse nach Nähe und Zärtlichkeit bleiben auf der Strecke. Das löst in ihr das Gefühl aus, nicht liebenswert zu sein, und die drängende Suche geht weiter. Mädchen und junge Frauen blendet Maria als Konkurrentinnen aus, wodurch es immer wieder zu Verstrickungen in Dreiecksverhältnissen kommt, die für Maria frustrierend enden. Nach Rupprecht-Schampera (2015) stellt das Agieren mit Beziehungsdreiecken einen Versuch dar, das »frühe Dreieck« zu reparieren.

Beziehungsdynamiken in der Familie: Marias Familie stammt aus Argentinien. Maria kam mit vier Jahren nach Wien, wo die Familie die erste Zeit in einer Flüchtlingssiedlung am Stadtrand in sehr beengten Verhältnissen wohnte. Maria hat keine expliziten Erinnerungen an diese Zeit, allerdings starke Beklemmungsgefühle und diffuse Ängste, wenn sie vor Ort ist. Ihre Eltern sind arbeitslos. Ihr Vater war früher als Sozialarbeiter tätig; warum er seinen Job aufgeben musste oder verloren hat, weiß Maria nicht. Die Familie hat finanzielle Schwierigkeiten und wohnt auf engem Raum, wo es keinen Rückzugsort gibt. Ohne diese Informationen würde Marias Auftreten die finanziellen Engpässe nicht erahnen lassen, sondern eher das Gegenteilige suggerieren. Maria fühlt sich für den Zusammenhalt ihrer Eltern verantwortlich. Sie erzählt, ihr Vater habe anklingen lassen, dass die Mutter ihn mit jemandem aus der Familie betrogen und so die Familie zerstört habe. Maria darf aber keinesfalls ihre Mutter darauf ansprechen, sonst würde auch sie die Familie zerstören. Solche Familiengeheimnisse erschweren es Maria, eine kohärente Geschichte und Identität zu entwickeln. Über vielem hängt ein Tabu, das zu Verwirrungen und Widersprüchlichkeiten in ihrem inneren Erleben führt. Auch ihre eigenen Probleme muss sie verschleiern, wobei ihr Vater als internalisierte Überwachungskamera fungiert.

Verfrühte Triangulierung als Not-Lösung: Maria war Papas Liebling, das musste sie jeden Tag aufs Neue unter Beweis stellen. Ihr Sein war auf Lob ausgerichtet. Hatte sie seine Erwartungen erfüllt, erntete sie Jubel, wenn nicht, erlebte sie ihren Vater aufbrausend und unberechenbar. Sie schildert eindrucksstark, wie ihr Vater ihren kindlichen Raum bewachte und beschnitt. »Er war immer hinter mir her. In der Schule war er zunächst Kassier, dann war er überall mit dabei. Beim Schwimmen, bei Ausflügen, beim Turnen. Wenn er gesagt hat, dreh dich, dann hab ich mich gedreht. Er hat alles gefilmt, nur von mir, ich war Papas Prinzessin, ja, die wollte ich ja auch sein. Wenn mein Bruder was gemacht hat, was ich nicht wollte, hab ich sofort geweint, und Papa hat dann mit ihm geschimpft. Wenn ich krank war, hat er sogar seine Arbeit verlassen, um zu mir nach Hause zu kommen.« Sie erzählt diese Sequenz lachend, gleichzeitig ist in ihrem Ausdruck etwas Verfolgendes spürbar. Er war überall, wo sie auch war, er ist ihr auf Schritt und Tritt gefolgt. In der Gegenübertragung entsteht das Gefühl einer intimen, grenzüberschreitenden Nähe zwischen Vater und Tochter. Im Laufe der Therapie gewinne ich immer mehr den Eindruck einer sexualisierten Beziehungsdynamik zwischen Vater und Tochter, in der das kindliche Zärtlichkeitsstreben mit zu intimer Nähe beantwortet wurde und zu einem Modus zwischen Übererregung und Verwirrung geführt hat (Menschik-Bendele, 2013). Die Notwendigkeit, um die Zuwendung des Vaters zu werben und sich seine Aufmerksamkeit zu sichern, ist auch im Kontext der Beziehung zur Mutter und jener des Elternpaares zu sehen. Marias Beziehung zu ihrer Mutter wird immer wieder aufs Neue enttäuscht. Es kann jederzeit passieren, dass sich ihre Mutter »aus dem Staub macht«, wie Maria sagt, auf unbestimmte Zeit nach Buenos Aires verschwindet und Maria an der Seite ihres Vaters allein lässt.

Die geringe Stabilität in ihrer Beziehungserfahrung gibt eine Vorstellung davon, wie schwer sich für Maria die in der Adoleszenz geforderte Ablösung von den Eltern gestalten muss. In der ungenügend triangulierten Beziehungswelt kann Marias Zuflucht zu sexualisierten Beziehungsformen auch als Versuch der Separation verstanden werden. Nach Rupprecht-Schampera (2015) lebt die Hysterie von der Wirksamkeit des sexualisierten Lösungsversuchs. Die ödipalen Beziehungsmodalitäten werden eingesetzt, um die ursprünglich nicht gelungene Separation von der Mutter zu erreichen. Was wie eine ödipale Szenerie wirkt, ist eigentlich ein Abwehrvorgang, eine Not-Lösung. Die brüchigen und ambivalenten Bindungs- und Beziehungserfahrungen haben Auswirkungen auf die Arbeitsbündnisfähigkeit und müssen in die Therapieplanung miteinbezogen werden.

Besondere Herausforderungen für Arbeitsbündnis und Behandlungsdynamik

Die mangelnde Erfahrung mit verlässlichen und schützenden Objekten findet Ausdruck in Marias Agieren mit dem therapeutischen Rahmen. Sie kommt unpünktlich, vergisst Stunden oder sagt diese im letzten Moment ab. Sie opponiert gegen Begrenzungen, kontaktiert mich über Instant-Messaging-Kanäle, um mir Terminvorschläge zu machen, die ihr besser passen würden. Zu Beginn verführt sie mich immer wieder zum Mitagieren, ich komme ihren vermeintlichen Wünschen nach, ohne die verschleierten Konflikte dabei im Blick zu haben. Durch das fehlende Setzen und Einhalten klarer Grenzen verhalte ich mich – entsprechend ihrer Beziehungserfahrung – wie ein verführendes väterliches und ausgeschaltetes mütterliches Objekt und nehme meine Aufgabe nicht wahr, die Positionen zurechtzurücken und den Raum zu schützen.

In der Therapie erlebe ich Marias Schwierigkeiten im Umgang mit Trennungen und wie sie ihren Körper unbewusst einsetzt, um Trennungsschmerz auszuhebeln. Vor unserer ersten Sommerpause bekomme ich kurz vor Stundenbeginn eine SMS, in der sie mir schreibt, dass es ihr auf dem Weg zu mir so schlecht ging, dass sie ins Krankenhaus gefahren ist. Auch erzählt sie vor Therapiepausen vermehrt von ausufernden Partys und aufregenden Männerbekanntschaften, sie inszeniert ein inneres Theater voller Erregung, das jede Spur von Leere und Alleinsein verwischen soll. Es scheint besonders gefährlich zu sein, sich von mir im Stich gelassen und abhängig zu fühlen. So wie ihre Mutter plötzlich weg sein kann, so sehr besteht auch in der Therapie immer wieder die Gefahr, dass sich Maria plötzlich von mir losreißt. Als sie im Zusammenhang mit einem Argentinienaufenthalt ihrer Mutter sagt: »Es geht so schnell, vergessen zu werden, ich weiß ja gar nicht, ob mich meine Mama überhaupt vermisst«, werden ihre schmerzhaften Gefühle spürbar, vor denen sie sich zu schützen versucht.

Für die Therapie ist ein stabiler und haltender Rahmen erforderlich, in dem die inneren Objektbeziehungen in der Übertragung lebendig und verstanden werden können. Gelingt es, die abgewehrten und abgespaltenen Affekte im Behandlungsrahmen zu containen, kann behutsam daran gearbeitet werden, jene Verbindungen wiederherzustellen, die gekappt wurden, um die Wiederkehr von Traumatischem zu verhindern (Schulze, 2016). Dies ermöglicht es, gemachte Erfahrungen in erzählbare Erinnerungen und ein kohärentes Narrativ zu überführen, als Grundlage für die Entwicklung von Selbstkohärenz.

Schein statt Sein: Maria hat das Schauspiel erlernt, leidet aber darunter, die eigentliche Person hinter der Protagonistin nicht mehr zu kennen. In einer Therapiesitzung formuliert sie ihr Dilemma treffend: »Wenn ich in den Spiegel schau, mich dabei schminke und ein Lächeln aufsetze, denk ich mir: Das bin ich nicht. Aber auch wenn ich ungeschminkt reinschaue, denk ich mir, das bin ich auch nicht. Aber wer bin ich dann eigentlich?« Im Unterschied zum Schauspiel ist jedoch bei der Hysterie das Moment der Selbsttäuschung entscheidend, »daß jemand glaubt, bereits das zu sein, was er lediglich zu sein vorgibt, und er dabei zugleich sein tatsächliches Sein verleugnet« (Kraus, 2010, S. 184).

Die Selbsttäuschung geht manchmal so weit, dass sie ihren eigenen Sinnen nicht mehr traut, nicht weiß, was sie eigentlich will und was andere von ihr wollen, was Traum ist und was Realität. Immer näher kommen wir zur Entschlüsselung eines traumatischen Erlebens und ihrer Angst, verrückt zu werden. Sie erinnert eine Szene, in der sie in der Flüchtlingssiedlung auf dem Schoß eines Mannes saß, der ihr unter den Rock gefasst und dabei masturbiert hat. In der darauffolgenden Stunde sagt sie dann, dass sie sich nicht mehr sicher ist, ob sie diese Szene vielleicht doch nur geträumt hat. Um traumatisches Erleben aus dem Bewusstsein fernzuhalten, muss Maria auf Abwehrbewegungen zurückgreifen, die ihre eigene Wahrnehmung manipulieren und sie vor konflikthaften und bedrohlichen Situationen schützen.

Das traumatische Erleben, das zunächst nicht explizit erinnerbar ist, findet Ausdruck in Form von fragmentierten Bildern, Ängsten und körperlichen Sensationen, die Maria anfänglich als eigenes verrücktes Erleben interpretiert. Durch langsames In-Berührung-Kommen mit Gefühlen von Scham sowie Trennungsschmerz und Leere können abgewehrte Aspekte ins Selbst integriert werden. Im Laufe der dreijährigen Therapie gelingt es uns, zu Marias schmerzhaftem Gefühl, nicht liebenswert zu sein, vorzudringen sowie zu ihrem Wunsch, als eigene und ganze Person wahrgenommen zu werden.

Abschließende Überlegung

Schon in der diagnostischen Phase hat sich im Hinblick auf die Behandlungsvoraussetzungen gezeigt, dass Maria kaum Zugang zu ihrer Innenwelt hat und psychodynamisches Arbeiten an ihrer Introspektions- und Selbstreflexionsfähigkeit vorrangig ist. Ihre mangelnde Arbeitsbündnisfähigkeit erforderte eine konsequente Auseinandersetzung mit ihrer Abwehr und ihrem Widerstand, um eine Entwicklung in Gang zu setzen und ihr Selbst hinter den Rollen zum Vorschein zu bringen.

ACHSE STRUKTUR

Alexa Kyra Weber und Ruth Weissensteiner

Veränderung der strukturellen Fähigkeiten im Laufe der Psychotherapie einer anorektischen 15-jährigen Jugendlichen

Mit dem Fallbeispiel einer anorektischen Jugendlichen möchten wir zeigen, wie die Einschätzung des Strukturniveaus nach OPD-KJ-2 bei der Behandlungsplanung helfen und im Behandlungsverlauf sowie am Ende der Behandlung immer wieder herangezogen werden kann, um die Fortschritte der Behandlung zu evaluieren.

Clara ist bei der Erstvorstellung fast 15 Jahre alt. Eine Freundin sei mit ihr zur Schulpsychologin gegangen und diese habe für sie einen Termin in unserer Ambulanz für Essstörungen vereinbart. Mit dem Essen sei es schwierig, sie wisse gar nicht, wie lange dies schon so sei. Nach dem Essen fühle sie sich schlecht und bereue es. Essen löse bei ihr negative Gedanken aus. Ihr gefalle das Hungergefühl. Sie esse dann nicht, um es nicht zu vernichten. Manchmal vergesse sie komplett, etwas zu essen. Zu Hause mit ihrer Familie esse sie kaum, denn das sei sehr schwer. Ihre Mutter habe früher selbst Probleme mit dem Essen gehabt und sei fast daran gestorben. Ihr Vater sei übergewichtig und esse vor allem Fleisch. Clara sei schon länger Vegetarierin und halte es gar nicht aus, mit ihm gemeinsam zu essen. Als weitere Themen spricht Clara an, dass sie oft das Gefühl habe, nicht gut genug zu sein, und Angst habe, ihr Freund lasse sie wieder fallen. Auch auf die Schule bezogene Ängste belasten sie. Clara formuliert in den ersten Gesprächen für sie wichtige Therapieziele: Sie möchte nicht immer ein schlechtes Gewissen beim Essen haben, ihre Schwierigkeiten und Ängste in Gruppen überwinden und selbstbewusster werden.

Eine psychologische Diagnostik zu Beginn der Behandlung ergibt bei Clara folgende ICD-10-Diagnosen: F50.1 »Atypische Anorexie« und F40.1 »Soziale Phobien«. Mit einem anfänglichen BMI von 18,5 entspricht Clara zwar nicht den Diagnosekriterien der F50.0 Anorexia nervosa, bei der der BMI bei 17,5 oder weniger liegen muss, der rasche Gewichtsverlust, die Körperschemastörung und das beschriebene Essverhalten rechtfertigen aber die Diagnose einer atypischen Anorexie. Clara beginnt daher die Behandlung an unserem Institut für Essstörungen mit ambulanter Einzelpsychotherapie und regelmäßigen ärztlichen

Kontrollen. Eine jugendpsychiatrische Behandlung wird zunächst abgelehnt, bald wird aber deutlich, dass diese vor allem aufgrund der immer stärker hervortretenden depressiven Verstimmungen, Konzentrations- und Schlafschwierigkeiten nötig ist und wird auf mein Betreiben hin begonnen.

Anamnestische Daten

Mit ihrer Mutter streite Clara viel. Diese sei oft überfordert. Schon als Clara noch ein kleines Mädchen war, habe ihre Mutter mit ihr über ihre eigenen Probleme gesprochen, was Clara sehr belastet habe. Ihr Vater beschwere sich nur, schreie einen oft an und werde schnell aggressiv. Clara teile seine einseitigen Ansichten gar nicht und habe schon von klein auf versucht, sich gegen deren Aufzwingen zu wehren. Um ihre zwei jüngeren Brüder versuche sie sich zu kümmern, sei davon aber oft überfordert. Ihre Mutter betone immer, wie ähnlich Clara der mütterlichen Großmutter sei. Diese habe aufgrund eigener psychischer Probleme für Claras Mutter als Kind nie ausreichend da sein können, weshalb Claras Mutter schon sehr früh auf sich allein gestellt gewesen sei.

Zu Beginn der Behandlung scheint Claras fester Freund ihre einzige wirkliche Bezugsperson zu sein. Dieser wohne weit entfernt und sei selbst psychisch belastet. Freunde kann sie kaum nennen. Sie habe nur zwei ältere Freundinnen, die sie von klein an kenne, verbringe aber derzeit kaum Zeit mit ihnen. Clara besucht eine Schule mit sozialem Schwerpunkt. Sie ist einerseits sehr ehrgeizig und tut sich in vielen Fächern sehr leicht. Sie fühlt sich andererseits schnell von Anforderungen überfordert und berichtet in der Schule und bei Hausaufgaben von großen Konzentrationsschwierigkeiten. Diese sind häufig von Affektüberflutungen und selbstabwertenden Gedanken begleitet.

Struktureinschätzung am Beginn der Behandlung

Nach Auswertung der Strukturachse in der Selbstbeschreibung (siehe Abbildung 1) und Fremdbeurteilung (siehe Abbildung 2) weist der Gesamtwert auf eine Beeinträchtigung in der Persönlichkeitsstruktur hin mit Hinweisen auf eine tiefergehende Problematik in allen vier Dimensionen.

Claras Selbsteinschätzung sowie meine Beurteilung stimmen bei vielen strukturellen Fähigkeiten überein, unterscheiden sich manchmal aber auch. Dies könnte daran liegen, dass Clara bei einigen schwierigen Themen wie etwa dem Alleinsein starken Abwehrtendenzen unterlag bzw. bei anderen Themen das

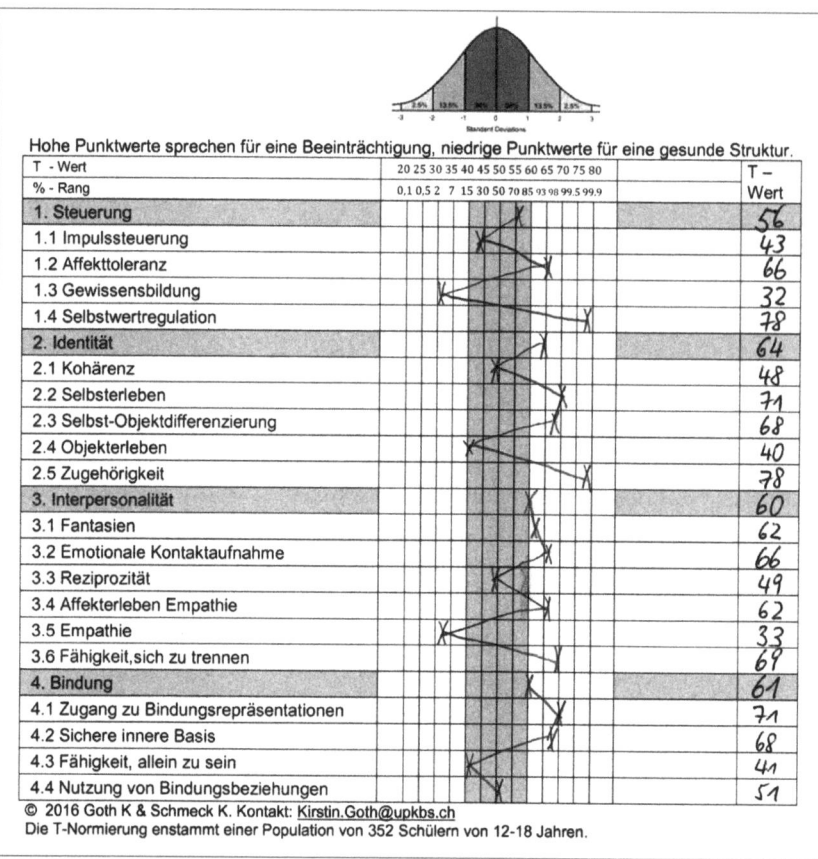

Abbildung 1: Selbsteinschätzung von Clara auf dem OPD-KJ-2-SF-Strukturfragebogen am Beginn der Behandlung

Gefühl hatte, gewisse Dinge sehr deutlich zum Ausdruck bringen zu müssen, damit ihre Belastung wahrgenommen wird. Bei mir könnte es sein, dass ich bei den strukturellen Fähigkeiten, die ich besser einschätzte als Clara sich selbst, manchmal schon mehr ihr Entwicklungspotenzial als ihre aktuellen Schwierigkeiten im Auge hatte.

Dimension Steuerung: Negative Affekte überfluten Clara zu Beginn der Therapie sehr oft und sind so unerträglich, dass sie impulsives Verhalten auslösen. Auch unter strukturierten Bedingungen wie in der Therapiestunde sind die Affekte zunächst nicht benennbar und verfügbar. Clara neigt dazu, selbstdestruktive Verhaltensweisen (Anorexie, Selbstverletzungen, Suizidgedanken) zur Kompensation heranzuziehen. Einer der Trigger dafür ist Claras rigide Selbstwertregulation durch ihr strenges Über-Ich, vermutlich als negatives Introjekt der

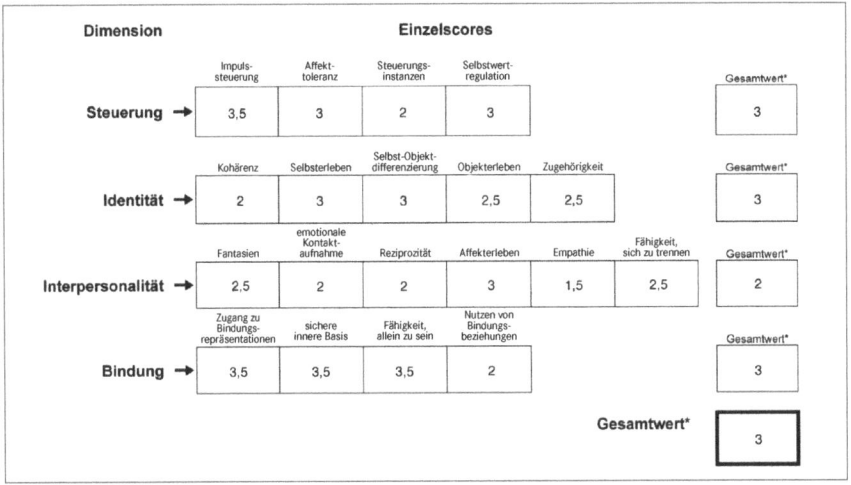

Abbildung 2: Fremdeinschätzung von Clara auf der OPD-KJ-2-Strukturachse am Beginn der Behandlung

unaufgelösten Problematik ihrer Mutter, gekoppelt mit der überflutenden Angst, abgelehnt zu werden. Aufgrund dieser labilen Selbstwertregulation mit rigiden Funktionsmustern sind auch Bestätigungen von außen kaum wirksam. Wenn ich in einer Stunde auf etwas hinweise, das ihr gut gelungen ist, muss Clara es gleich abwerten, bagatellisieren oder Gründe anführen, warum dem nicht so sei.

Dimension Identität: Claras auf den ersten Blick im gesunden Bereich sich befindendes Selbst- und Objekterleben zeigt jedoch eine gesteigerte Sensibilisierung in der Wahrnehmung ihrer Gleichaltrigengruppe mit ständigen Vergleichen der Körperform, des Gewichts und schulischen Erfolgs. Sie fühlt sich zutiefst beschämt und dies führt zu einer übertriebenen bis krankhaften Beschäftigung mit ihrem Gewicht und ihrer Körperform mit einer Essensbeschränkung. Ihr anorektisches Verhalten stellt ihr eine Pseudoidentität zur Verfügung, die es ihr ermöglicht, ein Gefühl von Kontrolle und innerem Zusammenhalt vorzutäuschen in einer Welt, in der sie sich nicht zugehörig fühlt. Das Wegfallen der anorektischen Symptomatik bedroht diesen selbststabilisierenden und identitätsstiftenden Teil. Was die Einbrüche im Selbsterleben genau auslöst, ist anfangs oft schwer nachvollziehbar und einzuordnen. Bei Clara wird auch in der Beschreibung anderer Personen eine gewisse Einseitigkeit deutlich. Die Zuordnung von Gefühlen und Gedanken zu sich selbst und anderen ist anfangs noch verschwommen oder polarisierend. Sie versucht sich sehr stark von anderen abzugrenzen, was ihr in krisenhaften Situationen aber wiederum oft gar nicht gelingt. Obwohl Clara sich anfangs der Gleichaltrigengruppe nur beschränkt zugehörig fühlt, findet sie immer wieder Subgruppen, mit denen sie sich identifizieren kann, und ist in der Lage, romantische Beziehungen einzugehen.

Dimension Interpersonalität: Fantasien bekommen bei Clara sehr schnell etwas Bedrohliches, haften oft am Konkreten und sind wenig lebendig. Emotionale Kontaktaufnahme fällt Clara eindeutig schwer und ist auf wenige Personen beschränkt, deren emotionale Bedeutung manchmal deutlich überhöht ist. Andererseits vermittelt sie oft den Eindruck von übersteigerter Unabhängigkeit. Dennoch gelingen ihr Kontaktaufnahmen immer wieder und konstante Beziehungserfahrungen werden möglich. Die Kontakte sind nicht von ständigen Abbrüchen geprägt und erfolgen auch nicht wahllos. Empathie ist bei Clara übermäßig stark ausgeprägt. Dies hat ihr wahrscheinlich von klein auf dabei geholfen, das unberechenbare Verhalten ihrer Umwelt vorherzusehen und sich ein Gefühl von Kontrolle zu verschaffen. Dass bei Clara die Fähigkeit zu einem Wir-Gefühl vorhanden und ein reziproker Kontakt in der Dyade möglich ist, beweist sie in der Psychotherapie und nutzt diese, um ihre Fähigkeiten weiterzuentwickeln. Im Affekterleben zeigen sich deutlich Claras Schwierigkeiten. Zu Beginn der Psychotherapie hat sie sehr wenig Bezug zu ihrem inneren Erleben und kann ihre Gefühle nicht differenziert wahrnehmen. Clara ist auch in ihrer Fähigkeit, sich zu trennen, beeinträchtigt. Trennungssituationen rufen starke Angst hervor und gehen mit Affektüberflutung einher.

Dimension Bindung: Bei Clara zeigen sich zu Beginn vorwiegend verfolgende, zerstörerische, unheimliche und bedrohliche innere Bilder von Objekten. Für Clara ist es schwer, Kontakt zu positiven inneren Bildern herzustellen und so Bindungsstress zu deaktivieren. Die Fähigkeit, allein zu sein, stellt in diesem Zusammenhang eine große Schwierigkeit für sie dar. Auch die damit verbundene Fähigkeit, sich selbst zu beruhigen, ist bei ihr anfangs kaum vorhanden. Das Alleinsein löst bei ihr starke Gefühle von Verzweiflung, Hilflosigkeit und Ohnmacht aus. Es gelingt ihr schlecht, sich abzulenken oder den Zustand auszuhalten. In solchen Situationen ist Clara starker Erregung und Verwirrung ausgesetzt und es sind bei ihr destruktive Reaktionsmuster wie Suizidgedanken, anorektisches Verhalten und das Verlangen, sich selbst zu verletzen, vorherrschend. In der Nutzung von Bindungsbeziehungen zeigt sich bei Clara eine klare Ressource, auch wenn es ihr anfangs schwerfällt, Hilfe anzunehmen. Dies passt zur anorektischen Symptomatik, bei der alles rund ums An- und Aufnehmen abgewehrt werden muss. Die Tendenz, andere zu versorgen und (zu) viel Hilfe anzubieten, ist bei ihr hingegen stark ausgeprägt und zeigt sich auch in ihrem Berufswunsch im Sozialbereich. Trotzdem ist es Clara möglich, die Psychotherapie immer mehr als Unterstützung zu nutzen. Lange Zeit habe ich das Gefühl, es darf keine Besserung entstehen, da Clara es sich nur erlaubt, Hilfe anzunehmen, wenn es ihr ganz schlecht geht. Dennoch gelingt es ihr, immer mehr zuzulassen und Dinge zu verändern und so von der Psychotherapie zu profitieren.

Behandlungsverlauf

Ziemlich bald wird deutlich, dass für Clara eine Sitzung einmal pro Woche zu wenig ist. Ihr geht es sehr schlecht und es ist für sie oft schwierig, sich zu erinnern, was wir in der letzten Stunde besprochen haben. Die Erhöhung der Frequenz auf zweimal pro Woche ist für Clara entlastend. Sie kommt immer zu ihren Stunden, anfangs oft sogar über eine halbe Stunde früher, da sie die Ruhe im Warteraum genieße. Nach etwas über einem Jahr Psychotherapie verlasse ich die Institution, in der die Behandlung erfolgt, und nehme Clara in die Privatpraxis mit, da wir ein gutes Arbeitsbündnis haben und ich sie nicht an eine Kollegin übergeben möchte. In der Praxis findet die Psychotherapie ungefähr ein halbes Jahr weiterhin zweistündig statt. Als die Mutter aus finanziellen Gründen die Therapie abbrechen will, kann ich sie überzeugen, diese zumindest einstündig weiter zu finanzieren. Die Therapie dauert weiterhin an. Clara ist mittlerweile fast 18 Jahre alt.

Die Anorexie bedeutet für Clara lange Zeit eine Möglichkeit, sich vor dem Aufnehmen der überfordernden und überflutenden Projektionen ihrer Eltern zu verschließen und zu schützen. In ihrer ohnmächtigen Situation ihren Eltern gegenüber schafft sie so über ihren Körper und das Essen einen Bereich, in dem sie bestimmen kann und Macht hat. Aggression muss von Clara abgewehrt und in der anorektischen Symptomatik gebunden werden, da ein Zulassen und Ausleben sowie die vermuteten Reaktionen darauf für sie anfangs zu bedrohlich wirken. Im weiteren Verlauf kann Clara Aggression lange nur ausdrücken, indem sie diese in selbstverletzendem Verhalten und Suizidgedanken gegen sich selbst richtet. Sobald es in der Psychotherapie gelingt, Raum und Worte für ihre Gefühle, insbesondere für Enttäuschung, Traurigkeit und Aggression, zu finden, und sie Letztere – sowohl in jugendlichem Verhalten gegen ihre Eltern als auch im therapeutischen Prozess gegen mich – ein bisschen rauslassen kann, tritt die Essstörungssymptomatik und das selbstschädigende Verhalten immer weiter in den Hintergrund. Die Suizidgedanken bleiben lange bestehen, was mich immer wieder in Bedrängnis und große Sorge bringt. Erst zu einem viel späteren Zeitpunkt erfahre ich, dass Claras Mutter ihr gegenüber von früher Kindheit an immer wieder Suiziddrohungen geäußert hat. Ich habe also in unseren Stunden erlebt, wie es ihr lange Zeit selbst gegangen ist.

Zu Beginn der Psychotherapie muss sich Clara sehr von ihren Eltern abgrenzen. Im weiteren Verlauf gelingt es ihr, diese differenzierter wahrzunehmen und neben der Wut auch die Traurigkeit über die schwierige Beziehung zu ihnen zuzulassen. Dass es ihr gelingt, Ähnlichkeiten mit ihren Bezugspersonen wahrzunehmen und als solche zu benennen, ist auch stark mit Ängsten verbunden, genauso wie diese zu werden. Dennoch ist es Clara mit Unterstützung zunehmend möglich, auch Unterschiede und ihre Eigenständigkeit zu erkennen und beide Seiten zuzulassen.

In der Entwicklung ihrer Selbstwahrnehmung kann Clara deutliche Fortschritte machen, und auch ihre fragile Selbstwertregulation stabilisiert sich zunehmend. So gelingt es ihr auch immer besser, emotional auf ihre Peers zuzugehen, ihre Bedürfnisse authentisch mitzuteilen, ohne permanente Angst davor zu haben, abgelehnt und isoliert zu werden. Sie geht immer aktiver ihre Schwierigkeiten in Gruppen an und wird in der Klassengemeinschaft offener und zugänglicher. Auch die anfangs als sehr lose beschriebene Beziehung zu ihren beiden langjährigen Freundinnen verändert sich. Es entsteht um diese ein gemeinsamer Freundeskreis, in dem sie auch ihren derzeitigen Freund kennenlernt. Clara fühlt sich von ihm sehr verstanden und unterstützt. Ihre Beziehung beschreibt sie als sehr liebevoll. Bemerkenswert ist der sehr reflektierte und bemühte gemeinsame Umgang mit Konflikten.

Dass Clara in ihrer Fähigkeit, sich zu trennen, stark beeinträchtigt ist, zeigt sich in der ersten Therapiephase deutlich daran, dass sie am Stundenende oft überfordert ist und Suizidgedanken äußert. Dies führt auch einige Male dazu, dass ich die Stunde überziehe oder Freundinnen sie abholen müssen. Es wird besser, als ich das Stundenende klarer mit einer Ankündigung der letzten fünf Minuten markiere und wir darüber sprechen können. Später gelingt es Clara auch in Bezug auf andere wichtige Beziehungen, zu benennen, dass ihr bewusst sei, dass Konflikte oft aufgrund bevorstehender Trennungssituationen entstehen und sie daran arbeiten möchte.

Schulische Schwierigkeiten führen dazu, dass Clara im zweiten Therapiejahr eine Klasse wiederholen muss. Danach gelingt es ihr immer besser, sich für die Schule zu strukturieren, Hilfe von Freundinnen beim Lernen anzunehmen und Erfolge zu erzielen.

Als es zunehmend möglich wird, mit Clara Zusammenhänge zu erkennen und zu benennen, kann sie die Psychotherapie als Raum nutzen, um zu einer immer differenzierteren Selbstbeschreibung zu gelangen, ihre Selbstwertregulation zu stabilisieren und ein Identitätsgefühl zu entwickeln. In der späteren Therapiephase gelingt es ihr zum Beispiel, sehr klar von ihren Stärken und Kompetenzen, die sie im Praktikum nutzen konnte, zu berichten.

Abschließende Überlegungen

Mit diesem Fallbeispiel haben wir versucht zu zeigen, wie Veränderungen auf der Strukturachse in einer Psychotherapie durch die Unterstützung eines hilfreichen Anderen möglich werden. Dass Clara Schwächen in ihrer psychischen Struktur aufweist, ist von Anfang an deutlich. In den Stunden spricht sie sehr oft davon, verwirrt zu sein und dass sie sich gerade gar nicht auskenne. Clara wird regelmäßig von ihren Affekten überflutet. Dies wird sowohl aus ihren Erzählungen deutlich, aber auch in den Stunden direkt miterlebbar. Auch ich bin sehr oft verwirrt und kenne mich gar nicht aus. Für Clara ist es anfangs schwer, Gefühle zu benennen, zu ordnen, auseinanderzuhalten und zu beschreiben. Daher scheint es gar nicht verwunderlich, dass sich ihre Schwierigkeiten zunächst auf die körperliche Ebene verlagern und in Form einer Essstörung zum Ausdruck kommen. Im Laufe der Psychotherapie gelingt es Clara durch die Stärkung ihrer Verbalisierungsfähigkeit, einen besseren Zugang zu ihren Gefühlen zu erlangen, diese zu reflektieren und modulieren. Dadurch wird es ihr möglich, sich von einer vorrangig körperlichen Verarbeitung zu lösen.

Therapeutisch bestand das Bemühen darin, negative Introjekte in Grenzen zu halten und einen bewältigbaren Umgang mit ihnen zu finden. Da es ohne innere Selbstfürsorge und Selbstberuhigung keine Stabilisierung struktureller Symptomatik geben kann, lag der Fokus darauf, die innere Verankerung hilfreicher Introjekte zu fördern und den Prozess der Individuation und Ablösung zu begleiten.

Zu Beginn der Therapie fühlte ich mich sehr unter Druck und mich überkamen immer wieder Insuffizienzgefühle, Verwirrung und große Ängste um Clara. Die Heftigkeit dieser Gefühle lässt darauf schließen, dass Clara diese über projektive Identifizierung in mir hervorrief und mich so Anteil daran haben ließ, wie sie sich fühlte. Es liegt nahe, dass Clara mich sowie meine Gedanken und Gefühle kontrollieren musste, um zu verhindern, dass ich sie und ihre Gedanken und Gefühle kontrollierte. Ihren ursprünglich vorwiegend verfolgend und bedrohlich erlebten inneren Bildern von Objekten entspricht es, dass sie sich so vor erwarteten überwältigenden und überfordernden Projektionen meinerseits zu schützen versuchte. Dies hatte sie in der Beziehung zu ihren Eltern im Sinne einer »umgekehrten Container-contained-Beziehung«[1] erfahren. Anfangs war ich dadurch vor allem damit beschäftigt, alles aufzunehmen, was

---
1 Gianna Williams (2003) bezeichnet damit, dass ein Säugling, der eigentlich selbst noch in seiner Entwicklung auf Containment angewiesen ist, als Container für massive Projektionen ge- bzw. missbraucht wird.

von Clara kam, und sowohl innerlich als auch äußerlich möglichst viel zu strukturieren. Dies löste bei mir einerseits immer wieder Überforderung aus und ließ mich selbst um meine strukturellen Fähigkeiten ringen. Clara brachte mich andererseits auch oft dazu, sehr aktiv zu werden und mit ihr Handlungspläne zu erstellen. Erst mit der Zeit, als ich immer mehr als hilfreiches und positiv besetztes Objekt gemeinsam mit meiner strukturierenden Funktion verinnerlicht werden konnte, gelang es ihr besser, selbst ihre Gedanken und Gefühle zu ordnen. Die Verwirrung und Überforderung sowie das Verlangen, zu kontrollieren, konnte bei uns beiden dadurch weniger werden. So durfte ich auch immer mehr zu einem eigenständigen und auch konfrontierenden Gegenüber werden. Ich konnte Clara immer mehr Eigenständigkeit zutrauen und sie brauchte mich nicht mehr ständig als real anwesendes und für sie strukturierendes sowie kontrollierbares Objekt. Es gelang ihr immer besser, mir gegenüber Position zu beziehen und auszusprechen, wenn sie mit mir nicht übereinstimmte, sowie Ärger zu zeigen. So veränderten sich auch Claras innere Bilder von Objekten: Sie waren nicht mehr so einseitig und bedrohlich, sondern konnten in ihrer Ambivalenz wahrgenommen und teilweise emotional positiv besetzt werden.

Clara äußerte vor Kurzem aufgrund ihrer fordernden schulischen Situation den Wunsch, die Frequenz auf ein zweiwöchentliches Setting zu reduzieren. Da Clara besonders in letzter Zeit viele Fortschritte gemacht hat und um ihre Autonomiebestrebungen zu fördern, kann von meiner Seite langsam an ein Ende gedacht werden. Ein langsames Ausschleichen kann in diesem Fall aber ein Umgehen der Trennungssituation bedeuten. Daher wird es in nächster Zeit wichtig sein, mit Clara darüber nachzudenken, was sie von der Psychotherapie noch erwartet und wünscht und mit welchen Ängsten Gedanken an ein Ende verbunden sind.

Eginhard Koch

Der Junge mit dem Zettelkasten:
Ein hochbegabter Jugendlicher mit einer paranoid-halluzinatorischen Psychose

Simon ist ein hochbegabter Jugendlicher, der bis zum Beginn seiner Erkrankung eine unauffällige Entwicklung genommen hatte und ein gutes prämorbides Strukturniveau zeigte. Auch in der psychotischen Phase, als er noch nicht remittiert war, zeigte er deutliche strukturelle Stärken, die es ihm ermöglichten, sehr gute Schulerfolge zu erreichen. Diese Fallvignette soll zeigen, dass von einer Diagnose (paranoid-halluzinatorische Psychose) nicht auf ein durchgängig schlechtes Strukturniveau geschlossen werden kann und umgekehrt nicht vom Strukturniveau auf eine Diagnose geschlossen werden sollte, auch wenn es natürlich Zusammenhänge von Diagnose und psychischem Strukturniveau gibt. Es ist wichtig, die strukturellen Stärken und strukturellen Defizite im Sinne eines Strukturprofils zu berücksichtigen.

Frühe Entwicklung

Simon war eine Zangengeburt, und die Schwangerschaft war ab dem sechsten Monat von Komplikationen begleitet gewesen. Ein postpartaler Ikterus gravi machte eine Fototherapie notwendig. Simon trank schlecht, schrie viel und war ein hoch irritables Kind. Der Mutter, einer sehr disziplinierten und kontrollierten Frau, fiel es nicht leicht, eine warme, mütterliche und versorgende Mutter zu sein. Sie fühlte sich schnell überfordert und ekelte sich bisweilen vor der körperlichen Grundversorgung ihres Sohnes. Bis zum achten Lebensmonat habe er laut der Mutter kaum geschlafen. Die Meilensteine der Entwicklung passierte er dann zeitgerecht, war aber immer ein motorisch ungeschickter Junge, der schon im Kindergarten durch eine gewisse Tollpatschigkeit auffiel.

Mit drei Jahren konnte er lesen und sprach neben Deutsch auch Französisch und Mandarin, da seine Mutter aus Shanghai stammte. Der Vater war Deutscher und Altphilologe an einer norddeutschen Universität. Aufgrund seiner Begabungen wurde Simon vorzeitig eingeschult, er war ein wissbegieriger

Junge, musisch begabt, später am Cello Preisträger »Jugend musiziert«, galt jedoch immer als zu jung und wurde schon im Kindergarten ausgegrenzt und gemobbt, was dann später zu mehreren Schulwechseln führte, da er sozial große Schwierigkeiten hatte. Häufig fühlte er sich ungerecht behandelt, nicht gemocht, nicht aufgenommen in die Peergroup, ausgegrenzt und als unfähig und dumm wahrgenommen.

Simon hat noch eine sechs Jahre jüngere Schwester, der vieles sehr leichtfiel, ein Sonnenschein, mit vielen Freundinnen, sozial sehr eingebunden, aber auch oppositionell und stark im Widerstand mit den Eltern. Simon musste, sicherlich auch durch die hohen Erwartungen seiner Mutter beeinflusst, in diesen Jahren immer der Beste sein, arbeitete an seiner Optimierung und Effektivitätssteigerung, lernte sechs bis acht Stunden am Tag, was, nach Angaben der Eltern, zu einem Schlafmangel führte. Die Mutter, Mathematikerin und Künstlerin und selbst sehr leistungsorientiert, unterstützte dieses Verhalten, sie war diejenige, die die Richtung vorgab in der Familie, wohingegen der Vater eher sorgenvoll die Entwicklung seines Sohnes betrachtete.

Inwieweit Simons Leistungsorientierung schon früh zwanghafte Züge trug, ist retrospektiv nicht leicht zu beurteilen, mit etwa zwölf Jahren fiel er jedoch erstmalig mit einem Waschzwang auf. Er ekelte sich vor seiner eigenen Körperflüssigkeit, hatte Angst, sich zu beschmutzen, und äußerte in dieser Zeit, nachdem er die Toilette besucht hatte, Ängste, dass seine Mutter sterben könnte, die zu dieser Zeit an einem Nervenleiden litt. Mit etwa 14 Jahren zeigte er das Vollbild eines Waschzwangs, musste sich immer wieder die Hände waschen, duschte mehrfach am Tag und vermied es, mit Gegenständen in Berührung zu kommen, die von anderen Menschen häufig angefasst wurden, zum Beispiel Türklinken.

Beginn der Psychose

Gegen Ende des 14. Lebensjahres kamen Konzentrationsstörungen hinzu, was Simon zunächst durch einen noch größeren Fleiß kompensieren konnte, er zog sich jedoch auch zunehmend zurück und fiel den Eltern durch eigenwillige, skurrile, choreografierte Tanzbewegungen auf. Er wollte nicht mehr mit der Familie essen, wirkte misstrauisch und warf den Eltern vor, für seine Konzentrationsstörungen verantwortlich zu sein. Simon war nicht nur ein wissbegieriger Jugendlicher, er war äußerst strukturiert und versuchte nun alles, was passierte, zu dokumentieren, indem er sich Notizen auf unzähligen Zetteln zu seinen Erlebnissen machte.

Auszüge aus Simons Zettelkasten:
Simon stand am Fenster seines elterlichen Hauses und notierte: »Aus allen 4 möglichen Ankunftsrichtungen kommen <u>Exakt</u> beim Erreichen des Hauses je 1 Auto und schießen mit Vollgas auf mich zu. Verfolgung durch Flugzeug am Himmel?!? Warum?« Weitere Notizen: »Ich soll dümmer werden«, »Ich werde unter Starkstress gesetzt und gehindert, die Aufgabe zu erfüllen«, »Meine Schwester ist eingeweiht«, »Gift zur drastischen Senkung der Intelligenz«, »Zerstörung des Gehirns durch Disstress«, »→ Intelligenzverlust! Beweis: Papa macht komische Geräusche alle 45 sec. Atempausen!?!«, »Hinterhältig, Verleugnung, Betrug, Lüge, Verrat, Folter, Quälen.«

Ein weiterer Zettel dokumentiert eindrücklich, wie sich Simon im Mittelpunkt einer sich verändernden Welt erlebt: Alles steht in Bezug zu ihm, alles ist Verrat, Schauspiel, Betrug, alles strömt auf ihn ein, die scheinheilige Beratung, dass man ihn mit Gift dümmer machen wolle, die Intrigen der Eltern und deren heimlicher Austausch mit einem Psychiater.

Simon wird regelmäßig von seinem Vater zu den Terminen in der Klinik gefahren. Bei einer der Fahrten macht er sich Gedanken über die Flüssigkeit zum Frostschutz. Er vermutet, dass es sich um eine »EinMischung« der blauen Flüssigkeit in sein Essen (Gift zur Zerstörung der Neurone!) handelt, und stellt Vermutungen dazu auf. Ist es eine Untersuchung des menschlichen Verhaltens in Abhängigkeit zur Intelligenz oder dient der Intelligenzentzug der Verbesserung der Gefügigkeit und des Gehorsams? Eine weitere Vermutung lautet, dass organische Schäden im Gehirn zu Intelligenz- und Gedächtnisverlust führen sollen oder zur Behandlung des Waschzwangs mit einer Zwangsbehandlung in einer Neurologischen Klinik, verbunden mit der endgültigen Zerstörung des Gehirns. Er sieht keinen Ausweg.

Simon fasst zögerlich Vertrauen zum Therapeuten, lässt sich für ein paar Tage stationär untersuchen und nach Diagnosestellung auf eine antipsychotische Medikation einstellen. Eine testpsychologische Untersuchung ergab im HAWIK-IV ein homogenes Profil mit einem IQ von 138. Er versichert sich immer wieder, dass der Untersucher sich nicht mit seinen Eltern austauscht, und nimmt nur mit großen Schwierigkeiten seine Medikamente ein. Auch im Zimmer des Therapeuten fühlt er sich zunächst beeinträchtigt, vermutet ein Gift, ein Gas in der Luft, kann sich aber von Mal zu Mal vertrauensvoller einlassen.

Psychodynamik mit primärem Bezug zur psychischen Struktur

Simon war in seiner Beziehungsgestaltung dem Untersucher gegenüber zunächst außerordentlich misstrauisch und kontrollierend. Im Untersuchungszimmer musste das Fenster geöffnet sein, da sich giftige Stoffe in der Luft befinden könnten; Simon kontrollierte, ob auch niemand vor der Tür stand, und dem Therapeuten gegenüber war er sehr vorsichtig in allem, was er sagte. Eine emotionale Kontaktaufnahme war für Simon zunächst kaum möglich. Sein Verhalten war schwer vorhersehbar und schwer einfühlbar. Seine Emotionen waren entweder starr oder impulsiv. Eine von außen nachvollziehbare Form der Kontaktaufnahme war meistens nicht möglich. Auch war ein Wir-Gefühl nicht herstellbar. Zunächst scheiterte der Versuch immer wieder, an einem gemeinsamen Thema zu arbeiten, dies wurde durch Realitätsverzerrungen und heftige Affekte verunmöglicht (Dimension Interpersonalität).

Simons Mutter übte eine große Kontrolle gegenüber ihrem Sohn aus und setzte ihn nicht nur in der Vergangenheit, sondern auch in dieser Phase sehr unter Leistungsdruck. Er hatte stets höchste Erwartungen an sich und war ständig mit der Sorge konfrontiert, nicht zu genügen, die Anforderungen seiner Eltern und die der Schule nicht zu erfüllen. Im Umgang mit seiner Krankheit zeigte seine Mutter nur bedingt Verständnis, auch hier dominierte der Druck, zu funktionieren und zu leisten, keine Schwächen zu haben. Die Beziehung zwischen Mutter und Sohn war sehr eng, doch während der Krankheitsphase entwertete Simon seine Mutter massiv und wirkte in seinen Äußerungen ihr gegenüber kalt und kritisch. Die Atmosphäre zu Hause war belastet, Simon zeigte sich misstrauisch, entwertend und ablehnend gegenüber den Eltern und seiner Schwester.

Unter strukturellen Gesichtspunkten war immer wieder zu Hause zu beobachten, dass Simon bei der Einnahme der Medikamente in einen hochgradigen Erregungszustand geriet, was reflektorisch von ihm durch Gegenhandlungen beantwortet wurde, indem er etwa skurrile, »choreografische« Tänze aufführte. Verschiedene Affekte brachen immer wieder situationsunangemessen durch und lösten eine hochgradige Erregung aus, die er durch Gegenhandlungen wie bizarres Verhalten beantwortete bzw. abwehrte (Dimension Steuerung).

Es bestand während der Erkrankung eine durchgehende Unfähigkeit, sich selbst zu beschreiben, die Selbst-Objekt-Differenzierung war durchgehend eingeschränkt, es kam zu Freezing-Reaktionen, und die Zuordnung zu Eigenem und Fremdem gelang nicht mehr. Für Simon war es immer wieder unmöglich, Fantasien, Erlebtes und Vorgestelltes von der Realität getrennt wahrzunehmen, was zu destruktiven, bizarren und nicht einfühlbaren Handlungen führte. Die Wahrnehmung der anderen war durch sein psychotisches Erleben bestimmt und durch Projektionen und projektive Identifizierungen verzerrt. Dies überlagerte seine Fähigkeit, den Untersucher ganzheitlich wahrzunehmen und ihn in seiner Eigenständigkeit anzuerkennen.

Sowohl zunächst er selbst als auch vor allem die Eltern stellten für ihn in dieser Phase eine ernst zu nehmende Bedrohung dar. Der Realitätsbezug war gravierend qualitativ und quantitativ beeinträchtigt. Der Kontakt zur Außenwelt blieb jedoch kontextbezogen erhalten (Dimension Identität).

Seine eigenen Emotionen konnten nur durch eine misstrauische und feindselige Distanzierung zum Ausdruck gebracht werden. Die OPD-KJ versucht eigentlich, psychische Struktur außerhalb von Krankheitsepisoden mit Auswirkungen auf das Strukturniveau zu erfassen, doch erscheint die Einschätzung des Strukturniveaus im Rahmen der Erkrankung hier sinnvoll, da Simon in einem nicht remittierten Zustand ein ausgezeichnetes Abitur ablegte und somit im schulischen Kontext strukturelle Stärken zumindest phasenweise zur Verfügung hatte. Diese ermöglichten es ihm, schulbezogenen Stress abzupuffern, konzentriert und themenbezogen zu arbeiten sowie mit belastenden wahnhaften Überzeugungen und Beziehungsideen so umzugehen, dass ein schulischer Erfolg möglich war. Auch in der Psychose zeigten sich Lebensthemen, die dann im Verlauf bei zunehmender Remittierung ebenso bearbeitet werden konnten wie die Einbettung in einen biografischen Kontext. Seine Themen waren Selbstwert und kognitive Leistungsfähigkeit, was auch in seinem Vergiftungswahn Ausdruck fand, darüber hinaus die Beziehung zu den Eltern, der Versuch einer Loslösung, das Ringen um Autonomie und Abgegrenztheit, Freiraum und Eigenständigkeit sowie um seine Identität: Was macht ihn aus, wie sehen ihn die anderen, was wissen die anderen von ihm?

Therapie und Verlauf

Die Therapie umfasste neben einer Pharmakotherapie kognitiv-behaviorale und psychodynamische Elemente. Simon wurde leitliniengerecht im ambulanten Setting neuroleptisch zunächst mit Zyprexa, dann mit Abilify behandelt.

Ein Wir-Gefühl gelang zunächst nur selten. Es kam immer wieder zu ausgeprägten und die Kommunikation belastenden Verhaltensweisen, die einen wechselseitigen Austausch erschwerten, doch Simon rang schon früh um ein Verstehenwollen und suchte nach Erklärungen, die durch neue Beobachtungen aber schnell wieder von ihm infrage gestellt werden mussten. Wir versuchten, nachdem Simon teilweise remittiert war, den Wahn als ernsthaften Restitutionsversuch zu verstehen: Er müsse immer wieder neue Annahmen machen, um seine Theorien von der Welt wieder in Ordnung zu bringen. Alles, was geschehen sei, sei rückblickend immer auch der Versuch gewesen, etwas zu lösen. Doch ihm fehlten häufig die Erklärungen für das, was ihn orientierungslos gemacht habe. Es sei leichter für ihn gewesen, die Situationen zu ertragen, wenn er sich zu Hause von Vergiftung bedroht gefühlt habe, sagte er zu einem späteren Zeitpunkt in der Therapie. Er habe um Autonomie, Abgegrenztheit, Freiraum und Eigenständigkeit gekämpft und immer unter der Kontrolle, der Überwachung und den hohen Erwartungen der Mutter gelitten. Es sei ein vergiftetes Klima gewesen, er habe keine Eigenständigkeit gehabt, noch nie, er habe nicht gewusst, wer er sei, immer nur die Erwartungen anderer erfüllen müssen und in der Peergroup keinen Platz gefunden.

Simon remittierte innerhalb weniger Wochen und konnte sich zunehmend zunächst auch einer kognitiv-behavioralen Sichtweise öffnen. Der erste Schritt ging von ihm aus, als er in einer Stunde sagte, dass es doch nicht sein könne, dass alle Welt etwas von ihm wisse, auf ihn reagiere und ihn auf der Straße so kritisch ansehe. Es war dann im weiteren Verlauf möglich, über kognitive Verzerrungen und unzureichende Schlussfolgerungen seinerseits zu sprechen. Simon öffnete sich immer mehr, die schwierige Situation zu Hause wurde Thema, sein Wunsch, eigenständig zu leben, die hohen Erwartungen und der Erfolgsdruck, die kontrollierende Mutter und ganz zentral die Frage, wer er denn sei, was er könne, welchen Wert er habe und wie er von den anderen wahrgenommen werde. Ein Versorgungskonflikt wurde immer spürbarer, verbunden mit der Frage, was er von den anderen bekomme an Aufmerksamkeit, Mitnahme, Wertschätzung, dass er sich nicht ausreichend wahrgenommen fühle von den Kommilitoninnen und Kommilitonen, als er dann ein Studium der Wirtschaftswissenschaften begonnen hatte.

In den therapeutischen Sitzungen zeigte sich zunehmend ein gut integriertes Strukturniveau mit Einschränkungen im Bereich des Selbstwertgefühls und Selbstgefühls mit mangelnder Kohärenz. Simon entwertete sich schnell, er zeigte eine große Kränkbarkeit und zweifelte sehr an sich, was zunächst immer wieder zu depressiven Reaktionen führte.

Die in der Psychose eingeschränkte Selbst-Objekt-Differenzierung gelang ihm zunehmend, er konnte seine Emotionen immer besser regulieren und die Beziehung zu den Eltern differenziert und integriert auch emotional bewerten. Er konnte sich emotional berühren lassen, und in der Therapie war es immer besser möglich, an Themen gemeinsam zu arbeiten. Eng verknüpft mit seinen Vergiftungsideen waren Leibempfindungsstörungen mit einem Fremdheitsgefühl im Schädel und der Angst, einen Hirntumor zu haben. Auch hier konnte er sein Körpererleben immer besser mit Emotionen verknüpfen und ein gesundes und lebendiges Körperselbst erlangen.

Simon suchte nach einer zweijährigen Therapie, die durch die räumliche Distanz zuletzt nur noch in größeren Abständen stattfand, eine wohnortnahe Möglichkeit und zog nach einem weiteren Jahr im Rahmen seines Studiums weg vom Wohnort der Eltern in eine weiter entfernte Stadt.

Carmen Eger, Jenny Kaiser, Lydia Kruska und Annette Streeck-Fischer

Diagnostik und Therapie einer Zehnjährigen mit einer generalisierten Angststörung

Hintergrund

Die zehnjährige Luisa wird für die Teilnahme an einer ambulanten Therapiestudie im Erstgespräch vorgestellt. Im Rahmen der Diagnostik erfolgt ein klinisches Interview mithilfe des K-SADS-PL (Delmo, Weiffenbach, Gabriel, Stadler u. Poustka, 2001), auf dessen Grundlage das Störungsbild differenzialdiagnostisch abgeklärt wird. Bei der beschriebenen Symptomatik handelt es sich um eine generalisierte Angststörung des Kindesalters (F93.8) mit wechselnden Angstinhalten, aktuell vor allem auf Trennungssituationen und körperliche Veränderungen bezogen.

Es erfolgt eine psychotherapeutische Behandlung als fokusbezogene Kurzzeittherapie von 25 Stunden unter Einbeziehung der Eltern bei einer psychodynamisch orientierten Kinder- und Jugendlichenpsychotherapeutin. Die Strukturdiagnostik zu Beginn der Psychotherapie und nach Beendigung wird durch zwei unabhängige OPD-KJ-2-Raterinnen auf Basis der therapiebegleitenden Dokumentationen durchgeführt (Audioaufnahmen der klinischen Interviews sowie der Therapiestunden).

Erstkontakt, beschriebene Symptomatik und lebensgeschichtlicher Hintergrund

Luisa erzählt im Erstgespräch, noch immer nicht allein einschlafen zu können. Abends kämen die Gedanken, die sich sowohl auf vergangene, zukünftige als auch auf potenzielle, unwahrscheinliche ängstigende Ereignisse beziehen würden. Sie müsse weinen, zittere dann und habe heftige Angst bis hin zur Panik. Sie würde daher vorsorglich im elterlichen Schlafzimmer auf einer Matratze schlafen. Da die Eltern sich zunehmend in ihrem persönlichen Raum als Paar eingeschränkt fühlen, komme es häufiger zu abendlichen Krisen. Einerseits habe sie ein schlechtes Gewissen, weil die »Eltern doch eigentlich ihr Zimmer für sich haben wollen«; andererseits sei ihr dies peinlich, weil sie »schon so groß« sei.

Das sympathische Mädchen ist sehr offen im Kontakt und lächelt freundlich. Sie wirkt sehr aufgeschlossen und sehr erwachsen. Sie berichtet freimütig von sich und ihrer Angst und kann sich sehr gut ausdrücken. In der Schule und im Freizeitsport ist sie leistungsstark und beliebt. Sie sei mehrfach zur Klassensprecherin gewählt worden und habe viele Freunde. Ihre Hobbys würden sie beschäftigt halten. Später wolle sie Lehrerin werden. In der Gegenübertragung entsteht das Bild eines sozial kompetenten und zugänglichen Mädchens, das mühelos die vielfältigen Anforderungen im schulischen und im Freizeitbereich meistert. Luisa löst damit vor allem positive Gefühle aus, aber auch den Wunsch, ihr ihre Sorgen zu erleichtern. In der Abwehr dominieren Intellektualisierung, Rationalisierung und Bagatellisierung. In Krisen- und Belastungssituationen treten diese zugunsten von Regression und Somatisierungen zurück.

In den Gesprächen mit der Mutter wird deutlich, dass Angst in der Familie eine größere Rolle spielt, als im Erstgespräch zur Sprache kam. So hat nicht nur die Mutter eine eigene Angstproblematik, die in der Vergangenheit psychotherapeutisch begleitet wurde.

Sie (40 Jahre) beschreibt sich selbst als »empfindsam und ängstlich, genauso wie meine Kinder jetzt«. Sie habe »immer die Beste« sein wollen. Aus der in den Diagnostiken beschriebenen Familiendynamik geht hervor, dass der Vater (42 Jahre) Ängste eher kontraphobisch abzuwehren scheint und sich »männlich« beschützend gibt. Beide Elternteile schildern, jeweils in ihrer Kindheit wenig emotionalen Halt gehabt zu haben und früh auf sich gestellt gewesen zu sein. Die Mutter erlebte Gewalt in der Familie und wurde früh in ein leistungsorientiertes Internat gegeben; der Vater wuchs vaterlos auf. Auch Luisas drei Jahre jüngerer Bruder sei ein sehr vorsichtiges Kind; die Eltern deuten Trennungsängste in Bezug auf außerfamiliäre Übernachtungen an.

Die Eltern beschreiben die Schwangerschaft, Geburt und ersten Meilensteine der Entwicklung als unauffällig. Es kam in Ablöse- und Schwellensituationen zu Komplikationen: Die Eingewöhnung in die Kinderkrippe mit eineinhalb Jahren gestaltete sich schwierig und langwierig wegen auftretender Trennungsängste. Zeitgleich mit der Geburt des jüngeren Bruders, also als Luisa drei Jahre alt war, sei ein Katarakt diagnostiziert worden, dessen operative Korrektur (Linsentransplantation) in die Zeit des Übergangs in die Grundschule fiel. Wegen des operativ korrigierten Augenleidens solle Luisa auf ärztlichen Rat hin dauerhaft eine Brille tragen. Diese reale Angst um ihre Sehkraft werde begleitet von der sozialen Angst vor Hänseleien, der Luisa begegne, indem sie aktuell die einseitig abgeklebte Brille nicht trägt. Aktuell stehen Umzug und ein damit verbundener Schulwechsel an, der Luisa zu schaffen mache.

OPD-KJ-Struktur-Rating (Altersstufe 2)

Die strukturellen Fähigkeiten der vier Dimensionen werden hinsichtlich allgemeiner Bewertungskriterien, wie beispielsweise ihrer Flexibilität, Variabilität, Funktionalität, Differenziertheit und Kohärenz sowie notwendiger Hilfestellungen eingeschätzt. Wenn sich beim Codieren die Frage stellte, inwiefern Luisa die strukturellen Fähigkeiten besitzt, diese aber aus dem berichteten Material bzw. aus der Interviewsituation nicht direkt hervorgingen (Kompetenz-Performanz-Diskrepanz), wurde die kontextuelle Verfügbarkeit geprüft. Das heißt, wenn es einen Kontext gibt, in dem die Fähigkeit zur Verfügung steht (bei der generalisierten Angst z. B. in den dem Kind vertrauten Kontexten), kann von einem grundsätzlichen Vorhandensein ausgegangen werden. Ein systematischer »Ausfall« struktureller Fähigkeiten in spezifischen Situationen wäre überdies ein Hinweis auf das eventuell vorhandene Konfliktthema.

Steuerung: In Alltagssituationen mit von außen vorgegebener sicherer, vorhersehbarer Strukturierung gelingen Luisa emotionale Regulationsversuche gut. So hat sie in schulischen Situationen eine hohe Frustrationstoleranz, im Konfliktfall kann sie sich steuern und verbal mitteilen. Sie ist mehrfach zur Klassensprecherin ernannt worden. Insgesamt ist Luisa vor allem kognitiv gesteuert, sie braucht die ganze Zeit Aktivität und sagt von sich, sie könne nicht »drei oder vier Stunden irgendwo sitzen, sondern brauche Bewegung«. Sie versucht, der Aufforderung ihres Vaters nach mehr Selbstständigkeit nachzukommen, »sich zusammenzunehmen«, und erhält dafür viel Anerkennung. Luisas steuernde und regulierende Fähigkeiten sind vor allem in belastenden Situationen eingeschränkt (eingeschränkte Impulssteuerung). Zwar kann sie Affekte global gut benennen und zuordnen. Sie ist aber beispielsweise in ihren aggressiven Impulsen sich selbst überlassen, die sie dann bagatellisiert oder intellektualisiert. In Situationen, in denen sich sachliche Erklärungsversuche nicht als hilfreich erweisen, kippt ihre an Anpassung orientierte kognitive Steuerung in eine Untersteuerung, etwa in den abendlichen Zubettgehsituationen in Bezug auf ihre Ängste vor dem Ein- und Durchschlafen im eigenen Zimmer. Dann ist sie auf Hilfe von außen angewiesen, wobei insbesondere negative Affekte nicht allein reguliert werden können (eingeschränkte bis geringe Affekttoleranz). Luisa kennt sich damit aus, was erlaubt und verboten ist, und hat einen starken Gerechtigkeitssinn. In diesem Zusammenhang hat sie auch Vorbildcharakter für Gleichaltrige, was sich auch in ihrem Wunsch abbildet, Lehrerin zu werden. Die Eltern sind jedoch nach wie vor in ihrer Stützfunktion wichtig. Die Verinnerlichung steuernder Fähigkeiten ist mangelhaft (eingeschränkte Steuerungsinstanzen). Im Kontakt tritt Luisa sehr bescheiden auf und ist im Zweifelsfall übermäßig selbstkritisch. Konstante positive Bestätigung von außen ist ihr dennoch sehr wichtig. Sie stellt ihre Leistung und ihren daran geknüpften Selbstwert infrage, wenn positives Feedback nicht von vornherein sicher ist. Dann versucht sie, potenziell selbstwertmindernden Erfahrungen durch Vermeidung zu entgehen, zum Beispiel durch penible Auswahl von Kleidung, ihre Weigerung, die Brille zu tragen, Überwachung ihres Körpergewichts und anderer Körpervorgänge (eingeschränkte Selbstwertregulation).

Identität: Zuschreibungen hinsichtlich ihrer Fähigkeiten und Eigenschaften sind bei Luisa prinzipiell vorhanden. Auch sind ihre Fähigkeiten, differenziert ihre Wahrnehmungen und Bedürfnisse in unterschiedlichen Situationen zu beschreiben, sehr ausgeprägt. Sie können aber situativ und themenbezogen (konfliktbedingt) störanfällig sein (eingeschränktes Selbsterleben, siehe Punkt Selbstwertregulation). Dies trifft ebenso auf die Wahrnehmung anderer zu (eingeschränktes Objekterleben). Dennoch kann sie bei sich und anderen adäquate Rollenzuschreibungen vornehmen und leben, sodass anzunehmen ist, dass kohärente innere Bilder von sich und anderen existieren (gute Kohärenz). Im Konfliktfall kann Luisa erkennen, dass ihre Eltern sich wünschen, dass sie allein schlafen kann, und ihre fehlende Privatsphäre zunehmend ein Problem für die ganze Familie darstellt. Auch ist ihr klar, dass ihr Verhalten nicht dem eines »großen Mädchens« ihres Alters entspricht. In diesen Belastungssituationen ist die Angst jedoch so stark, dass sie trotz des Wissens um die Interessen anderer nicht motiviert werden kann, ins eigene Bett zu gehen. Ihr Verhalten ist dann unflexibel, es misslingt die Abstimmung mit Interessen und Motivlagen der anderen (gute bis eingeschränkte Selbst-Objekt-Differenzierung). Die Mutter versucht, ihrer Tochter die eigene Erfahrung des Alleingelassenseins zu ersparen, und erlaubt Luisa deshalb inzwischen selbstverständlich, im Elternschlafzimmer zu schlafen. Dabei muss sie auf Luisas Wunsch hin so lange wach bleiben, bis das Kind eingeschlafen ist. Hier deutet sich an, dass die Schwierigkeiten in der Selbst-Objekt-Differenzierung transgenerativ intensiviert werden. Als Klassensprecherin ist Luisa in der Klassengemeinschaft anerkannt, Gleiches gilt für den Familien- und Freundeskreis. Insgesamt ist sie beliebt. Sie kann sich in allen Kontexten angemessen zugehörig und verantwortlich fühlen (gute Fähigkeiten im Bereich Zugehörigkeit).

Interpersonalität: Luisa kann soziale Situationen mit ihrer kompetenten, engagierten Art meistern und anderen in Bezug auf deren Unsicherheiten als Ansprechpartnerin zur Verfügung stehen. Dies zeigt sich auch im Gespräch mit ihr: Ein Austausch über verschiedene Themen ist möglich und es entsteht ein bereichernder, wechselseitiger Dialog (gute Reziprozität). Dabei hilft ihr ihre ausgeprägte Fähigkeit, sich feinfühlig ein Bild von den Gestimmtheiten des anderen zu machen. Eine der wenigen Ausnahmen bilden die bereits beschriebenen störungsspezifischen Bereiche: So betont sie in Gesprächen immer wieder, wie sehr sie sich wünscht, ihren Eltern nicht zur Last zu fallen; ihre Fähigkeit, die Bedürfnisse ihrer Eltern nach Zweisamkeit wahrzunehmen, ist in diesen Momenten konfliktbedingt fragil (gute bis eingeschränkte Empathiefähigkeiten). Dann ist die direkte Anwesenheit wichtiger Bezugspersonen zentral, um Beruhigung zu erreichen, weshalb sich Luisa in abendlichen Abschieds- und Trennungssituation klammernd verhält (eingeschränkte Fähigkeit, sich zu trennen; dieser Punkt überschneidet sich mit Aspekten der Dimension Bindung). Luisa kann ihre Wünsche nach Nähe zu anderen Personen verständlich und je nach Art der Beziehung variabel zum Ausdruck bringen. Im Bedarfsfall wird der Kontakt zu den Eltern und – wenn diese nicht zur Verfügung stehen – zu anderen engen Bezugspersonen gesucht. In für sie weniger gut kontrollierbaren Situationen gelingt ihr dies nicht altersadäquat und sie zeigt anklammerndes und regressives Verhalten (gute bis eingeschränkte Fähigkeiten zur emotionalen Kontaktaufnahme, siehe Dimension Bindung).

Wie bereits beschrieben (siehe Symptomatik), scheint Luisas Trennungsangstsymptomatik eine unbewusste Abwehrstrategie zur Regulation von generalisierten Ängsten zu sein, etwa von abendlich auftretenden Grübelkaskaden. Diese treten weniger auf, wenn Luisa elterlich begleitet einschlafen darf. In diesen Situationen, in denen sie allein ist, wird ihr innerer privater Raum gefährlich, weil die Fantasien überbordend sind. Ein Wechsel zwischen Fantasie und Wirklichkeit ist dann nicht sicher möglich, weshalb ihre Fantasie und damit aggressive Affekte überborden und sie sie nicht ausreichend für kreative, funktionale Lösungen einsetzen kann (überbordende, daher eingeschränkte Fantasie). Sie kann grundsätzlich ihre eigenen Affekte wahrnehmen und zum Ausdruck bringen. Aufgrund der beschriebenen Übersteuerung kommt es jedoch vor allem bei negativen Affekten wie Wut oder Traurigkeit zu Einschränkungen. Dann sind ihre Berichte sehr sachlich und an kognitiven Erklärungen orientiert. Ihr Affektausdruck ist in diesen Situationen sehr reduziert (eingeschränktes Affekterleben).

Bindung: In Alltagssituationen mit gut vorhersehbarer Strukturierung kann sie unter Bindungsaktivierung erfolgreich auf Bindungspersonen zurückgreifen. Dann kann sie sprachlich ihre Bedürftigkeit zum Ausdruck bringen (guter bis eingeschränkter Zugang zu Bindungsrepräsentanzen). Die so erhaltene Hilfe kann sie nutzen und getröstet sowie beruhigt werden, um sich dann wieder der Außenwelt zuwenden zu können. Luisa selbst beschreibt die Bemühungen ihrer Eltern als hilfreich; sie bilden in sorgenvollen Situationen explizit den Bezugsrahmen (gute bis eingeschränkte Fähigkeit zur Nutzung von Bindungsbeziehungen). Auch kann sie sich im Nachgang belastender Situationen mit einer für sie wichtigen Person darüber austauschen. So liegt es nahe, dass sie in der Dimension Bindung überwiegend als gut integriert einzuschätzen ist. Auch kann sie vor diesem Hintergrund das Alleinsein und Sichselbstbeschäftigen aushalten oder genießen (gute bis eingeschränkte Fähigkeit, allein zu sein).

Konfliktbedingt kann sie auf die beschriebenen Fähigkeiten jedoch nicht ausreichend zurückgreifen, da ihr eine sichere innere Basis nicht ausreichend zur Verfügung steht. Denn mit zunehmender Abwesenheit von Bezugspersonen und steigendem Bindungsstress (z. B. in den abendlichen Situationen oder wenn sie allein unterwegs ist) verlieren ihre grundsätzlich vorhandenen Fähigkeiten ihren sicherheitsspendenden Effekt. Die Stabilität der inneren Bilder schwindet mit zunehmender Dauer der Abwesenheit des realen Objekts. Aufgrund ihrer mangelhaft ausgeprägten Objektkonstanz in diesen Situationen geht ihr inneres gutes Objekt zeitweise verloren und muss permanent rückversichert werden. Um die Rückversicherung durchgehend zu gewährleisten, darf die Mutter beispielsweise nicht vor ihr einschlafen. Es können keine inneren Bilder aktiviert werden, die ein Gefühl von Nähe und Sicherheit herstellen würden (gering ausgeprägte sichere innere Basis, siehe auch Dimension Interpersonalität).

Insgesamt liegt Luisa mit ihren strukturellen Fähigkeiten im gut integrierten bis eingeschränkten Bereich (siehe Abbildung 1). Vor allem konfliktabhängig gehen ihr Fähigkeiten verloren, die ihr grundsätzlich zur Verfügung stehen. Deswegen wird der Gesamtwert vor Behandlungsbeginn mit »2 – eingeschränkt« geratet. Die Bereiche Affekttoleranz (aggressive Affekte) und sichere innere Basis sind am deutlichsten beeinträchtigt. Sie sind wesentlicher Bestandteil ihres Störungsbildes.

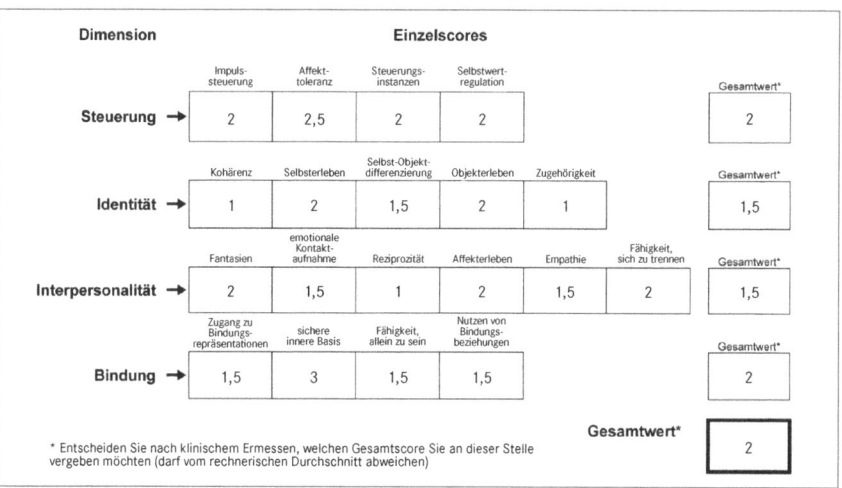

Abbildung 1: Einschätzung von Luisa auf der OPD-KJ-2-Strukturachse vor der Behandlung

Auszüge aus der Behandlung

Als Luisas ambulante Kurzzeittherapie beginnt, ist die Familie gerade umgezogen, sodass nicht nur die Zehnjährige, sondern auch die Eltern und der Bruder reale Anpassungsleistungen vollbringen müssen, die dem Mädchen zusätzlich Angst bereiten. Sie hat das Gefühl, ihre Mitschüler »verloren zu haben«. Zudem steht erneut eine Überprüfung der Sehfähigkeit an, eine grundlegende Belastung in ihrer Entwicklung, deren Ausgang nicht abschätzbar ist.

Bereits im Erstkontakt zeigt sich die unabgegrenzte Nähe zwischen Mutter und Tochter (Selbst-Objekt-Differenzierung). Wie oft bei einer transgenerationalen Angstproblematik hat es den Anschein, als halten sich Mutter und Tochter aneinander fest. Es irritiert, dass das frühreif wirkende Mädchen noch auf dem Schoß der Mutter sitzt, obwohl genügend Stühle zur Verfügung stehen. In der Therapeutin entsteht das Bild einer Geschwisterbeziehung zwischen Mutter und Tochter. Die Unsicherheit der Mutter steht im Raum. Aus ihrer eigenen Geschichte erklärt sich, weshalb sie dem Kind gegenüber nicht ausreichend entwicklungsförderlich in Bezug auf das Aushalten von Konflikten und Eigenständigkeit sein kann.

1. bis 8. Stunde: Eine anfangs aktivere therapeutische Haltung und die Rahmenklärung helfen der Mutter, langsam Vertrauen aufzubauen. Aus Luisa sprudelt es heraus: »Ich will die Zeit optimal nutzen und ganz viel reden«; auf keinen Fall wolle sie spielen. Luisa saugt im Alltag alles auf, ohne eine Grenze und Steuerung zu finden. Aber dann kann sie es nicht in sich behalten, sondern ist beunruhigt. Bereits in den ersten Stunden wird die mangelnde Grenze zwischen Luisa und anderen sowie die noch unzureichende Fähigkeit, negative Affekte in sich zu behalten, und die damit verbundene Verschiebung auf den Körper deutlich: »Alles muss raus.« Wie bei Luisa stellen sich bei der Therapeutin in der Gegenübertragung Kopf- und Gliederschmerzen ein. Die Therapeutin fühlt sich unter Leistungsdruck und spürt ein Unvermögen, alles in sich aufzunehmen. Das Mädchen droht fast zu hyperventilieren, sodass die Therapeutin als mütterlich-haltgebendes und steuerndes Objekt gemeinsam mit ihr gegen die innere Not atmet, bis Luisa dies später selbst herzustellen vermag.

Was sich hier prozesshaft darstellt, lässt in Luisa das Bild eines Mülleimers entstehen. Sie wünscht sich, man könne »ihn entleeren oder alles löschen in meinem Kopf, wie auf einem PC«. Die Therapeutin kann die Erschöpfung und Luisas Wunsch, alles zu löschen, ansprechen. Sie benennt aber auch die Angst, dass dabei das Wichtige verloren gehen könnte. So muss sich Luisa der Beziehung zur Mutter beispielsweise immer wieder durch Kontrollanrufe versichern, da ihr bei Abwesenheit das mütterlich-steuernde Objekt innerlich nicht zur Verfügung steht. Mit Berichten über Freunde testet Luisa die Reaktionen der Therapeutin. Das Malen in den Stunden öffnet den symbolischen Raum für Themen, etwa wie andere sie ängstigen (situativ eingeschränktes Objekterleben), sodass sie ihren »Frohsinn verliere und Gedankenketten losgehen«. Luisa fühlt sich gut verstanden und übt, noch sehr rational, in Gedanken an einen »Beruhigungsort« zu gehen, eine Bibliothek. Bei geöffnetem Fenster in einer gemütlichen Kissenecke wolle sie sich ausruhen. Diese Vorstellung gelingt anfangs nur im Beisein der Therapeutin, später dann auch allein zu Hause im eigenen Zimmer (eigene Steuerung, Alleinsein aushalten). Die Therapeutin lässt Luisa diesen Ort entsprechend ihrer Fantasie ausgestalten. Das Mädchen fertigt sich Zeichnungen an, um die innere Verankerung und Selbstberuhigung zu fördern.

Dann bringt Luisa einen ersten, aufschlussreichen Traum ein, der ihre sich aufdrängenden autonomen Bestrebungen bei gleichzeitig strengem verinnerlichtem Über-Ich zum Inhalt hat. Schulisches vermischt sich mit Familiärem, Peers werden als Lösung antizipiert. Den eingebrachten Trennungsschmerz von der alten Klasse greift die Therapeutin auf. Luisa entscheidet, diese zu besuchen, »um sie im Herzen zu behalten« (Festhalten an bedeutsamen äußeren Objekten). Ein erster autonomer Schritt äußert sich schließlich darin, dass Luisa ihre Haare »modisch« schneiden lässt. Die Eltern berichten, ihr Kind beginne, wieder ausgelassener zu sein und besser zu schlafen.

9. bis 16. Stunde: Es folgt eine Phase der Suchbewegung, der Symptomverstärkung und Annäherung. Die psychosexuelle Entwicklung drängt: Jungs, das Phallische, die unaufhaltsamen Autonomiebestrebungen, Reiselust und Neugier schüren erneut ängstliche Gedanken. Die Hinwendung zu Gleichaltrigen – Luisa übernachtet das erste Mal bei einer Freundin, wo sie Horrorfilme schauen – geht mit Schuldgefühlen gegenüber der Mutter und Grusel einher (Trennung und Differenzierung von der Mutter). Die therapeutischen Antworten und Interventionen zielen dabei stets ab auf Luisas emotionales Erleben und ihre Ideen hinsichtlich einer Lösung. Im Abgleich mit den neuen Erfahrungen beginnt Luisa, die Ansichten ihrer Mutter infrage zu stellen (weitere Differenzierung).

Gleichzeitig setzt die Mutter Empfehlungen der Therapeutin um, Luisa nicht beim Vermeiden angstmachender Situationen zu unterstützen, sondern Räume für Selbstwirksamkeit zu öffnen. Luisa geht jetzt allein einkaufen, übt mit der Mutter Bahnfahren und beginnt, »frech« zu werden (Zulassen negativer Affekte). Sie bringt ihre Wut auf die Lehrerin und auch auf die Therapeutin zum Ausdruck, die ihr »nicht erlaubt«, ihre Bilder mit nach Hause zu nehmen, um sie der Mutter zu zeigen. Dies kann im therapeutischen Prozess genutzt werden, um an der Frustrationstoleranz, der Verinnerlichung der Objekte, Gefühlswahrnehmung und -differenzierung sowie Kompromissfähigkeit (Affekttoleranz) zu arbeiten. Luisa schimpft, kritzelt, malt Figuren mit Stinkefinger und ein Pärchen. In den Ferien will Luisa hoch hinauf in die Berge. Sie erleidet jedoch nach einem Höhlenbesuch eine Panikattacke, reagiert mit Kopf- und Bauchschmerzen, klammert sich an die Eltern und schläft noch einmal bei ihnen.

Als »endlich wieder Therapie« ist, schießt alles Innere aus Luisa heraus und sie kann weinen. In der Supervision versichert sich die Therapeutin ihrer Gegenübertragung, nicht mit Luisa und der Familie in Panik zu geraten, sondern das Aufflackern der Symptomatik als Durchgangsstadium einzuordnen. Es handelt sich um die Bewusstwerdung von Unverarbeitetem. Luisa erinnert sich nun an die vielen Operationen, denen sie sich bereits als Kind unterziehen musste. Die Therapeutin lässt Luisa erzählen und weinen, tröstet mit Worten, fördert das Nachdenken über Gefühle, erinnert an das Erreichte, dramatisiert oder bagatellisiert aber nicht. Auch gibt sie Luisa keine rationalen Erklärungen. Der Therapeutin kommen die Ängste der Mutter in dieser frühen Belastungssituation in den Sinn. Luisa zeichnet ein Bild, wo sie im Körper die Angst spürt, nämlich in den Lebens- und Sexualorganen. In dieser Phase kann ferner mit Gegenüberstellungen gearbeitet werden, und Luisa erkennt, dass eine gesunde Angst (Angst als verinnerlichte Steuerungsinstanz) sie auch schützt, damit sie sich nicht »übersteigert oder Gefährliches« tut. Von nun an nutzt Luisa die Schule nicht mehr nur als Leistungs-, sondern auch als sozialen Erfahrungs- und Erlebensraum. Sie muss nicht mehr die brave Schülerin sein, sondern äußert unangepasste Kommentare. Sie fährt kurze Strecken allein mit der Bahn, übernachtet auswärts, hat weniger Albträume, schläft wieder in ihrem Bett mit vielen Kissen, und sogar das Fenster darf gekippt sein – früher hatte sie Angst vor Einbrechern. Außerdem beginnt Luisa, sich selbst beruhigende Worte zu sagen und gute Dinge in ein Buch zu schreiben (Selbststeuerung). Ein weibliches Aussehen wird ihr zunehmend wichtig und Luisa lässt in der Freizeit die Brille weg.

17. bis 25. Stunde: Die letzte Phase der Therapie ist gekennzeichnet von einer intensiven Auseinandersetzung der Eltern auf der Paarebene. Sie thematisieren unbewusste Bewältigungsstrategien eigener Versorgungswünsche, die bisher zu Missverständnissen und Belastungen führten. Und natürlich werden auch bei der Mutter Trennungsängste aktiviert. Luisa indes bekommt eine schlechte Note und schimpft wieder über die Lehrerin. Die Therapeutin nimmt dies zum Anlass, um nochmals auf die Affekte zu fokussieren. Luisa verleiht ihrer Wut mit Wucht zeichnerisch Ausdruck und kann nun passende Worte finden und vor allem situationsangemessen differenzieren. Die Therapeutin spiegelt und konfrontiert. Beide nehmen aktuelle Situationen kleinschrittig unter die Lupe: etwa die Einschlafsituation und das Allein-zu-Hause-Bleiben. In der Therapeutin und in Luisa wächst die Hoffnung. Die Mutter hingegen bleibt unsicher, ob das Erreichte erhalten bleibt. Sie begleitet Luisa wieder in den Warteraum, was die Therapeutin noch einmal aufgreift und gemeinsam mit Kind und Eltern bespricht. Denn Luisa zeigt sich in vielen Teilbereichen selbstständig. Sie fährt inzwischen allein Bus und Bahn, spricht sich selbst Mut zu, gestaltet ihr Zimmer um und schläft dort allein. Einmal stürzt sie mit dem Rad und niemand kann ihr zu Hilfe kommen. Sie reagiert selbst überrascht, dass sie »nicht aus Panik umgekippt« sei (Aushalten von Angst, Selbstregulation). Am Ende malt sie noch einmal einige Bilder mit Symbolgehalt. Sie stellt ihre Selbstanteile gegenüber: die Mutige und die Vorsichtige; die Vorsichtige greift nach der Mutigen; mit liebevollen Armen werden beide gehalten.

Elternarbeit

Die prozesshafte Elternarbeit erweist sich gerade im Hinblick auf die transgenerationale Problematik als besonders hilfreich. Es geht um das Zuhören, Sortieren, Vermitteln, Raumgeben, Begrenzen, Konfrontieren und Zusammenhänge-Herstellen. Die Therapeutin nimmt in der dyadisch angelegten Familienstruktur eine triangulierende Rolle ein. Über ein zirkuläres Vorgehen können mit Vater und Mutter die eigenen schmerzlichen Lebensgeschichten, die Paar- und Konfliktdynamik und sich daraus ergebende Probleme auf der Familienebene in den Blick genommen werden. Die Eltern finden in eine vertrauensvolle Zusammenarbeit, sprechen über ihre gegenseitigen Beziehungserwartungen, Enttäuschungen und die Funktion, die Luisa unbewusst in dieser Konstellation bisher eingenommen hatte. Unausweichlich führt der Weg zu ihrer eigenen Kindheit und den damit verbundenen Ängsten und inneren Bildern, die ihre Beziehung und die zu Luisa beeinflussen.

Luisa nimmt die Mutter gegenüber dem Vater in Schutz, wenn er sich unbewusst mit Rationalisierung zu schützen versucht. Mit ihm übt Luisa ab der Mitte der Therapie die Auseinandersetzung. Die Mutter bringt offen Verlust- und Trennungsängste ein, die Luisa spüren kann, daraufhin versucht Luisa, die Mutter zu stabilisieren. Hier ist es wichtig, bei der Mutter ein Bewusstsein für die phasengerechte Autonomieentwicklung zu schaffen, auch wenn dies für sie ein schmerzhafter Prozess ist, weil ihre eigenen Konflikte tangiert werden und ein Trauerprozess angestoßen wird. Die Mutter kann benennen, wie sehr ihr Zuwendung fehlt, wie sehr sie unbewusst am Perfektionismus festhält, um Anerkennung zu bekommen. Luisa solle es besser haben, sie wolle versuchen, ihr Kind nicht zu behindern.

Die Eltern planen, nach Luisas Therapie bei einem Paartherapeuten ihren Prozess fortzusetzen, um sich weiter mit den Lösungen zu beschäftigen, aber auch »nicht immer nur von Problemen zu sprechen«. Sie wollen einen wöchentlichen Familienrat einführen und sich gegenseitig an die Empfehlungen erinnern.

Die Behandlung aus der Sicht von Luisa

Luisa sagt, sie sei mutiger geworden, traue sich mehr zu, sie wolle diese Kraft auch nach der Therapie nicht verlieren. Sie habe zwar noch Angstgedanken, aber diese würden »nicht mehr hart rattern«. Sie könne einschlafen und sage sich gute Gedanken. Kopf und Bauch täten noch ab und zu weh, Hals und Knie aber nicht mehr und sie habe auch kein Händezittern mehr. Gut an der Therapie sei gewesen, dass sie mit der Therapeutin über so vieles reden konnte, dass sie ihre Schlafprobleme in den Griff bekommen und keine hypochondrischen Ängste mehr habe, Selbstberuhigung hinbekomme und große Lust spüre, Neues auszuprobieren.

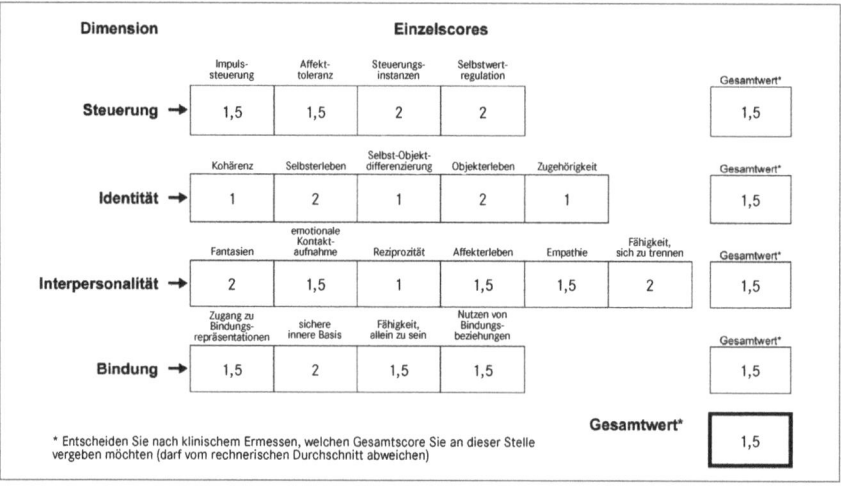

Abbildung 2: Einschätzung von Luisa auf der OPD-KJ-2-Strukturachse nach der Behandlung

Fazit

Luisas Ängste waren offenbar stark von der Problematik der Eltern beeinflusst. Beide berichteten von Bindungsunsicherheiten, die ihre elterlichen Funktionen beeinflussten. Zudem war Luisa bereits als kleines Kind Operationen ausgesetzt, die real ängstigten und von den Eltern wahrscheinlich nicht ausreichend contained werden konnten. Dennoch hat die Familie Luisa gut fördern können. Neben ihrer Intelligenz und Begabung für Sport, Rhetorik, Musik verfügt sie über ein breites Band an schlafenden Ressourcen. Beide Eltern konnten unterstützend für den Prozess gewonnen werden. Luisas Ängste hatten offenbar lange Zeit das familiäre Gefüge stabilisiert. Eine autonome Entwicklung war vonseiten der Eltern mit Schuldgefühlen verbunden, weil sie eine vermeintliche Homöostase zu zerstören drohte. Es dominierte die Rationalität. So versuchte sich Luisa unbewusst, mit dem Kopf zu versorgen, der dann aber zum Feind wurde, weil er Luisa mit den Grübelzwängen überflutete, mit denen sie nicht allein fertig werden konnte. In der hypochondrischen Auseinandersetzung mit ihrem Körper spürte sie, dass auch er keine Sicherheit geben konnte. Luisa und auch die Eltern waren auf der intrapsychischen und interpersonellen Ebene gut in der Lage, wesentliche Zusammenhänge herzustellen. Luisa antwortete unbewusst auf den Versorgungskonflikt der Mutter, so, wie diese es sich vom Vater wünschte.

Mit dem Wahrnehmen und Zulassen aggressiver Affekte gegenüber der Lehrerin konnte Luisa die Ablösung von der Therapeutin und der Mutter versuchen (verbessertes Affekterleben; siehe Abbildung 2). Ihre Frustrationstoleranz entwickelte sich gut, sie übte sich im Umgang mit negativen Affekten und konnte sich angemessen aggressiv wehren (verbesserte Affekttoleranz). Luisa nutzte die Therapeutin mit ihren Hilfs-Ich-Funktionen. Diese strukturellen Ressourcen in der Dimension Bindung ermöglichten es ihr, von Beginn der Therapie an auf die Therapeutin als steuerndes und beruhigendes Objekt zurückzugreifen, vor allem wenn sie von Ängsten überflutet wurde. Hier wurde sie zunehmend sicher (verbesserte sichere innere Basis) und konnte immer mehr eigene steuernde Ich-Funktionen entwickeln (verbesserte Impulssteuerung). Dies gelang ihr aus der Erfahrung heraus, dass sie trotz eigener autonomer Schritte das versorgende Objekt real nicht zerstörte. So vermochte Luisa die triangulierende Therapie für sich zu nutzen und konnte am Ende besser zwischen sich und der Mutter differenzieren (verbesserte Selbst-Objekt-Differenzierung).

Das Mädchen und auch die Eltern sind mit einem großen Potenzial ausgestattet. So bleibt ihnen zu wünschen, dass sie die eigene für sich begonnene Entwicklungsreise fortsetzen und viele positive, korrigierende Bindungserfahrungen machen, mit deren Hilfe sich die Ich-Funktionen weiter stabilisieren.

Das OPD-KJ-2 erwies sich in der therapeutischen Praxis als ein überaus praktikables Modell. Die Erhebung der einzelnen Achsen ermöglichte eine genauere Behandlungsplanung, -durchführung und Evaluation. In Luisas Fall zeigte sich, wie Bindungsunsicherheit und Steuerungsinstanzen sich gegenseitig beeinflussen, was u. a. auch den hohen Leidensdruck erklärt, der kognitiv nur bedingt kompensiert werden konnte. So wurde der Behandlungsfokus entlang der Struktureinschätzung erarbeitet und die therapeutischen Interventionen im Prozess wiederholt auf die Strukturachse abgestimmt.

Emine Yücel-Gülay, Klaus Schmeck und Susanne Schlüter-Müller

Psychotherapie eines Mädchens nach dem Suizid seiner Mutter

In diesem Beitrag beschreiben wir ein kleines Mädchen, das durch den Suizid seiner Mutter in eine tiefe Krise geraten war, und wir wollen aufzeigen, wie ihr ihre psychische Struktur – als individuelle Disposition des Erlebens und Verhaltens – resiliente Handlungsmöglichkeiten zur Verfügung stellte. Wir stellen ferner dar, wie sie mithilfe der OPD-KJ-2-Strukturachse von uns in ihrem Strukturniveau eingeschätzt werden konnte, bezogen auf die vier Bereiche Steuerung (der Affekte), Identität (als reflexive Selbstfunktion), Interpersonalität (in Form von Kommunikationsqualitäten) und Bindung (in Form der internalisierten Bindungserfahrungen).

Die knapp sechsjährige Jeanne erschien zum Erstgespräch in Begleitung ihres Vaters, der wegen einer schweren Erkrankung auf einen Rollstuhl angewiesen ist. Auf Wunsch des Vaters erfolgte das Gespräch zunächst nur mit ihm. Er gab an, dass Jeanne in sich verschlossen sei und sich anderen Menschen gegenüber distanziert verhalte. Sie vermisse ihre Mutter, die sich, als das Kind drei Jahre alt war, im elterlichen Schlafzimmer erhängt und dafür den Haltegriff vom Pflegebett des Vaters verwendet habe. Jeanne sei die Erste gewesen, die die Mutter so vorfand. Sie habe mit Albträumen, sozialem Rückzug und heftigen Schuldgefühlen darauf reagiert. Jetzt sei sie traurig und fühle sich für den Tod der Mutter verantwortlich.

Jeanne (die Eltern ließen sich bei der Namensgebung durch Jeanne d'Arc inspirieren) lebte mit ihrem ehemals politisch sehr engagierten Vater (55-jährig) zusammen. Nach dem plötzlichen Suizid der Mutter waren sie in eine neue Wohnung gezogen, um einer permanenten Retraumatisierung Jeannes entgegenzuwirken. Der Vater leidet an Multipler Sklerose mit zuletzt rasch progredientem Verlauf, wodurch seine Lebenserwartung voraussichtlich reduziert ist. Er hatte Jeannes Mutter vor zwanzig Jahren kennengelernt, als die Diagnose bereits gestellt war. Bei der Eheschließung seien sie bereits sechs Jahre liiert gewesen, weitere sechs Jahre habe die Ehe gedauert. Dies sei die dritte Ehe des Vaters gewesen. Er habe nie psychische Probleme bei seiner Frau bemerkt, auch habe es seines Wissens keine psychischen Erkrankungen in ihrer Familie gegeben. Seine Frau habe sich damals ganz besonders ein Kind gewünscht, während er aufgrund seiner Erkrankung unentschlossen gewesen sei. Da sich die Mutter nach einem aus seiner Sicht harmlosen Ehestreit in das Schlafzimmer zurückgezogen und sich dort ohne Ankündigung suizidiert hatte, fühlte sich der Vater besonders schuldig. Er könne sich den Suizid seiner Frau nicht erklären und leide darunter. Seit diesem Ereignis werde er psychologisch betreut.

Vater und Tochter waren aufgrund seiner Erkrankung zum Zeitpunkt der Erstvorstellung von Jeanne ständig von Pflegepersonal umgeben. Der Vater war zwar äußerst dankbar für diese Unterstützung, litt aber auch unter der fehlenden Privatsphäre. Er bestand darauf, dass sich ausschließlich Familienmitglieder um seine Tochter kümmerten, und so kam es vor, dass immer wieder neue Familienmitglieder aus dem Heimatland der Mutter angereist kamen und bald wieder gehen mussten oder wollten. Für Jeanne schienen die ständig wechselnden Bezugspersonen ungünstig zu sein. Über diese Betreuung hinaus bestand kaum Kontakt zur Familie der Mutter.

Einschätzungen nach OPD-KJ-2 vor Beginn der Behandlung

Jeanne war für ein Mädchen ihres Alters gut in der Lage, ihre Affekte und Impulse zu regulieren, manchmal erschien es jedoch, als ob sie sich zu stark kontrollieren würde. Diese Art von Übersteuerung wird in der OPD-KJ-2 bisher nicht ausreichend erfasst. Nur ihr Selbstwert war zu Beginn der Behandlung in manchen Phasen beeinträchtigt. Ihre Identität war – soweit dies in diesem Alter beurteilbar ist – stabil, mit einer guten Kontinuität über die Zeit hinweg und einer ausgeprägten Fähigkeit zur Selbst-Objekt-Differenzierung. Im Bereich Zugehörigkeit bestand eine gute Integration, sie fühlte sich sowohl ihrer türkischen Herkunft als auch ihrem deutschen Lebensumfeld in vergleichbarer Weise verbunden, ohne dass es Spannungen für sie zu geben schien. Jeanne war ein sehr fantasievolles Mädchen, was in den Spielsituationen im Rahmen der Psychotherapie besonders auffiel und was eine große Ressource darstellte. Sie ging unbefangen und offen auf die Psychotherapeutin zu. Aufgrund der Vorgeschichte und der auch während der Behandlung häufig wechselnden Betreuungspersonen (außer ihrem Vater als verlässlicher Figur) war es nicht verwunderlich, dass Trennungssituationen teilweise schwierig für Jeanne waren. Die vergleichsweise größten Schwierigkeiten zeigten sich auf der Dimension Bindung. Der Suizid der Mutter hatte ihre sichere innere Basis erschüttert, und ihr Zugang zu internalisierten Bindungsrepräsentationen war zu Beginn der

Behandlung erschwert. Dennoch gab es auf keiner der Dimensionen oder Subdimensionen der Achse Struktur Bereiche, in denen die strukturelle Integration in einem sehr niedrigen Bereich war (siehe Abbildung 1). Die insgesamt guten strukturellen Fähigkeiten waren wesentlich für die erfolgreiche Durchführung der ambulanten Psychotherapie.

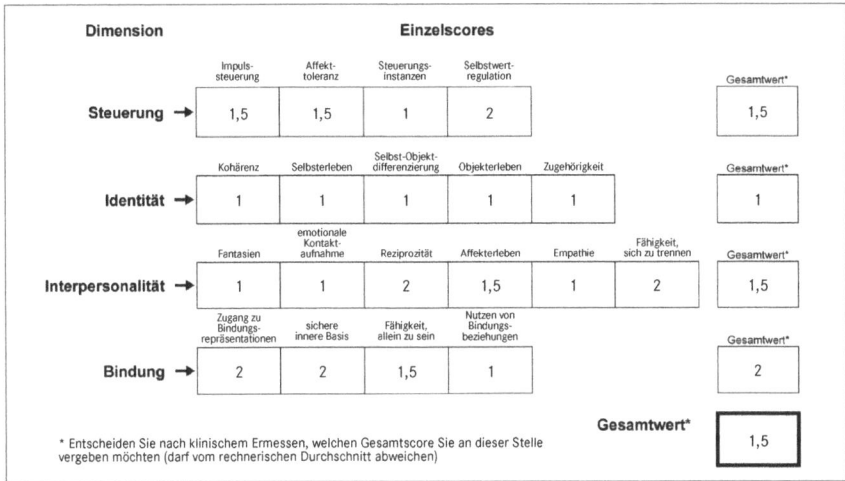

Abbildung 1: Einschätzung von Jeanne auf der OPD-KJ-2-Strukturachse vor der Behandlung

Trotz der extrem schwierigen psychosozialen Situation des Kindes waren die Behandlungsvoraussetzungen als gut einzuschätzen, sodass der Beginn einer ambulanten Psychotherapie erfolgversprechend schien. Jeanne lebte mit ihrem Vater zusammen, der zwar deutlich beeinträchtigt, aber gut versorgt war. Sie selbst wurde zum damaligen Zeitpunkt von einer Tante (väterlicherseits) betreut. Prognostisch günstig war außerdem, dass Jeanne motiviert zur Therapie kam und ihren Leidensdruck deutlich äußerte. Der Vater war sehr kooperativ und ließ sich bereitwillig und interessiert auf alle Elterngespräche ein, begleitete sogar Jeanne zu all den Sitzungen, obwohl dies mit einem großen Aufwand verbunden war (Fahrdienst organisieren etc.). Er war angemessen besorgt um seine Tochter und stand einer therapeutischen Behandlung aufgeschlossen gegenüber. Er schien sehr dankbar für jede Unterstützung zu sein.

Behandlungsverlauf

Die Behandlung fand als tiefenpsychologisch fundierte Psychotherapie mit einer Sitzung pro Woche im Rahmen einer großen sozialpsychiatrischen Praxis statt. Besonders wichtig schien es, die vom Vater beschriebenen ausgeprägten Schuldgefühle des Kindes zum zentralen Fokus zu machen, da Jeanne sich vermehrt Vorwürfe machte und sich für den Suizid der Mutter verantwortlich fühlte.

Im Scenotest in der ersten Therapiestunde stellte Jeanne nur die Familie (väterlicherseits) auf, und obwohl ihre Großeltern (väterlicherseits) bereits verstorben waren, tauchten sie im Sceno auf, ihre leibliche Mutter jedoch nicht. Ihre Mutter wurde »totgeschwiegen«. Die anderen Figuren traten nicht in Interaktion; jeder war für sich allein beschäftigt. Sie selbst pflückte Blumen. Neben dem Baby (Cousine) und ihrem Vater, der zugedeckt auf dem Boden lag, stellte sie einen Schutzengel auf. Ein Schwein wollte sich dazugesellen, wurde aber von einem Krokodil gefressen.

Anfangs wollte Jeanne nie über ihre Mutter sprechen. Sie gab an, dass solche Gespräche sie traurig machen würden und sie sauer auf die Mutter sei, weil sie sie verlassen habe. Im weiteren Verlauf der Therapie offenbarte Jeanne ihre Schuldgefühle. Sie fragte sich, ob sie frech gewesen sei und zu viel geredet habe, sodass die Mutter Kopfschmerzen bekommen habe und deshalb nicht mehr leben wollte. Diese Schuldgefühle, die der Suizid der Mutter im Kind auslösten, sind typisch für Kinder dieses Alters: Egozentriert beziehen sie die Welt auf sich; alles, was passiert, hat mit ihnen zu tun und sie sind somit schuld daran. Begleitend zur Schuldfrage ging es in den Sitzungen vermehrt um die Frage, ob sie von ihrer Mutter überhaupt geliebt worden war. Der von Jeanne als ohnmächtig und hilflos erlebte Vater, der die Mutter nicht beschützen konnte, musste durch seine Erkrankung vor jeglicher Wut des Kindes geschützt werden. Jeanne zeigte in dieser Phase ein angepasstes, fast schon sozial erwünschtes Verhalten. Sie wurde vom Vater als umgänglich, pflegeleicht und rücksichtsvoll geschildert.

Im Verlauf der Psychotherapie berichtete der Vater, dass er und seine Tochter am Todestag seiner Frau in der Türkei an ihrem Grab gewesen seien. Jeanne habe ganz »neutral« reagiert, nicht geweint und nach einer Weile nach Hause gehen wollen, weil ihr kalt gewesen sei. Außerdem wolle Jeanne zu dieser Zeit nicht, dass ihr Vater sie vom Kindergarten abhole, weil sie sich für ihn schäme. Jeanne habe keine Albträume mehr, schaue aber anderen Kindern lange hinterher, die mit ihren Müttern spazieren gingen.

In den Therapiesitzungen bevorzugte Jeanne das Spielen mit BabyBorn, Handpuppen und ganz besonders mit dem Puppenhaus. In ihren Spielen wurde der als Aggression erlebte Suizid der Mutter ihr gegenüber deutlich, indem das

Kind der Familie meist sehr grob von der Mutter behandelt wurde. Diese ging nicht besonders fürsorglich und feinfühlig mit dem Kind um, und in ihren verbalen Äußerungen zeigte sie sich durch das Kind genervt oder geärgert, was der typischen Verarbeitung von Kindern psychisch kranker Mütter entspricht, nämlich der Annahme, dass die Mutter sich suizidiert habe, weil sie sich über das Kind geärgert habe, und somit das Kind schuld sei. Wenn das Kind im Spiel starb, reagierte Jeanne als Mutter gefühlskalt. In den Spielen war sie meist die Mutter, was dem Abwehrmechanismus »passiv zu aktiv machen« entspricht. Die Therapeutin wurde angehalten, das Kind zu spielen. Als das Kind begraben werden sollte, entschied Jeanne sich um und sagte, dass die Familie das Kind doch behalten wolle, und holte es wieder aus dem Sarg heraus. Am Ende wurde noch der Geburtstag der Mutter gefeiert und alles war wieder gut. Der Vater hatte im Spiel eine eher untergeordnete Rolle. Er war oft abwesend, passiv oder er schlief. Jeanne wollte länger im Therapieraum bleiben und fragte höflich, ob dies in der nächsten Stunde möglich sei. Sie fragte auch nach einem Terminzettel (wie einer Art Übergangsobjekt) und verabschiedete sich dann.

Wenn Jeanne sich in einer Stunde über ihren Vater aufregte, malte sie gleich ein Bild und ließ die Therapeutin »Ich liebe dich, Papa« darauf schreiben. Im Rahmen des altersadäquaten magischen Denkens hatte sie Angst vor ihren eigenen (wütenden) Affekten und dass ihrem Vater auch etwas zustoßen könnte, wenn sie schlecht über ihn redete. Durch Reaktionsbildung und Ungeschehenmachen versuchte sie, die Kontrolle über ihre ängstigenden Aggressionen zu behalten.

Der Tod stand in den Therapiestunden immer im Fokus, egal ob sie mit Plüschtieren oder mit dem Puppenhaus spielte. Auffällig war, dass in den Spielen eine der Figuren, egal ob Mutter oder Kind, immer stürzte oder fiel – eine wiederkehrende Reinszenierung der realen Situation, dass die Mutter nach der Befreiung von dem Halsstrick in sich zusammengesackt war.

Jeanne sprach in den Sitzungen bevorzugt türkisch. Es fiel ihr schwer, sich auf Deutsch auszudrücken, obwohl sie perfekt deutsch sprach, und sie wechselte schnell wieder in ihre Muttersprache. Jeanne vergewisserte sich immer wieder, dass alles »unter uns bleibt«. Sie erzählte zu Hause nichts über die Therapie, bezeichnete sie sogar als »Geheimnis« zwischen ihr und ihrer Therapeutin. In einer Therapiestunde holte sie ein Buch aus dem Regal, welches von einem Depressions-Monster handelt, das Gefühle klaut. Die betroffene Mutter in dem Buch ist antriebslos und müde, und die kleine Tochter möchte wissen, ob die Mutter böse auf sie ist. Anschaulich wird in dem Buch Kindern erklärt, dass Depression eine Krankheit ist und mithilfe von Ärzten und Therapeuten behandelt werden kann. Jeanne sagte, dass ihre Mutter vielleicht auch wieder gesund geworden wäre, wenn sie einen Arzt aufgesucht hätte. Sie schien sich nun der kognitiven Auseinandersetzung mit dem Suizid der Mutter und ihren eigenen Schuldgefühlen zu nähern. In der nächsten Sitzung wollte sie selbst Therapeutin sein und forderte ihre Therapeutin auf, die Patientin zu spielen und Fragen zu Depressionen zu stellen.

Der gesundheitliche Zustand des Vaters sowie die Einschulung als Schwellensituation spielten für die Aufrechterhaltung der Konfliktdynamik eine essenzielle Rolle. Jeanne entwickelte zunehmend Verlustängste. Das reale Verlusterlebnis und der drohende Verlust zeigten sich in dem Bedürfnis, sich für den Vater aufzuopfern, sich um ihn zu kümmern und ihn zu versorgen. Dem gegenüber standen die abgewehrten eigenen Wünsche nach Versorgung. Jeanne spielte gern am Spielherd, bediente und bekochte ihre Therapeutin, fütterte und versorgte das Baby. In dieser Zeit zeigte sich ein herabgesetztes Strukturniveau, welches ihre Fähigkeit zur Verarbeitung ihres intrapsychischen Konflikts (Selbstversorgen versus Versorgtwerden) deutlich beeinträchtigte, was in Krisenzeiten bei Kindern nicht selten ist (s. a. Arbeitskreis OPD-KJ-2, 2013, S. 195 ff.).

Aufgrund der Sommerferien kam es zu einer langen Therapiepause. Bevor Jeanne zur ersten Stunde nach den Ferien erschien, rief der Vater an und teilte mit, dass Jeannes Cousine, die bisher Jeanne betreut hatte, »sie verlassen hat«. Der Vater war sehr gekränkt. Er habe sie aus der Türkei geholt und ihr hier ein Studium ermöglicht, jetzt fühle er sich verraten. Auch Jeanne war verärgert und wollte nicht über ihre Cousine sprechen. Was sie aber unbedingt von ihrer Therapeutin wissen wollte, war, ob sie denn jetzt noch spielen könnten, denn sie sei ja jetzt ein Schulkind und ob sich das dann noch gehöre. Nachdem ihr versichert worden war, dass sie noch so lange spielen könne, wie sie wolle, holte sie das Baby, fütterte es und prüfte vorher, ob die Milch tatsächlich lauwarm war. Sie hatte es bei ihrer Tante in der Türkei so beobachtet, die in der Zwischenzeit ein Kind bekommen hatte, und Jeanne ging nun das erste Mal fürsorglich mit dem Baby um.

Ungefähr in der Mitte der Therapie kam es zu einem einschneidenden Ereignis. Jeanne hatte sich mit einer möglichen depressiven Erkrankung ihrer Mutter auseinandergesetzt und diese mittlerweile als Todesursache zumindest kognitiv verstanden. Doch nach ihrer Einschulung wurde sie durch ihre Mitschüler erneut mit dem Tod der Mutter konfrontiert. Sie wurde von ihnen geärgert, immer wieder darauf aufmerksam gemacht, dass sie keine Mutter habe. Diese schwierige Situation hinderte Jeanne daran, ihre neuen Entwicklungsaufgaben altersgerecht zu lösen, und ihr Strukturniveau war erneut vorübergehend deutlich niedriger als zuvor. Jeanne konnte sich nicht angemessen wehren, hatte Probleme, ihre eigenen Wünsche zu äußern und ihre Bedürfnisse zu vertreten. Ferner machte sich Jeanne vermehrt Sorgen um ihren Vater und vermied sogar den Hortbesuch. In schwierigen Situationen und Lebenskrisen ist es eine durchaus »gesunde« Reaktion, in seinen strukturellen Fähigkeiten zeitlich vorübergehend ein wenig »einzubrechen« (Arbeitskreis OPD-KJ-2, 2013, S. 86). Bei Jeanne führte es dazu, dass sich ihre Abwehr lockerte, sie sich immer mehr öffnete und sich (un)bewusst dazu »entschied«, mit ihrer Therapeutin über ihre Mutter zu sprechen und ihr zu zeigen, wie alles geschehen war. Sie reinszenierte den Suizid der Mutter mittels Puppenhaus und Spielfiguren, gab Gespräche zwischen Vater und Notarzt wieder, die bei der Therapeutin Gänsehaut erzeugten. Allerdings sprach sie selbst sehr affektisoliert von diesem Vorfall und zeigte keine besondere Gefühlsregung, auch keine Trauer. Dies sollte aber der Beginn einer aktiven Auseinandersetzung mit ihrer Trauer sein. Jeanne entwickelte Selbstgefährdungsfantasien, die sie im Spiel zum Ausdruck brachte, indem sie Figuren vor Autos warf, um ein Wiedersehen mit der Mutter zu ermöglichen. Sie sprach von »Kinder-Depression«, versuchte, sich und ihre Gefühlslage zu verstehen, bis sie schließlich in der Klasse einen emotionalen Ausbruch bekam, indem sie im Ethikunterricht, in dem es um die Kreuzigung Jesu und um Schuld ging, anfing, vom Suizid der Mutter zu berichten. Sie habe laut der Lehrerin sehr viel erzählt und viel geweint. Dabei habe sie betont, dass weder sie noch ihr Vater daran schuld seien, dass ihre Mutter gestorben sei.

Nachdem Jeanne ihre Affektisolierung lösen konnte, fing sie an, ihre Mutter als innerlich repräsentiertes Objekt mit guten und schlechten Seiten zu erleben. Sie stellte nun ein Familienfoto auf ihren Schreibtisch und redete mit ihrer Mutter: »Warum hast du uns verlassen? Ich möchte, dass du zurückkehrst, aber das geht nicht. Wegen dir sind wir jetzt traurig!« Immer wieder äußerte Jeanne ihre Wut auf die Mutter. Sie habe sie anfangs aus dem Familienfoto herausschneiden wollen, es aber doch nicht getan, weil sie sie auch liebe. Auch ihre Bedenken, frech gegenüber der Mutter gewesen zu sein, wurden im Spiel relativiert, indem Jeanne im Puppenhaus ein Geschwisterkind ins Spiel integrierte, mit diesem stritt und der Therapeutin erklärte, dass man unter Geschwistern frech sein dürfe.

Zum Ende der 3,5-jährigen Psychotherapie gab der Vater an, dass Jeanne das Grab ihrer Mutter besucht und mit ihr gesprochen habe. Sie sei gut mit der Situation umgegangen. Jeanne wirkte jetzt stabiler, selbstbewusster und offener. Sie erzählte viel von neuer, modischer Kleidung und dass sie in ihren Träumen mit ihrer Mutter shoppen gewesen sei, einen Liebesfilm geschaut habe etc. Jeanne beschäftigte sich nun viel mit ihrem äußeren Erscheinungsbild und somit mit ihren alterstypischen Entwicklungsaufgaben, u. a. damit, die eigene Identität in der Geschlechtsrolle zu finden. Sie war nun viel lockerer in der Therapie und bekam kein schlechtes Gewissen mehr, wenn sie Quatsch machte und in der Stunde herumalberte. Jeanne war nun fast zehn Jahre alt, spielte nur noch selten und sprach wie ein großes Mädchen mit ihrer Therapeutin. Früher habe sie gedacht, ihre Mutter sei im Himmel, aber jetzt wisse sie, dass ihre Mutter tief in ihrem Herzen sei. Die Mutter-Übertragung zur Therapeutin hatte sich aufgelöst, sie sah sie nunmehr als ihre Therapeutin an, zu der sie kommen konnte, um über ihre Probleme zu sprechen. Wie stark nun das Rollenmodell der Therapeutin als berufstätige Frau und weniger als Mutterersatz geworden war, zeigte sie in einer der letzten Therapiestunden, als sie sagte: »Ich war wie du.« Sie habe ihren Vater nach seiner Kindheit befragt und sich dabei Notizen gemacht. Sie habe wissen wollen, wie es sei, wenn jemand wie ihr Vater beide Elternteile verliere. Sie selbst habe es nicht so schlimm wie er, denn sie habe ja noch einen Vater. Dazu ist anzumerken, dass sich der Vater regelmäßig ärztlichen Kontrollen unterzieht und sein gesundheitlicher Zustand sich in den letzten drei Jahren wider Erwarten nicht mehr weiter verschlechtert hat.

Abschließende Überlegungen

Die erfolgreiche Behandlung eines so schwer belasteten Mädchens in einem ambulanten Setting war möglich, da einerseits das Strukturniveau ausreichend gut war und andererseits auch die Behandlungsvoraussetzungen deutlich besser waren, als man es im Hinblick auf die psychosoziale Lebenssituation von Jeanne hätte erwarten können. Eine gute Struktur hilft entscheidend bei der Auseinandersetzung und Bewältigung schwieriger Lebensereignisse und ist somit ein entscheidender Resilienzfaktor, sodass der Eindruck entstehen kann, als sei jemand mit einem »Überlebensrucksack« ausgestattet, der es ihm ermöglicht, angebotene Hilfe wie in diesem Fall die Psychotherapie zu ergreifen und für sich zu nutzen. Bei einem Kind im Alter von Jeanne kann zwar auch eine gut integrierte Struktur in manchen Phasen vorübergehend eingeschränkt sein, aber die Resilienz des guten strukturellen Ausgangsniveaus hilft bei der Überwindung dieser Phasen und der ihnen zugrunde liegenden Konflikte und Belastungen.

Ruth Weissensteiner und Jörg Ulrich Koenig

Du darfst nicht wichtig werden – ich wäre ansonsten verletzlich

Behandlung einer frühen narzisstischen Kränkung

Mit Leib und Seele arbeite ich (Ruth Weissensteiner) als niedergelassene Kinder- und Jugendpsychiaterin in einem wenig privilegierten Bezirk einer österreichischen Großstadt. Diagnostik und Erstellung eines Behandlungsplans ist das Herzstück der Praxis. Daher ist es von zentraler Bedeutung, das Kind und den Jugendlichen in seiner gesamten Persönlichkeitsentwicklung kennenzulernen und einzuschätzen, um ein Verständnis für die vordergründige Symptomatik zu erlangen. Dies beinhaltet, sich dem Gerüst sowie dem Heranreifen der Persönlichkeitsstruktur zu widmen. Dafür ist die Operationalisierte Psychodynamische Diagnostik im Kindes- und Jugendalter (OPD-KJ-2; Arbeitskreis OPD-KJ-2, 2013) besonders geeignet. Gemeinsam mit den Betroffenen und deren Familien werden die Grundpfeiler eines Behandlungsplans entworfen, an dem man sich auch in herausfordernden Abschnitten der therapeutischen Behandlung orientieren kann.

Die Operationalisierte Psychodynamische Diagnostik hilft zu verstehen, warum das Kind oder der Jugendliche zum Zeitpunkt der Vorstellung symptomatisch ist und welche Entwicklungsanforderungen vielleicht als Auslöser gesehen werden können. Die Einschätzung der ichstrukturierenden Fähigkeiten ermöglicht es, die im Kern der Persönlichkeit noch unreifen strukturellen Fähigkeiten, die die Symptomatik aufrechterhalten oder einen Krankheitsgewinn erzielen, zu diagnostizieren und diese Reifungsverzögerung einer Behandlung zuzuführen. Die ICD-10-Diagnostik mit den MAS-Achsen stellt uns ein Klassifikationsschema zur Verfügung mit klaren Leitlinien der guten klinischen Behandlung. Um jedoch einen individuell zugeschnittenen Behandlungsplan zu erstellen, im Sinne der Nachreifung der ichstrukturellen Fähigkeiten, ist es hilfreich, eine zusätzliche psychodynamische Diagnostik zu erheben und das Strukturniveau miteinzubeziehen.

Diese Einschätzung hilft bei der Klärung zentraler Fragen: Wer ist die Person, die mir gegenübersitzt? Welchen Anforderungen steht das Kind oder der Jugendliche gegenüber in seiner Entwicklung? Wo zeigen sich Ressourcen? Unter welchen Belastungen kommt es zur Dysbalance der Selbst- und Beziehungsregulierung? Mithilfe der OPD-KJ können diejenigen Funktionen eingeschätzt werden, die die seelische Struktur destabilisieren und sich in einer Symptomatik äußern, die einer Behandlung bedarf.

Eine hilfreiche und gerade auch in einer Praxis zeitökonomische Möglichkeit, auch die subjektive Sichtweise der Jugendlichen kennenzulernen, bietet der Persönlichkeitsstrukturfragebogen OPD-KJ-2-SF (Goth, Schrobildgen u. Schmeck, 2018; Schrobildgen, Goth, Weissensteiner, Lazari u. Schmeck, 2019). Der Selbstbeschreibungsbogen ist leicht anzuwenden und hoch aussagekräftig. Da in der Auswertung des Fragebogens die subjektive Erlebnisweise grafisch dargestellt werden kann, wird diese Visualisierung von den Jugendlichen gut angenommen. Dadurch ist es möglich, an eine Problemeinsicht anzuknüpfen, die auch in einem gewissen Grad einen Anstoß für Selbstwirksamkeitserleben vermittelt. Daher wird in der kinder- und jugendpsychiatrischen Praxis Weissensteiner der Selbstbeschreibungsbogen OPD-KJ-2-SF als Teil der diagnostischen Routine eingesetzt. Das Funktionsniveau der unterschiedlichen ichstrukturellen Fähigkeiten kann ergänzend zur klinischen Exploration erhoben werden. Bei näherer Betrachtung haben sich oft die klinischen Symptome als Ergebnis der zugrunde liegenden strukturellen Persönlichkeitsprobleme und innerpsychischen Konflikte herauskristallisiert. Zur Veranschaulichung soll das folgende Fallbeispiel dienen.

Fallbeispiel

Ein 16-jähriger Jugendlicher wurde zugewiesen zur Diagnostik und Behandlung. Seine Eingangssymptomatik waren Schlaf- und Konzentrationsprobleme. Es stellte sich heraus, dass er bereits jahrelang in kinderpsychiatrischer Behandlung gewesen war mit der Diagnose einer hyperkinetischen Störung des Sozialverhaltens (F90.1), die vor allem im familiären Rahmen zu beobachten war. Zur Behandlung seiner Symptomatik war er auf Psychostimulanzien eingestellt worden. Sein Schlafproblem, so stellte sich heraus, war durch die missbräuchliche Verwendung der Stimulanzien zu erklären, die er zum Teil auch abends vor schulischen Anforderungen einnahm. Durch die Außenanamnese mit seiner Mutter zeigte sich, dass zu seiner Symptomatik auch aggressives Verhalten, Impulsivität und affektive Labilität zählten. Da der Junge ein Glaukom entwickelt hatte und dies eine Kontraindikation für die Behandlung mit Psychostimulanzien darstellt, war eine Weiterbehandlung mit Methylphenidat nicht mehr möglich. Eine alternative Medikation wurde von ihm abgelehnt.

Die Ergebnisse des von ihm ausgefüllten Strukturfragebogens sind in Abbildung 1 dargestellt. Eine eingehende Beschreibung des OPD-KJ-2-SF findet sich im Beitrag von Klaus Schmeck in diesem Buch.

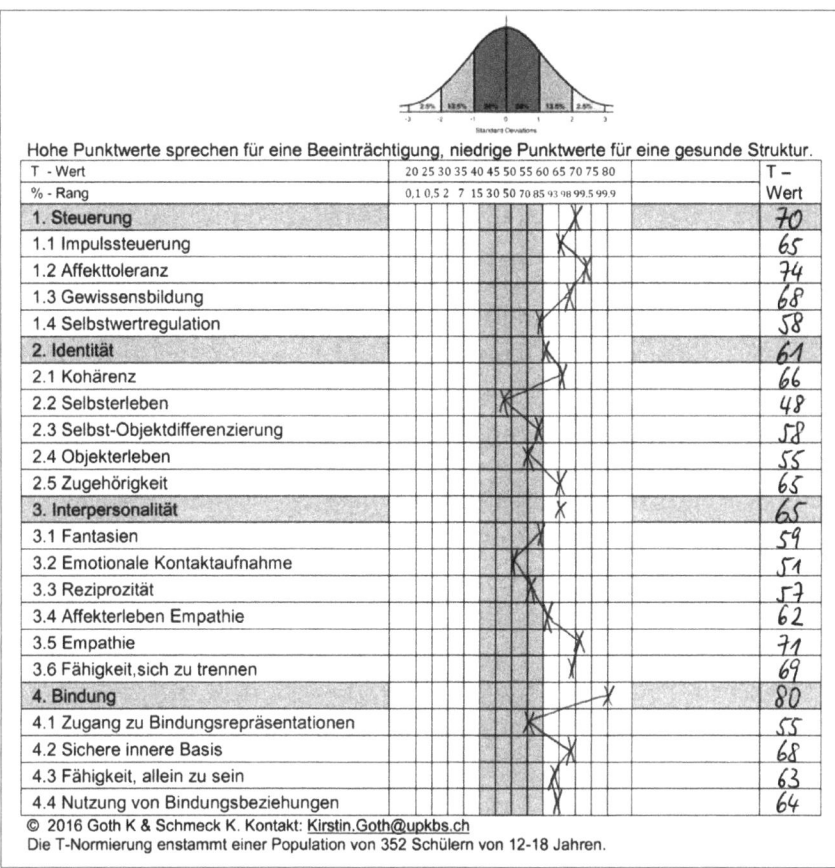

Abbildung 1: Persönlichkeitsstruktur in der Selbstbeschreibung des Patienten

Im Fragebogen beschreibt der Jugendliche die auffälligsten Werte in dem zentralen Strukturbereich Bindung. Dies gibt den Hinweis auf die zugrunde liegende Bindungsunsicherheit, die nicht ausreichend integrierte Erfahrung eines Sicherheit gebenden inneren Objekts. Er ist mit seiner jugendlichen Mutter aufgewachsen. Diese war aus einem Nachbarland nach Österreich immigriert, hatte seinen Vater kennengelernt, bald wurde sie von ihm schwanger. Der Vater hat die junge Familie kurz nach der Geburt im Stich gelassen und wegen Kleindelikten das Land verlassen. Somit war die Mutter auf sich allein gestellt. Unter diesen widrigen Umständen war es nicht gelungen, das Grundbedürfnis nach

Sicherheit, Geborgenheit und Versorgtwerden zu befriedigen, um eine verlässliche innere Instanz zu internalisieren.

Die fragile innere Basis kommt im Bedürfnis nach Kontrolle in seiner Beziehungsgestaltung zum Ausdruck. Die Entwicklung seiner selbstregulativen Kompetenz ist eingeschränkt. Infolgedessen beschreibt er ein Fehlen von Affekttoleranz; starke Gefühle können nicht ausreichend abgepuffert werden und es kommt häufig zu impulshaftem aggressivem Verhalten. Zudem gibt er rücksichtsloses Verhalten gegenüber anderen an, dies kann als Ausdruck einer mangelnden Gewissensbildung gesehen werden. Dies beeinflusst die Gestaltung seiner sozialen Beziehungen erheblich. Dysfunktionale hohe Werte in der Dimension Interpersonalität unterstreichen dies. Seine eingeschränkten empathischen Fähigkeiten sowie der Wunsch, andere besitzergreifend an sich zu binden, dienen der Abwehr von Verlassenheitsängsten.

Aggressionsdurchbrüche finden vorwiegend im familiären Umfeld statt. Geringe Selbststeuerungsfähigkeiten in allen strukturellen Dimensionen sind anamnestisch zu erheben. Daher ist es überraschend, dass er seinen Selbstwert so stabil einschätzt. Unter Belastung jedoch kommt es zu einem Einbruch seiner strukturellen Fähigkeiten sowie des Integrationsniveaus und damit zur Externalisierung seiner negativen Gefühle, entsprechend einer narzisstischen Persönlichkeitsstörung (F60.8).

Der Jugendliche wurde einem psychoanalytisch geschulten Psychotherapeuten zur Behandlung zugewiesen. Er gab seine Zustimmung dazu, dass sich Jugendpsychiaterin und Psychotherapeut regelmäßig austauschten, die diagnostischen Ergebnisse diskutierten und die therapeutische Zielsetzung gemeinsam reflektierten.

Skizze aus der psychotherapeutischen Behandlung

Der Jugendliche wurde zugewiesen mit der Verdachtsdiagnose einer »narzisstischen Persönlichkeitsentwicklung bei zusätzlich starker emotionaler Instabilität«. Eine affektstabilisierende medikamentöse Unterstützung wurde von ihm abgelehnt. Nach einem Vorgespräch zusammen mit der Mutter und dem 16,5 Jahre alten Jugendlichen sowie getrennt wurde der Rahmen der Behandlung mit einer Sitzung wöchentlich und einem gemeinsamen Termin alle vier bis sechs Wochen mit der gesamten Familie vereinbart. Der Patient formulierte klar das Behandlungsziel: »emotional stabiler zu sein«.

Die Familientermine wurden durchgängig vom Patienten und seiner Mutter wahrgenommen. Der Stiefvater kam wahlweise dazu. Aus organisatorischen

Gründen war teilweise der etwa zweijährige Halbbruder mit von der Partie. Die Behandlung dauerte etwa ein Jahr. Es ging im Schwerpunkt der Behandlung um eine Arbeit am Beziehungsverhalten des Patienten, in welchem ihm seine Symptome am stärksten begegneten. Der Patient begann, seine innere Struktur und seine Konfliktlösungsstrategien genauer anzusehen.

Zum Beginn der Behandlung war er kaum zu einer realistischen Erzählung über sich selbst in der Lage. Dadurch verstärkte sich massiv seine für ihn entwicklungspsychologisch schwierige Identitätssuche, welche er bis dato vorrangig projektiv-aggressiv verarbeitete. Seine narrativen Leistungen schienen beherrscht von einer pseudoautonomen Haltung, welche Bindungswünsche verbarg und über kognitive Unsicherheiten hinwegzutäuschen versuchte. Auffallend war, dass physisch und verbal grenzwertige Aggressionen ausschließlich im häuslichen Umfeld gegenüber den familiären Bezugspersonen ausgelebt wurden.

In sozialen Netzwerken kam es zu schnell wechselnden idealisierten Beziehungen sowohl freundschaftlich zu Jungen als auch zu Mädchen (inkl. erster sexueller Kontakte). Die »Freunde« waren meist etwas älter. Auch mit ihnen tat er sich schwer, Nähe und Distanz sicher zu regulieren. Die Trennung von lieb gewonnenen Objekten konnte kaum ausgehalten werden. Verlust wurde mit Abwertung quittiert.

Der Patient konnte zunehmend aushalten, dass ihm wertfrei zugehört wurde. Autonomiekonflikte konnten nur langsam thematisiert werden. Es war oft zu spüren, dass der Patient versuchte, den Therapeuten dahingehend zu manipulieren, seine Sicht der Dinge zu übernehmen. Er sprach schon nach wenigen Stunden von der Abwesenheit des leiblichen Vaters, seinen Fantasien über den Vater und die Geschichten der Familie über ihn. Später war es möglich, die Kränkung darüber anzusprechen, dass der leibliche Vater ihn verlassen hatte. Der Patient schien die Rückmeldungen des Therapeuten daraufhin zu prüfen, ob dieser ihm eine Mitschuld dafür gab, dass kein Kontakt mehr zum leiblichen Vater bestand. Es wäre vernichtend für ihn gewesen, diese seelische Wunde als Eigenes zu begreifen, daher durften die Rückmeldungen und somit sein Therapeut nichts bedeuten und er ließ sich nur langsam auf die therapeutische Beziehung intensiver ein. Das Setting mit wöchentlich nur einer Stunde war unsicher, und der Patient rüttelte immer wieder am Rahmen. Er verspätete sich und rief vorher kurz an, um dies anzukündigen. Sich selbst nahm er hauptsächlich über die Reaktionen des Therapeuten wahr.

Im Verlauf der Behandlung wurde es dann zunehmend möglich, auch entidealisierende Rückmeldungen zu geben. Nach einigen Wochen schenkten wir den Konflikten in der therapeutischen Beziehung zunehmend Aufmerksamkeit. Indem im Hier und Jetzt Thema wurde, dass es aus Kränkung beim Patienten zu einer schnellen Trennung vom Therapeuten kommen könnte, entstanden intensivste Gefühle. Die Scham darüber, erneut einen Verlust zu erleiden und sich Anteile daran selbst zuschreiben zu müssen, war schwer aushaltbar. Die Vorstellung »Von wem man Kind ist, ist nicht aussuchbar« war hilfreich. So gelang es zunehmend, die sich entwickelnde Persönlichkeitsstruktur zu reflektieren und Identität als ständige psychologische Entwicklungsaufgabe emotional zu vermitteln.

Der Jugendliche konnte den Therapeuten zunehmend an seinem emotionalen Erleben teilnehmen lassen. Dies schien auch immer weniger bedrohlich zu sein. Es gelang ihm, Gefühle differenzierter zu beschreiben. Die Beziehung zum Therapeuten schien ihm wichtiger zu werden. Er hatte etwas zu verlieren. Auch die Eigenständigkeit des Therapeuten gefährdete nicht mehr die Stabilität seines Objekterlebens. Sofern es außerhalb der Stunde zu starken emotionalen Anspannungen kam, nutzte er das Setting zum Erinnern, Wiederholen und Durcharbeiten. Innere Verfasstheit musste weniger projektiv abgegeben werden. Dem Jugendlichen gelang es, Teile der Funktion, welche er in der Beziehung zu seinem Psychoanalytiker erlernt hatte, zu integrieren und aus der Behandlung mitzunehmen.

Um die Grundkonflikte seiner Identitätsentwicklung in der Therapie aufgreifen zu können, musste für den Jugendlichen zu Beginn der Therapie ein sicherer Rahmen etabliert werden, der einen therapeutischen Raum eröffnete, in welchem seine destruktiven Impulse und Angriffe auf Rahmen und Inhalt nun innerhalb einer neuen, therapeutischen Beziehungserfahrung bearbeitbar wurden. Seitens des Psychoanalytikers war hierbei eine zugewandte, annehmende Haltung unabdingbar. Im Zentrum der Behandlung stand somit auch hier die allgegenwärtige Frage nach der Beziehungsgestaltung zwischen jugendlichem Patienten und Therapeuten. In diesem Fallbeispiel hieß das für den Patienten Bindungserfahrungen, Mentalisierungsmuster wie auch neue, reifere Objektbeziehungsgestaltungsfähigkeiten zu erwerben, um an die entwicklungspsychologischen Ziele seiner Identitätsentwicklung anschließen zu können.

Abschließende Bemerkungen

Am Ende der Behandlung konnte der Jugendliche der Jugendpsychiaterin gegenüber glaubhaft schildern, dass es ihm nun möglich sei, negative Gefühle auszuhalten und Gefühle, die mit Trennung und »Verlassenwerden« zusammenhängen, anzusprechen, wie es vor Kurzem in seiner Beziehung zu einem Mädchen relevant wurde. Glaubhaft und reflektierend konnte er die steigende Bedrohlichkeit, die Trennungen in seinem Erleben auslösen, in Worte fassen.

Der therapeutisch ausgebildeten Kinder- und Jugendpsychiaterin stellte die OPD-KJ-2 ein Werkzeug zur Verfügung, die vordergründige Symptomatik des Patienten eingebettet in die innere Bühne der noch unausgereiften Persönlichkeit im psychodynamischen Kontext nachvollziehbar zu diagnostizieren und darüber in einen Austausch mit seinem Psychotherapeuten zu gelangen. OPD-KJ-2 ermöglicht es, differenziert beziehungsdynamische, konfliktdynamische und strukturdiagnostische Befunde zu erheben und daraus einen individuellen Behandlungsplan abzuleiten. Für eine effektive und nachhaltige Therapieplanung ist die ergänzende psychodynamische Einschätzung daher entscheidend. Dies kann mit erhöhter Genauigkeit mithilfe der OPD-KJ-2 erfolgen. Entwicklung sollte als Entfaltung ichintegrativer Fähigkeiten gesehen werden, die jeweils aufeinander aufbauen. Diese Perspektive gibt die Basis für ein besseres Verständnis, um entsprechende therapeutische Maßnahmen zu empfehlen, welche die Nachreifung des Ichs in seinen Defiziten unterstützen und es in die Lage versetzen, Entwicklungsanforderungen zu meistern und das Selbst und dessen Beziehungen besser zu regulieren.

Durch die psychodynamische Diagnostik kann fokusorientiert und nachhaltig behandelt werden. Die Veränderung ist evaluierbar. Es gilt, den psychotherapeutischen Prozess auf die persönlichen Erlebensweisen und das spezifische Funktionsniveau der psychischen Struktur des Patienten oder der Patientin auszurichten.

ACHSE BEZIEHUNG

Carola Cropp und Bastian Claaßen

Die OPD-KJ-2-Achse Beziehung als hilfreiches Instrument zur Fokusbildung in der Behandlungsplanung

Charakteristische Merkmale von Beziehungsdynamiken jugendlicher Patienten und Patientinnen mit Konfliktpathologie, struktureller Störung und Traumafolgestörung

Die psychodynamische Diagnostik basiert auf der Annahme, dass sich sowohl die psychische Struktur als auch die intrapsychischen Konflikte eines Patienten in seiner Beziehungsgestaltung zu anderen Personen zeigen (Arbeitskreis OPD-KJ-2, 2013). Bei Kindern und Jugendlichen kommt der direkten Beziehungsbeobachtung im diagnostischen Prozess eine besonders große Bedeutung zu, da sich diese noch stärker als Erwachsene primär durch ihr Handeln und nicht durch Worte mitteilen (Blos, 1964). Mit der Achse Beziehung der OPD-KJ-2 (Arbeitskreis OPD-KJ-2, 2013) ist es möglich, das Beziehungsgeschehen von Kindern und Jugendlichen sowohl zu relevanten Bezugspersonen als auch zum Untersucher oder zur Untersucherin standardisiert zu erfassen. Das dyadische Beziehungsverhalten der Interaktionspartner wird jeweils in *objektgerichteten Kreisen* (welches Beziehungsangebot macht die Person ihrem Gegenüber?) und *subjektgerichteten Kreisen* (wie reagiert die Person auf das Beziehungsangebot ihres Gegenübers?) hinsichtlich der Ausprägung von Affiliation und Beeinflussung eingeschätzt. Hinzu kommt eine entsprechende Beurteilung der intrapsychischen Ebene (wie geht die Person mit sich selbst um?) im *selbstbezüglichen Kreis*. Füllt man alle drei Kreise für beide Interaktionspartner aus, ergeben sich also für jede Interaktionssequenz sechs Ratings, die das jeweilige interpersonelle und intrapsychische Geschehen abbilden.

Auf der Suche nach einem Fokus in der Beziehungsgestaltung

Wie genau unterscheidet sich nun die Beziehungsdynamik jugendlicher Patienten mit niedrigem und höherem Strukturniveau? Lassen sich bei Anwendung der OPD-KJ-2-Achse Beziehung typische Muster in den Beziehungssequenzen der Patienten in Abhängigkeit von ihrem Strukturniveau erkennen? Und welche Relevanz haben die Ergebnisse entsprechender Ratings für die psychotherapeutische Behandlungsplanung? Diesen Fragen wollen wir im Rahmen dieses Beitrags nachgehen.

Wir schätzten hierzu eine Reihe von Beziehungssequenzen jugendlicher Patienten mithilfe der OPD-KJ-2-Achse Beziehung ein. Alle Patienten befanden sich in stationärer kinder- und jugendpsychiatrischer Behandlung im Asklepios Fachklinikum Tiefenbrunn. Die Behandlung ist auf acht bis zehn Monate angelegt und umfasst im ersten Schritt eine intensive Diagnostik durch ein multiprofessionelles Team. Die für diesen Beitrag verwendeten Beziehungssequenzen wurden alle während der Diagnostikphase der Patienten erhoben. Es handelt sich entweder um therapeutische Erstgespräche oder um Zweitsichtgespräche zwischen Jugendlichem und Oberarzt. Neben den Ratings zur Beziehungsachse lagen auch Einschätzungen zu den OPD-KJ-2-Achsen Konflikt und Struktur sowie anamnestische Daten zur Entwicklungsgeschichte der Patienten vor.

Auf Basis theoretischer Überlegungen (vgl. z. B. Grande, 2007; Rudolf, 2014) nahmen wir an, dass sich bei weniger schweren strukturellen Störungen mit klar erkennbarer Konfliktdynamik eher bestimmte (dysfunktionale) Beziehungsmuster in den Interaktionen wiederholen würden, während bei Überwiegen einer Strukturpathologie das Beziehungsgeschehen vor allem von den jeweiligen strukturellen Defiziten und damit verbundenen heftigen Affekten geprägt sein würde, mit höheren Ausprägungen der Items auf der negativen Affiliationsseite. Darüber hinaus nahmen wir an, dass sich bei diesen Patientinnen und Patienten auch stärkere Containment- und Regulationsbemühungen des Therapeuten in den Ratings abbilden würden, zum Beispiel in Form von sehr kleinen Flächen im selbstbezüglichen Kreis des Untersuchers oder der Untersucherin.

Fokusbildung bei drei unterschiedlichen Beziehungsdynamiken

Nach Sichtung der von uns gerateten Beziehungssequenzen konnten wir neben den beiden beschriebenen noch eine weitere typische Beziehungsdynamik ausmachen, sodass insgesamt drei Gruppen mit jeweils unterschiedlichen Interaktionsmustern resultierten. Nach Hinzuziehen der Struktur- und Konfliktratings sowie der anamnestischen Daten zeigte sich, dass die erste Gruppe Patienten mit eingeschränktem Strukturniveau bei klar erkennbarer Konfliktdynamik[1] umfasste (»Fokus Konflikt«), die zweite Gruppe Patienten mit niedrigem Strukturniveau (»Fokus Struktur«) und die dritte Gruppe Patienten, die schweren traumatischen Erfahrungen im Rahmen der Beziehung zu wichtigen Bezugspersonen ausgesetzt waren (»Fokus Trauma«). Im Folgenden werden die Charakteristika dieser drei Gruppen jeweils beschrieben und anhand prototypischer Fallbeispiele veranschaulicht.

1 Fokus Konflikt

Die Beziehungssequenzen dieser Gruppe von Patientinnen und Patienten zeichnen sich dadurch aus, dass es eine hohe Übereinstimmung zwischen intrapsychischem Erleben (selbstbezüglicher Kreis des Patienten) und interpersonellem Verhalten (subjekt- und objektgerichteter Kreis des Patienten) gibt. Auch der Untersucher reagiert und agiert sehr in Übereinstimmung mit der Dynamik des Patienten. Letzteres könnte ein Hinweis darauf sein, dass sich der Untersucher oder die Untersucherin vom Patienten in dessen konflikthafte Dynamik verwickeln lässt. In den Beziehungskreisen bleiben entweder bestimmte Verhaltensweisen reaktionsbildend komplett ausgespart (z. B. aggressive Impulse) oder die konflikthaften Themen bestimmen sehr die Interaktion (z. B. Versorgung oder Kontrolle).

Fallbeispiel Jennifer, 15 Jahre
Jennifer berichtet im Erstkontakt, dass sie seit einem Schulwechsel vor ca. drei Jahren unter »Schlafproblemen, Schulproblemen und Depressionen« leide. Sie fühle sich häufig körperlich erschöpft, antriebslos und motivationslos, was sich bis zur Antriebsblockierung steigern könne. Dann komme sie »nicht mehr aus dem Bett«. Zum Teil fühle sie sich allein und einsam, obwohl sie wisse, dass Freunde und Familie für sie da seien. Erst am Ende der Diagnostikphase wird deutlich, wie belastend sich die Trennung der Eltern (kurz vor dem Schulwechsel) und die Sorge um die depressive Mutter auf Jennifer ausgewirkt haben (was sie zuvor verdrängt hatte). Auf der *Konfliktachse* bildet sich in erster Linie der Konflikt Unterwerfung versus Kontrolle (passiver Modus) ab, wofür ein ausgesprochen gefügiges und kontrolliertes Auftreten spricht. Jennifer bringt kaum eigene Ideen ein und ist sehr bemüht, es dem Therapeuten recht zu machen. In

---

1 Aufgrund der stationären Patientenstichprobe lagen keine Fälle von Patienten mit ausschließlicher Konfliktdynamik vor. Im Gegensatz zu den Patienten der zweiten Gruppe konnten bei den Patienten der ersten Gruppe aber trotz gewisser struktureller Einschränkungen deutlich klarer innere Konfliktmuster beschrieben werden.

zweiter Linie deutet sich der Konflikt Selbstversorgen versus Versorgtwerden (eher aktiver Modus) an, da hinter dem sehr bescheidenen und selbstgenügsamen Auftreten Versorgungswünsche und Trauer (z. T. auch Wut) um das, was sie nicht bekommen hat, spürbar werden. Auf der *Strukturachse* sind die Dimensionen Identität, Interpersonalität und Bindung als gut bis eingeschränkt und die Dimension Steuerung als eingeschränkt integriert einzuschätzen.

Beziehungssequenz: Jennifer begrüßt den Therapeuten etwas unsicher, aber offen und freundlich lächelnd. Sie beschreibt nach Aufforderung ruhig und bemüht die Schwierigkeiten, wegen derer sie in die Therapie kommt. Hintergründe für ihre Probleme könne sie allerdings nicht benennen, dazu habe sie keine Ideen. Trotz eines gewissen Leidensdrucks strahlt Jennifer eine den Therapeuten beeindruckende Gemütlichkeit und Sanftmütigkeit aus. Die Gegenübertragungsgefühle sind initial geprägt von wohlwollender Sympathie und Interesse. Erst im Verlauf des Gesprächs stellen sich eine gewisse Skepsis und ein mit der passiven Haltung der Jugendlichen verbundener Ärger ein: Andere (auch der Therapeut) könnten sich um ihre Probleme Gedanken machen, anstatt selbst aktiv zu werden und die Dinge in die Hand zu nehmen. Auf entsprechende konfrontative (und aktivierende) Fragen des Therapeuten zu ihrer passiven Haltung reagiert Jennifer erneut gelassen und freundlich-dankbar, was interessanterweise nicht zu mehr Ärger in der Gegenübertragung führt, sondern diesen eher wieder zum Verschwinden bringt. Am Ende des Gesprächs entsteht beim Therapeuten lediglich ein leichtes Desinteresse (Gefühl, das Gespräch beenden zu wollen).

Die Szene bildet sich in den Beziehungskreisen der OPD-KJ-2 wie folgt ab:

Objektgerichteter Kreis Patientin – subjektgerichteter Kreis Untersucher: Jennifer macht dem Untersucher ein ausschließlich positives Beziehungsangebot, auf das der Untersucher wiederum sehr positiv reagiert.

Objektgerichteter Kreis Untersucher – subjektgerichteter Kreis Patientin: Im größten Teil des Gesprächs begegnet der Untersucher Jennifer mit positiver Affektivität und Interesse. Erst am Ende finden sich leichte Tendenzen, die Interaktion zu kontrollieren und sich desinteressiert abzuwenden. Jennifers Reaktion auf das Beziehungsangebot des Untersuchers ist durchgängig von positiven Affekten bestimmt (siehe Abbildung 1a).

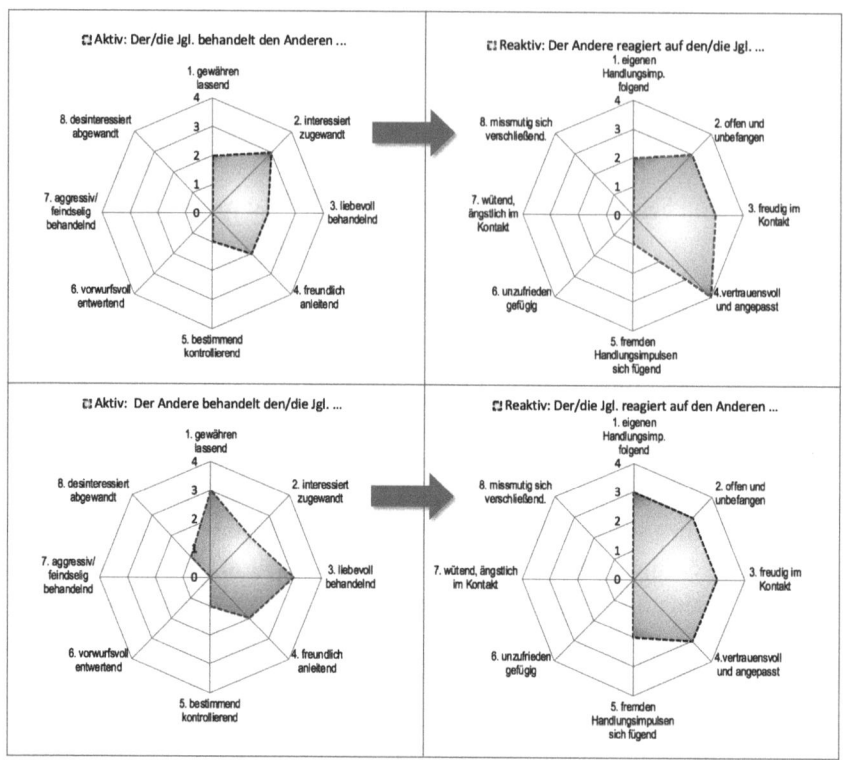

Abbildung 1a: Beziehungsdynamik zwischen Jennifer und dem Untersucher: objekt- und subjektgerichtete Kreise

Selbstbezügliche Kreise: Jennifers Umgang mit sich selbst ist ausschließlich von positiven Affekten geprägt. Der selbstbezügliche Kreis des Untersuchers ist ebenfalls von einer positiven Affektivität dominiert. Lediglich leichte Tendenzen, sich zu kontrollieren, sich Vorwürfe zu machen und sich zu quälen, weisen auf eine gewisse Unstimmigkeit hin (siehe Abbildung 1b).

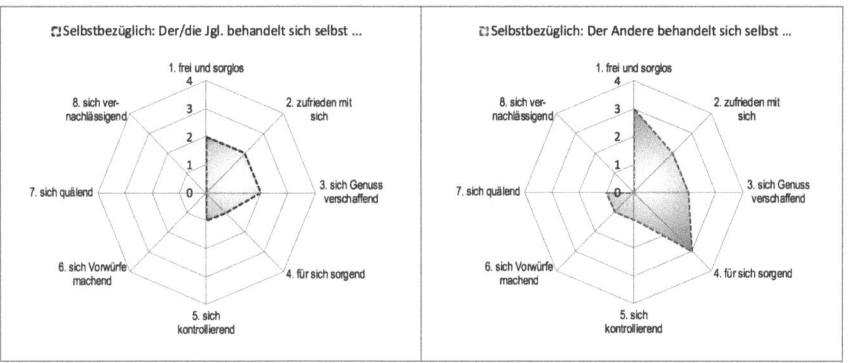

Abbildung 1b: Beziehungsdynamik zwischen Jennifer und dem Untersucher: selbstbezügliche Kreise

2 Fokus Struktur

Die Beziehungssequenzen dieser Gruppe von Patientinnen und Patienten sind interpersonell von hohen Werten auf der negativen Affiliationsseite geprägt. Der Patient macht dem Untersucher ein von negativen Affekten bestimmtes Beziehungsangebot, was aufseiten des Untersuchers ähnlich heftige negative Affekte auslöst. Selbst wenn der Untersucher sich um ein positiveres Beziehungsangebot bemüht, reagiert der Patient wieder mit Wut, Entwertung oder Abwendung. Auch im selbstbezüglichen Kreis des Patienten finden sich meist hohe Werte im negativen Affiliationsbereich. Der selbstbezügliche Kreis des Untersuchers weist oft eine extrem kleine Fläche auf, was wir als Ausdruck starker Regulationsbemühungen des Untersuchers oder der Untersucherin interpretieren.

Fallbeispiel Marvin, 18 Jahre
Die stationäre Aufnahme von Marvin erfolgt aufgrund einer schweren depressiven Symptomatik, begleitet von massiven Ängsten, sozialer Isolierung sowie ausgeprägten Kontakt- und Interaktionsstörungen mit aggressiven Impulsdurchbrüchen. Marvins Lebensgeschichte war geprägt von schwerer Deprivation und körperlicher sowie psychischer Gewalt durch Mutter und Stiefvater. Hinzu kamen häufige Ortswechsel, die ihm auch eine soziale Einbindung außerhalb der Familie verunmöglichten. Auf der Konfliktachse ist keine klare Konfliktdynamik erkennbar, am ehesten ist von einem Nähe-versus-Distanz-Konflikt im aktiven Modus auszugehen (beständiges Bestreben nach Distanz und Unabhängigkeit, bei aber im Therapieverlauf spürbarer Sehnsucht nach Nähe und

Beziehung, die gleichzeitig Angst auslösen). Auf der Strukturachse sind die Dimensionen Steuerung und Interpersonalität als gering bis desintegriert und die Dimensionen Identität und Bindung als gering integriert einzuschätzen.

Beziehungssequenz: Marvin erscheint hoch angespannt und nervös zum Gespräch, was sich auch in motorischer Unruhe äußert. Dem Untersucher fällt auf, dass Marvin kaum Blickkontakt mit ihm aufnehmen kann. Auch die körperliche Haltung drückt aus, dass er jeden Moment aufspringen und das Gespräch beenden könnte. Das initiale Gegenübertragungsgefühl ist zunächst von Sorge und Anteilnahme geprägt. Es entsteht das innere Bild eines verlorenen, bedürftigen Kindes, begleitet von Impulsen, sich um ihn zu kümmern. Marvin berichtet von seiner Symptomatik und dem Wunsch, wieder seinen Alltag bewältigen zu können. Als der Untersucher allerdings die starke Anspannung des Patienten anspricht, kippt die Stimmung sofort. Marvin reagiert ärgerlich und wütend, ob der Untersucher denke, er würde jeden Moment um sich schlagen? In der Gegenübertragung stellt sich ebenso schlagartig eine große Sorge und Vorsicht ein, begleitet von der Befürchtung, in der Tat körperlich angegriffen zu werden, gefolgt von starken Distanzierungsimpulsen. Vom Untersucher initiierte Klärungsangebote kann Marvin nicht aufgreifen, er bleibt aggressiv-angespannt. Beim Untersucher entsteht das Gefühl, Marvins Affektregulation gänzlich übernehmen zu müssen, um eine weitere Eskalation zu verhindern.

Die Szene bildet sich in den Beziehungskreisen der OPD-KJ-2 wie folgt ab:

Objektgerichteter Kreis Patient – subjektgerichteter Kreis Untersucher: Marvin begegnet dem Untersucher zunächst passiv-interessiert, nach Kippen der Situation primär aggressiv/feindselig und kontrollierend. Der Untersucher reagiert auf Marvins Beziehungsangebot anfangs mit Interesse und leicht positivem Affekt, nach Kippen der Situation bestimmen dann aber heftige negative Gefühle sein reaktives Erleben.

Objektgerichteter Kreis Untersucher – subjektgerichteter Kreis Patient: Der Untersucher begegnet Marvin zunächst passiv-interessiert. Im weiteren Verlauf des Gesprächs übernimmt er zunehmend die Steuerung, bemüht sich aber trotzdem um ein positives Beziehungsangebot. Marvins Reaktion auf das Beziehungsangebot des Untersuchers ist ausschließlich von negativen Affekten bestimmt (siehe Abbildung 2a).

Die OPD-KJ-2-Achse Beziehung als hilfreiches Instrument 101

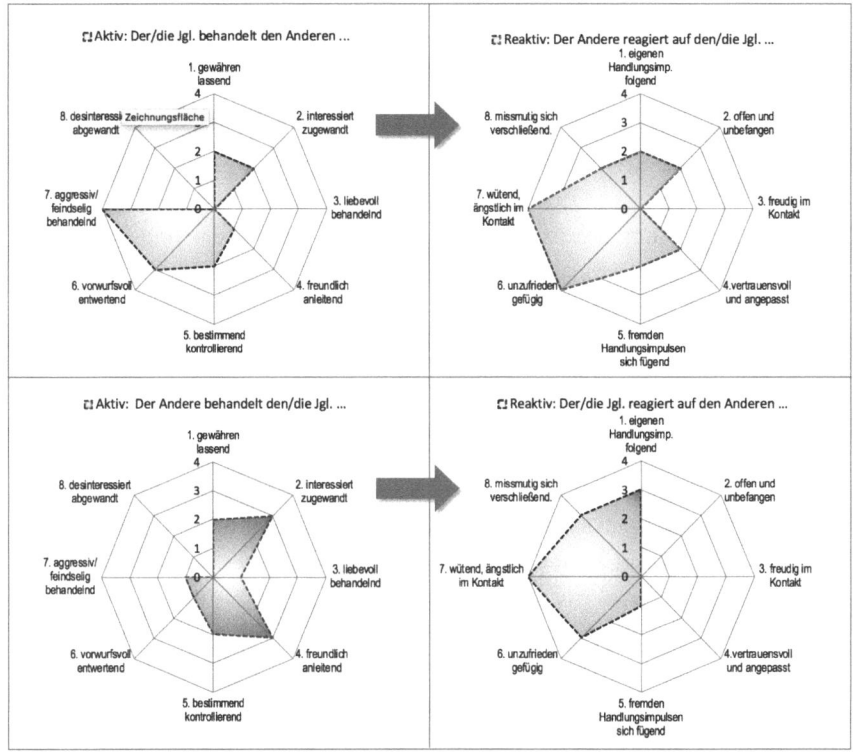

Abbildung 2a: Beziehungsdynamik zwischen Marvin und dem Untersucher:
objekt- und subjektgerichtete Kreise

Selbstbezügliche Kreise: In Marvins Umgang mit sich selbst dominieren starke negative Affekte. Der selbstbezügliche Kreis des Untersuchers weist eine kaum existente Fläche auf (siehe Abbildung 2b).

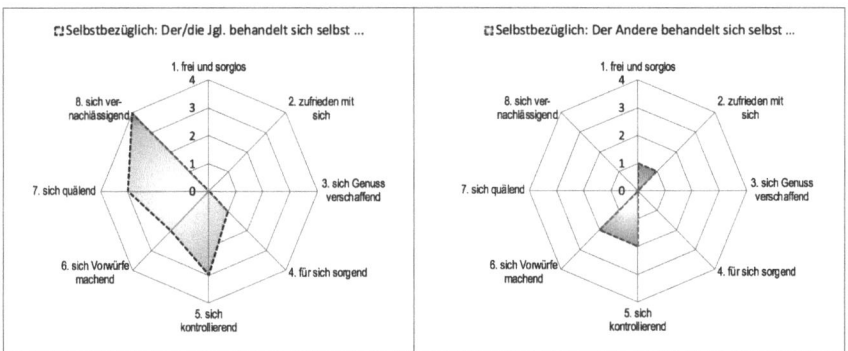

Abbildung 2b: Beziehungsdynamik zwischen Marvin und dem Untersucher:
selbstbezügliche Kreise

3 Fokus Trauma

In den Beziehungssequenzen dieser Gruppe von Patientinnen und Patienten ist das interpersonelle Geschehen sowohl aufseiten des Patienten als auch aufseiten des Untersuchers ausschließlich von positiven Affekten geprägt. Die negative Affiliationsseite bleibt in den Ratings völlig ausgespart. Auch der selbstbezügliche Kreis des Untersuchers oder der Untersucherin weist ausschließlich Wertungen im positiven Bereich auf. Im Gegensatz dazu finden sich deutliche negative Ausschläge im selbstbezüglichen Kreis der Patientin oder des Patienten.

Fallbeispiel Dominik, 16 Jahre

Dominik beschreibt im Aufnahmegespräch schwere depressive Zustände und starke Ängste im Kontakt mit anderen Menschen, die zum Teil mit einer »Starre« verbunden seien, aus der heraus er sich »nicht mehr bewegen« könne. Zudem leide er unter Flashbacks, Intrusionen, Schreckhaftigkeit und Nervosität. Nach dem sehr frühen Tod seiner Mutter war Dominiks Lebensgeschichte geprägt von körperlichem und psychischem Missbrauch. Der Herausnahme aus der Familie folgten verschiedene Fremdunterbringungen, auch aufgrund einer initial externalisierenden, hyperkinetischen Symptomatik mit aggressiven Impulsdurchbrüchen und Störung des Sozialverhaltens. Auf der *Konfliktachse* bildet sich primär der Konflikt Nähe versus Distanz (passiver Modus) ab, was daran deutlich wird, dass anstehende oder auch schon antizipierte Trennungen ausgeprägte Angst- und Stressreaktionen auslösen, die nur über reale Kontakte mit den Bezugspersonen wieder beruhigt werden können. Erst im Verlauf der Behandlung deutet sich in zweiter Linie der Konflikt Unterwerfung versus Kontrolle an. Für einen aktiven Modus spricht (nach initial äußerst devotem Auftreten) das beständige Aufbegehren gegen Regeln und Pflichten, begleitet von ungeduldigen Forderungen an das Gegenüber. Auf der *Strukturachse* sind die Dimensionen Steuerung, Identität und Interpersonalität als gering und die Dimension Bindung als gering bis desintegriert einzuschätzen.

Beziehungssequenz: Trotz seiner Nervosität und körperlichen Anspannung ist der 16-jährige Dominik sehr bemüht, dem Untersucher in der Aufnahmesituation seine Lebensgeschichte und aktuellen Probleme zu schildern. Der Untersucher muss sich zunächst sehr konzentrieren, um zu verstehen, unter welcher Problematik Dominik leidet und was der Grund seiner Vorstellung ist (keine konsistente Geschichte in Narrativen und zeitliche Sprünge in der Lebensgeschichte). Dennoch fühlt der Untersucher sich sehr wohl im Kontakt mit Dominik, folgt den Ausführungen gern und hat das Gefühl, eigene Impulse und Fragen frei einbringen zu können. Die wohlwollend-interessierten, zum

Teil auch anleitenden Fragen des Untersuchers nimmt Dominik freundlich auf und beantwortet sie bereitwillig. Im negativen Affiliationsbereich ist lediglich eine ausgeprägte Angst erkennbar. Wie destruktiv und vernachlässigend Dominik in der Szene mit sich umgeht, ist nur im selbstbezüglichen Kreis erkennbar. Die Szene bildet sich in den Beziehungskreisen der OPD-KJ-2 wie folgt ab:

Objektgerichteter Kreis Patient – subjektgerichteter Kreis Untersucher: Dominik begegnet dem Untersucher mit einem extrem positiven Beziehungsangebot, was vom Untersucher auch ausschließlich positiv beantwortet wird.

Objektgerichteter Kreis Untersucher – subjektgerichteter Kreis Patient: Das Beziehungsangebot des Untersuchers ist ebenfalls sehr von positiven Affekten bestimmt. Dominik reagiert auf das Beziehungsangebot des Untersuchers eher unterwürfig. Seine affektive Reaktion bleibt positiv, es sind aber auch deutliche Ängste erkennbar (siehe Abbildung 3a).

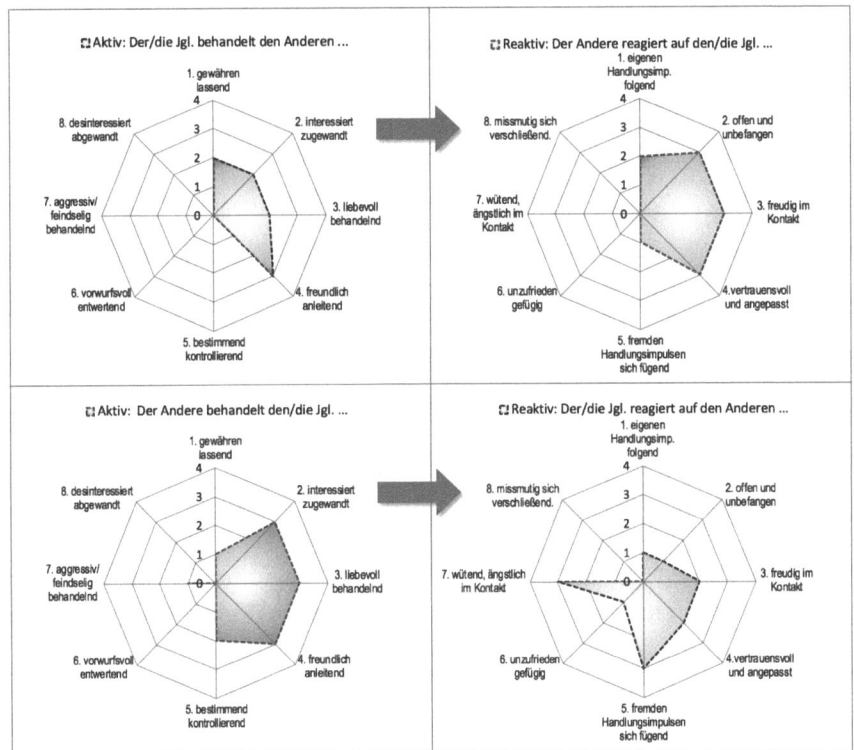

Abbildung 3a: Beziehungsdynamik zwischen Dominik und dem Untersucher: objekt- und subjektgerichtete Kreise

Selbstbezügliche Kreise: Zu Beginn des Gesprächs ist noch ein geringfügig positiver Umgang Dominiks mit sich selbst erkennbar, im weiteren Verlauf dominieren aber immer stärker negative Affekte seinen Umgang mit sich selbst. Im selbstbezüglichen Kreis des Untersuchers tauchen im Gegensatz dazu keinerlei negative Affekte auf (siehe Abbildung 3b).

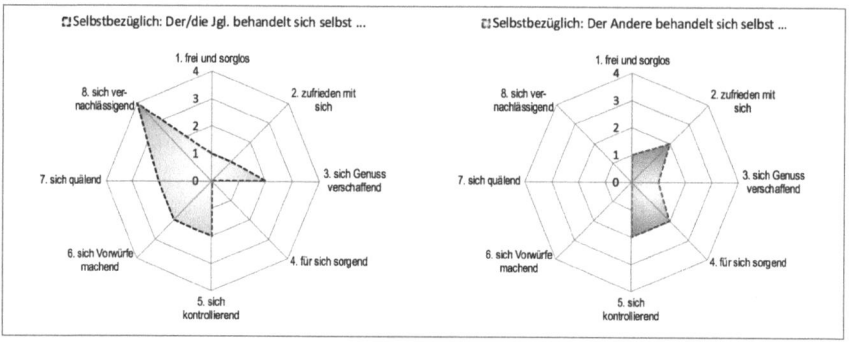

Abbildung 3b: Beziehungsdynamik zwischen Dominik und dem Untersucher: selbstbezügliche Kreise

Abschließende Bemerkungen

Was leitet sich aus den Ergebnissen nun für die therapeutische Praxis ab? Natürlich ersetzt die OPD-KJ-2-Achse Beziehung nicht die separate Einschätzung von Konflikt und Struktur. Sie kann aber durchaus eine hilfreiche Ergänzung bei der Bildung des Behandlungsfokus sein. Denn häufig haben wir es in der therapeutischen Praxis ja nicht mit Patientinnen und Patienten zu tun, die ganz klar den drei Gruppen Konflikt, Struktur oder Trauma zuzuordnen sind. Stattdessen finden sich meist Mischungen der drei Aspekte in unterschiedlichem Ausmaß. Auch in unseren Fallbeispielen zeigte sich zum Beispiel, dass strukturelle Defizite und Traumatisierungen oft gleichzeitig vorliegen, dass aber Patienten mit ähnlichen traumatischen Erfahrungen und strukturellen Beeinträchtigungen die therapeutische Beziehung je nach dominierendem Fokus ganz unterschiedlich gestalten können (vgl. Fallbeispiele Marvin und Dominik)[2]. Nicht nur Konflikt-

---

2 Ein ähnlicher Befund hatte sich auch bei den Fällen zur Konfliktachse gezeigt. Hier fanden sich bei Patienten mit gleicher ICD-10-Diagnose ganz unterschiedliche OPD-KJ-2-Konflikte (siehe den Beitrag von Gisela Kalkum und Inge Seiffge-Krenke sowie den Beitrag von Inge Seiffge-Krenke in diesem Buch).

dynamik und Strukturniveau, sondern auch die bevorzugte Art der Beziehungsgestaltung hat daher eine Bedeutung für das therapeutische Vorgehen. Welcher Aspekt (Konflikt, Struktur, Trauma) vor allem das interpersonelle Geschehen bestimmt, ist sehr gut anhand der Ratings der OPD-KJ-2-Achse Beziehung erkennbar. Diesen gilt es dann therapeutisch wie folgt in den Fokus zu nehmen:

1. Bei Überwiegen einer Konfliktdynamik ist ein konfliktbezogener Beziehungswunsch gleichzeitig verbunden mit der Befürchtung, vom Gegenüber diesbezüglich enttäuscht zu werden. Die negative Beziehungserwartung führt zu Beziehungsdynamiken, in denen sich die befürchtete Reaktion des Gegenübers im Sinne einer selbsterfüllenden Prophezeiung ständig wiederholt. In der Behandlung geht es unter anderem darum, repetitive dysfunktionale Beziehungsmuster zu erkennen, bewusst zu machen und durch das Angebot einer neuen Beziehungserfahrung aufzulösen (vgl. Tress et al., 1996).
2. Im Gegensatz dazu fehlen Patienten mit überwiegend strukturellen Störungen wichtige Fähigkeiten zur Selbst- und Beziehungsregulation. Unerträgliche innere Zustände werden externalisiert und dominieren das Beziehungsgeschehen. Heftige dysfunktionale Affekte wie Erregung, Verzweiflung, Panik, Leere und Erstarrung bestimmen als Folge die Interaktion. Daher steht in der Behandlung zunächst die Entwicklung struktureller Fähigkeiten als Basis für eine funktionierende Selbst- und Beziehungsregulation im Vordergrund. Dem Therapeuten oder der Therapeutin kommt hierbei eine deutlich aktivere Rolle zu, inklusive der Übernahme von Hilfs-Ich-Funktionen (vgl. Rudolf, 2014).
3. Das Verhalten der Jugendlichen mit Fokus Trauma in der Beziehungsgestaltung scheint am ehesten von großer Angst vor traumatischer Überwältigung geprägt zu sein. Wöller (2014) geht von der Aktivierung eines desorganisierten Bindungsstils bei gleichzeitigem Bedrohungsgefühl aus. Die Patienten tun alles, damit es ihrem Gegenüber gut geht und kein Grund für einen Angriff besteht. Streeck-Fischer (2014) weist in Anlehnung an Winnicott auf eine falsche Selbstentwicklung hin und beschreibt eine »Mimikry-Entwicklung« als Anpassungsreaktion auf Missbrauch und Vernachlässigung in der Kindheit. In der Behandlung müssen daher zunächst ausreichend Sicherheit und Vertrauen in der therapeutischen Beziehung aufgebaut werden, damit der Patient sich nicht nur mit seiner Anpassungsfassade zeigt, sondern echten Kontakt zulassen kann. Erst dann ist eine wirkliche therapeutische Arbeit an strukturellen Defiziten und/oder inneren Konflikten möglich.

ACHSE KONFLIKT

Gisela Kalkum und Inge Seiffge-Krenke

Eine Diagnose – verschiedene Konflikte am Beispiel von Essstörungen

In diesem Beitrag geht es um Essstörungen mit gravierenden Folgen für Kinder und Jugendliche, von denen in der Hauptsache Mädchen und Frauen betroffen sind. Da es sich bei einer Essstörung um ein äußerst komplexes Krankheitsbild handelt, das einer umfassenden Behandlung bedarf, ist oft eine stationäre Aufnahme notwendig. Bevor im Einzelnen die Behandlungsverläufe von zwei Patientinnen erläutert werden, wird zunächst das Krankheitsbild selbst und anschließend das Behandlungskonzept einer stationären Einrichtung der Kinder- und Jugendpsychiatrie vorgestellt. Dabei geht es darum, aufzuzeigen, dass sich hinter der gleichen Diagnose durchaus verschiedene Typen von Konflikten im Sinne der OPD-KJ-2 verbergen können. Damit ist ein Behandlungsfokus gegeben, am dem im stationären Setting gearbeitet werden kann.

Krankheitsbild und Behandlungskonzept

Während gestörtes Essverhalten sowie Maßnahmen zur Gewichtskontrolle im Kindes- und Jugendalter weit verbreitet sind – etwa ein Fünftel der Jugendlichen in Deutschland im Alter von elf bis 17 Jahren zeigt Symptome von Essstörungen (Seiffge-Krenke, 2019) –, handelt es sich bei Essstörungen nach ICD-10 um seltene Erkrankungen mit zum Teil hohen Mortalitätsraten und einem häufig chronischen Verlauf. Beispielsweise liegt die Inzidenz für Anorexia nervosa bei 9–15 Neuerkrankungen/100.000 Frauen/Jahr und bei 1/100.000 Männern/Jahr (bzga-essstoerungen.de). In unserer Kinder- und Jugendpsychiatrie werden Patientinnen und Patienten stationär nach einem multimodalen Behandlungskonzept für Essstörungen im Kindes- und Jugendalter leitliniengerecht und multidisziplinär behandelt (siehe S3-Leitlinie, Herpertz et al., 2018): Anhand eines verhaltenstherapeutischen »Phasenplans« mit gewichtsadaptierter Möglichkeit, Verstärker zu erlangen, arbeitet ein Team gemeinsam mit den Jugendlichen und ihren Familien an einem nachhaltigen Weg zur Gesundung.

Zum Team gehören neben den Fallführenden auch Kreativtherapeuten und Ökotrophologen sowie eine 24-Stunden/Tag-Betreuung durch den Pflege- und Erziehungsdienst mit 1:1 begleiteten Mahlzeiten. Insbesondere die Körperschemastörung wird in Gruppen- und Einzeltherapie adressiert. In Fragen der körperlichen Bedrohung durch ein eventuell massives Untergewicht oder regelmäßiges Erbrechen oder Missbrauch von Abführmitteln/Entwässerungsmedikamenten ist eine enge somatische Mitbetreuung erforderlich.

Vor Beginn der psychotherapeutischen Behandlung sollten somatische Ursachen eines Untergewichts, wie etwa konsumierende Erkrankungen, ausgeschlossen werden. Darüber hinaus müssen die somatischen Folgen des Untergewichts, wie beispielsweise Veränderungen des Hormon- und Elektrolythaushalts, kardiale Veränderungen und Wassereinlagerungen, beachtet werden. Wichtig zu betonen ist in diesem Zusammenhang, dass die Patienten in der Phase des massiven Untergewichts kognitiv und emotional nicht in der Lage sind, klassische Therapiegespräche zu führen. Daher fängt in der ersten Zeit die Therapie kleinschrittig an. Im Vordergrund stehen dabei kurze Einheiten der Information und des Beziehungsaufbaus. Ziel ist eine Gewichtsrehabilitation.

Die beiden nun folgenden Fallstudien sollen die Vielfältigkeit der zugrunde liegenden Pathologien, verdeutlicht an verschiedenen zugrunde liegenden Konflikten, bei Patientinnen mit Essstörungen beispielhaft darstellen.

Fall Jule (14 Jahre)

Aufnahmegrund: Jule wurde von ihrer Mutter in unserer kinder- und jugendpsychiatrischen Klinik vorgestellt, da sie eine Gewichtsabnahme von 12 kg bei restriktivem Essverhalten und einer Trinkmenge von nur 100–200 ml pro Tag innerhalb von drei Wochen hatte. Sie trieb exzessiv Sport: auf dem Ergometer und viermal die Woche Ballett. Schon bald zeigten sich körperliche Beschwerden wie Schlappheit, Kältegefühl und Konzentrationsprobleme, dazu eine sekundäre Amenorrhöe (Ausbleiben der Regelblutung) seit sechs Wochen. Aus dem Wunsch heraus, sich besser zu ernähren, sei ein schneller Kontrollverlust über die Ernährungssituation hervorgegangen.

Zur *Biografie* und zur *aktuellen Lebenssituation* berichtet die Mutter, Jule sei als Zwillingsschwangerschaft in der 38. Schwangerschaftswoche per Kaiserschnitt entbunden worden. Sie sei der erstgeborene Zwilling neben ihrem Zwillingsbruder. Jule habe nach einer unauffälligen Entwicklung in den ersten Lebensjahren den Regelkindergarten besucht. Am Ende der Grundschule erhielt sie eine Gymnasialempfehlung, wechselte jedoch auf eine Realschule, gemeinsam mit dem Zwillingsbruder. Als Hobbys gibt Jule selbst Ballett, Freunde treffen und Musik hören an. Seit Kurzem fühle sie sich deprimiert. Sie berichtet, sehr organisiert zu sein, perfektionistisch, schreibe »To-do-Listen« und sei »gestresst«, wenn sie dies nicht tue. Suizidalität verneint sie, aber es bestehe eine Hoffnungslosigkeit.

Der soziale Vater (65 Jahre) ist berenteter Sanitärfachmann. Er halte einen Hund, vier Meerschweinchen, Tauben, Kanarienvögel und Hasen. Er sei eher konsequent und habe klare Erziehungsvorstellungen. Aus erster Ehe habe er bereits zwei erwachsene Kinder, zu denen kein Kontakt bestehe. Die Schwangerschaft mit Jule sei aus einer Samenspende entstanden, wie Jule gleich zu Behandlungsbeginn berichtet. Die Mutter (55 Jahre) arbeitet dreißig Stunden in der Woche als Buchhalterin. Sie verwöhne ihre Tochter gern und halte nicht viel von Verboten, wie sie sagt. Sie berichtet, dass Jule immer ein »dominantes Kind« gewesen sei. Sie nehme »sich an Aufmerksamkeit«, was sie möchte. Jetzt könne man Jule allerdings nicht mehr einfach in den Arm nehmen und alles sei »gut«.

Die Mutter selbst sei sehr streng erzogen worden, man habe »ihren Willen brechen« wollen. Bei ihrer eigenen Mutter habe sie um Liebe betteln müssen, da diese lieber einen Jungen gehabt hätte. Jules Mutter mag es gern ordentlich und hygienisch: Dass sie sich nach der Arbeit umziehe, sei selbstverständlich, sagt sie. Jule sei auch an Sauberkeit in der ganzen Wohnung interessiert und sauge zum Beispiel das Wohnzimmer, wenn sie mit ihrem Zimmer fertig sei. Häusliche Konflikte zwischen den Eltern beinhalten auch Erziehungsthemen.

In den psychotherapeutischen Einzelgesprächen zeigt sich Jule *zu Beginn der Behandlung* ausgesprochen verschlossen. Die Listen, die sie jeden Tag schreibe und von denen die Eltern berichteten, möchte sie nicht zeigen, es ist für sie schambehaftet. Es fällt Jule anfangs sehr schwer, sich auf die therapeutischen Angebote einzulassen, obwohl sie vor der stationären Aufnahme in die Klinik im Internet über Essstörungskliniken recherchiert habe und an Hilfe interessiert gewesen sei.

Im *Verlauf der stationären Therapie* zeigt sich bei Jule zunehmend ein zwanghaftes Verhalten, das zunächst schamhaft verheimlicht wird: Beispielsweise ist es ihr wichtig, sich dreimal täglich am ganzen Körper zu waschen. Jule berichtet weiterhin, zu Hause zweimal pro Woche Staub zu saugen. Sie findet es unangenehm, wenn andere in ihrem Zimmer Unordnung machen.

Das Mädchen erzählt, dass die Ballettschule großen Einfluss auf sie ausübe. Früher träumte sie davon, eine russische Ballettschule zu besuchen. Das habe sie mittlerweile aufgegeben. Gern hätte sie an der Ballettfördergruppe teilgenommen und habe deshalb zusätzlich zum Balletttraining dreimal pro Woche eine Ballettakademie besucht, bei der sie sich total verausgabt habe. Die Ballettlehrerin unterbinde Essen oder Trinken vor und während des Trainings. Jule beschreibt im *Verlauf der Therapie* das Ballett einerseits als Zwangshandlung (immer gleiche, voraussehbare Bewegungsabläufe), andererseits als schön und Freude auslösend jenseits des Zwangs.

Jule leide unter dem Streit der Eltern sowie unter dem Verlust der engen Beziehung zu ihrem Zwillingsbruder, der sich nun mehr für »Jungsthemen« wie Kicken oder Computerspiele interessiere. Ihre Unfähigkeit, die Beziehung zum Bruder oder den elterlichen Streit zu kontrollieren, belastet sie sehr. Während des stationären Aufenthalts kehrt Jule oft destabilisiert aus der Belastungserprobung von zu Hause zurück. Später berichtet der Vater von folgender Aussage des Bruders: »Jule wird wieder Zucker in den Hintern geblasen«, weil sich während der Aufenthalte zu Hause alles nur um sie gedreht habe.

Jule sagt, sie sei ein Fan von Deutsch-Rap und möge etwa die Gruppe »Capital BRA«. Angesprochen auf die eher aggressiven Texte der Band, berichtet Jule, nur die Rhythmen interessant zu finden. Eine Arbeit an Affekten wie Wut oder Ärger vermeidet sie auch bei anderen therapeutischen Angeboten auf Station, unkontrollierbare Gefühle stellen für sie eine Bedrohung dar, da diese ihr Konfliktthema ansprechen. Sie pendelt zwischen den Polen »Laisser-faire« und zwanghaft. Die Mutter-Tochter-Beziehung scheint ambivalent. Der Vater berichtet, es gebe zweierlei Jule: eine »gute« und eine »aggressiv-zickige« Jule. Sie sei wie gespalten.

Gegen *Ende der Behandlungsphase* erkrankt der Vater lebensbedrohlich, wobei der elterliche Streit besonders sichtbar wird, denn die Mutter bagatellisiert die Erkrankung des Vaters und Jule erfährt nur auf Nachfrage Näheres über seinen Zustand.

Im Rahmen der Zwangsgedanken oder wenn sie ihre Zwänge unterdrückt, schildert Jule ein Gefühl, sich bestrafen zu müssen, was *im späteren Verlauf* auch zu selbstverletzendem Verhalten führt. *Zum Ende der Therapiephase* zeigt sich immer deutlicher, dass die bestehende Zwangserkrankung der Essstörung zu Grunde liegt. Jule berichtet schließlich, seit dem Übergang zur weiterführenden Schule unter Zwängen zu leiden. Dies habe sich so weit ausgedehnt, dass sie keine sozialen Kontakte mehr pflegen könne, da sie ihre Aufgaben-Listen täglich abarbeiten müsse. Ihr Leben sei bestimmt durch ihre Zwangsgedanken, für Zwangshandlungen schäme sie sich. *Im Anschluss an die Behandlungsphase* der Essstörung wird eine Behandlung der Zwangsstörung, die nun im Vordergrund steht, begonnen.

Jule würde sich von ihrer Mutter wünschen, sie mehr loszulassen und sich nicht mehr so viele Sorgen um sie zu machen. Beim Bruder habe die Mutter nicht so viele Schwierigkeiten damit. Immer wieder bewegt Jule der Gedanke, ihre Mutter zu enttäuschen.

Überlegungen zur Konfliktdynamik

Der Konflikt *Kontrolle versus Unterwerfung* im passiven Verarbeitungsmodus zeigt sich hier als alles kontrollierende Zwangsstörung. Die Leitaffekte »Ärger und Wut«, von denen Jule im Therapieverlauf berichtet, zeigen sich auch in der Gegenübertragung beim Pflege- und Erziehungsdienst, etwa wenn sie sich selbst verletzt oder als sie sich am Ende des Aufenthalts kritisch über die Behandlung ihrer Zwangserkrankung äußert. Jule besteht auf genauer Planung des Tagesablaufs. Die Vorhersehbarkeit der Therapieinhalte scheint ihr Sicherheit zu bieten. Zu Behandlungsbeginn ist sie zunächst gefügig und ordnet sich dem »Phasenplan« unter, nimmt gewissenhaft ihre Mahlzeiten unter Aufsicht ein, wird nervös, wenn sie bemerkt, dass eine Mitpatientin »schummelt«, um Kalorien einzusparen. Im späteren Therapieverlauf zeigt sie passiven Widerstand; Zynismus tritt mehr in den Vordergrund. Ihre eigene pubertäre körperliche Entwicklung stoppt sie durch die Auswirkungen, die das massive Untergewicht auf den Hormonhaushalt (Amenorrhöe) hat.

Neben dem Hauptkonflikt Unterwerfung versus Kontrolle lässt sich ein *Schuldkonflikt* beobachten, der sich in der überzogenen Treuebindung zu den Eltern und dem Zwillingsbruder ausdrückt, die gleichzeitig von ihr entwertet werden (aktiver Modus). Die Entwicklungsaufgabe der Pubertät mit der Unterschiedlichkeit der Geschlechter wird von ihr zunächst verleugnet (»wir sind alle in derselben Clique«), später betrauert sie, dass der Bruder sich nun mehr mit »Jungsthemen« beschäftige. Affekte von Schuld und Scham spielen auch eine zentrale Rolle bei den Zwängen. Jule kann aber auch am Ende nicht benennen, woher Schuld und Scham kommen, sie berichtet auch nicht von traumatisierenden Erlebnissen.

Polare Erlebnis- und Handlungsperspektiven können nicht integriert werden, was zu einer Entwicklungshemmung führt. Jule bemüht sich ständig, die Familie zusammenzuhalten. Sie arbeitet hart daran, die Beziehung zu beiden Elternteilen zu halten, obgleich diese zerstritten sind und Jule unter dem Streit leidet. Die unterschiedlichen Erziehungsstile und die unterschiedliche Wahrnehmung von Zwangssymptomen durch die Elternteile sind ein aufrechterhaltender Faktor der Symptomatik.

Im Vergleich zum beschriebenen Fall von Jule zeigen sich Unterschiede bei Amelie, dem nun folgenden Fall, was deutlich macht, wie verschiedene Konflikte vorliegen können, trotz gleicher ICD-10-Diagnose.

Fall Amelie (15 Jahre)

Aufnahmegrund: Amelie stellt sich in Begleitung ihrer beiden Eltern notfallmäßig in unserer kinder- und jugendpsychiatrischen Ambulanz beim Team Essstörung vor. Seit neun bis zehn Wochen würde eine Essproblematik bestehen. Amelie wurde wegen regelmäßiger selbstverletzender Handlungen sowie Halluzinationen und Suizidgedanken bereits ambulant in einer externen Kinder- und Jugendpsychiatrie vorstellig. Im Alter von zehn Jahren habe eine psychiatrische Symptomatik bei ihr begonnen, zunächst mit Schlafstörungen und Suizidgedanken; seit dem 13. Lebensjahr bestehe selbstverletzendes Verhalten. Amelie besuchte zuletzt probatorische ambulante Therapiesitzungen. Die Essproblematik habe während eines Auslandsaufenthalts bei einer englischen Schülerin begonnen, mit der sie sich nicht gut verstand und von der sie sich abgelehnt fühlte.

Am Tag der Vorstellung wiegt Amelie 44,6 kg bei 166 cm, entsprechend einem BMI von 16,2 und der 2. BMI-Perzentile, Z-Score -2,02. Es erfolgt die stationäre Einweisung zur somatischen Abklärung bei bestehender Sinusbradykardie. Amelie berichtet über Schuldgefühle beim Essen sowie die Angst, zuzunehmen, sie finde sich öfter zu dick. Sport sei ein großer Teil ihres Lebens. Amelie habe die Menarche mit 13 Jahren gehabt, die letzte Menstruation sei vor etwa zehn Wochen gewesen. Es würden keine Medikamente eingenommen. Als aktive Maßnahme der Anorexie beschreibt das Mädchen auch induziertes Erbrechen. Sie habe oft Einschlafprobleme, in der Nacht wache sie auf. Sie träume »seltsame Sachen«. Das Mädchen berichtet über Stimmungsschwankungen sowie Ängste sozialer Art. Sie mache sich viele Gedanken darüber, was andere »über sie denken würden«. Sie habe Angst, auf andere zuzugehen. Meist sei sie schlechter Stimmung, dies würde zunehmend stärker und verschlimmere sich abends. Außerdem leide sie unter Kopfschmerzen, die alle paar Tage aufträten und zunähmen. Sie habe außerdem schnell Bauchschmerzen. Weiterhin höre sie seit etwa einem Jahr Stimmen im Kopf, die sehr drängend und quälend seien. Sie träten in unterschiedlicher Intensität auf. Auch selbstverletzendes Verhalten sei weiterhin Thema. Amelie habe ab und zu Suizidgedanken, aktuell mit einer Stärke von 5 (von 10). Ihr Suizidplan sei, an einem bestimmten Ort im Wald nahe dem Wohnort Medikamente sowie Alkohol einzunehmen und sich die Pulsadern aufzuschneiden. Sie habe diesen Ort des Öfteren besucht, er triggere sie aber, weshalb sie versuche, ihn zu meiden. In der Vergangenheit, zuletzt vor fünf Monaten, habe Amelie Alkohol konsumiert, Cannabis zuletzt vor einem Jahr.

Zur Biografie: Die Schwangerschaft mit Amelie habe die Eltern überrascht. Nach unkompliziertem Schwangerschaftsverlauf erfolgte die Entbindung Amelies zeitgerecht und komplikationsfrei mit einer Größe von 50 cm, einem

Geburtsgewicht von 3590 g und einem APGAR-Score von 10/10/10 ohne Anpassungsschwierigkeiten. Sie sei, laut Mutter, ein »dickes Baby« gewesen. In dieser Zeit kreise im Alltag der Eltern alles um die Erkrankung des Vaters. Die Entwicklung im ersten Lebensjahr wird als pflegeleicht beschrieben. Die Einschulung erfolgte im Alter von sechs Jahren, dann der Wechsel aufs Gymnasium. In der Freizeit spiele sie gern Handball und verbringe Zeit mit ihrem 17-jährigen Freund (von dem sie sich in den ersten Wochen des Aufenthalts trennt). Außerdem schreibe sie Geschichten und möchte gern Autorin werden. Amelie berichtet, dass sie Probleme habe, sich zu konzentrieren. Somatisch gebe es keine Allergien, sie meide jedoch Butter, Käse, Süßes und Reis und trinke keine Milch.

Familienanamnese: Die Eltern sind geschieden (getrennt, seit Amelie eineinhalb Jahre war), es besteht das gemeinsame Sorgerecht. Der Vater (+ 46 Jahre) sei promovierter Wissenschaftler, er arbeite nun im Bereich EDV und habe eine neue Partnerin. Er leide an einer chronisch-entzündlichen Darmerkrankung, was ihn (und zuvor auch die Familie) intensiv beschäftigt habe. Die Mutter (+ 36 Jahre) sei Logopädin, habe die Schulbildung mit Abitur abgeschlossen und habe seit zwei Jahren einen neuen Lebensgefährten, der im gemeinsamen Haushalt mit Amelie wohne. Der ältere Bruder sei vor zwei Jahren ausgezogen. Zuvor habe ein anderer Partner der Mutter an den Wochenenden in der Familie gelebt und sei zehn Jahre lang wie ein sozialer Vater aufgetreten. Allerdings stellte Amelie mit etwa 13 Jahren einen Stimmungsumschwung gegenüber dem sozialen Vater fest. Die Mutter vermutet, dass die ungewollte Beobachtung der Mutter beim Sex mit ihrem Partner zu Amelies plötzlicher Ablehnung geführt habe. Nach der Trennung der Mutter von diesem Mann plagten Amelie starke Schuldgefühle, denn sie hatte die Mutter wissen lassen, dass sie ihn nicht mehr möge, und dachte, die Trennung sei deshalb erfolgt. Der Großvater väterlicherseits sei mit fünfzig Jahren an Darmkrebs verstorben.

Amelie zeigt *im initialen stationären Verlauf* eine zögerliche Gewichtszunahme. Nach kurzfristigen Erfolgen kommt es immer wieder zu Rückschritten, sodass sie unterhalb der angestrebten Gewichtszunahme von 500–700 g/Woche bleibt. *Im späteren Verlauf der Therapie* und nach Besserung der Essstörungssymptomatik treten wieder vermehrt rezidivierend suizidale Gedanken sowie ein Drang zu selbstverletzendem Verhalten und Anspannungszustände auf. Immer wieder ist eine 1:1-Betreuung bzw. engmaschige Überwachung bei Suizidalität erforderlich. Amelie gibt an, diese Symptome von der Zeit vor der Essstörung zu kennen. Belastungserprobungen im häuslichen Umfeld sind häufig mit Stimmungseinbrüchen und Anspannungszuständen assoziiert. Amelie wertet sich und ihre Familie ab, scheint sich bei ihrer Mutter unwohl und nicht geborgen zu fühlen.

Amelie zeigt einen unsicher-vermeidenden Bindungstyp, begleitet von einem negativen Selbstbild, das sich unter anderem in ihrer Erwartung ausdrückt, die anderen könnten schlecht über sie denken. Die Symptomatik der Essstörung (als Symptomverschiebung) hatte für Amelie einen deutlichen sekundären Krankheitsgewinn, der ein hohes Maß an Aufmerksamkeit garantierte. So zögerte Amelie das Erreichen des Zielgewichts und somit eine Entlassung in den Alltag immer wieder hinaus. Auch fühle sie sich *am Ende der stationären Behandlung* von der Idee, ambulant weiterbehandelt zu werden, »wie ins kalte Wasser geworfen«. Angstbindende Funktionen wurden Amelie im bisherigen Umfeld nicht ausreichend vermittelt. Bezüglich der Entscheidung, sich auf eine stationäre Jugendhilfemaßnahme einzulassen, anstatt nach Hause zurückzukehren, wirkt sie hin- und hergerissen. Amelie befürchtet den Verlust der Mutter, sollte sie den Versuch unternehmen, sich von ihr abzulösen. In Amelies Biografie fand die Trennung vom Vater auf der Höhe der Bindungsentwicklung statt. Auf eine weitere Trennung der Mutter vom Partner, welcher zehn Jahre in der Familie war, reagierte sie mit Schuldgefühlen. Mit dem aktuellen Partner der Mutter habe das Mädchen ein gutes Verhältnis. Sie beschreibt allerdings dessen Versuche, sie auf dem Höhepunkt der Essstörung zur Nahrungsaufnahme zu bewegen, als traumatisch.

Hinsichtlich der Beziehungen zu Mitpatientinnen und zum Pflegepersonal glaubt Amelie ständig, dass schlecht über sie geredet werde. Diese negativen Projektionen (»alle denken schlecht über mich«) führen zu einem »Self-Handicapping« im sozialen Umfeld mit häufigen Anspannungszuständen. *Im späteren Verlauf* sorgt Amelie regelmäßig dafür, exklusive Aufmerksamkeit zu erhalten: Besonders in den Abendstunden steigen Amelies Anspannung und Unwohlsein an, was zu häufigen Kontakten mit den jeweiligen Dienstärzten führt. Es wird die Möglichkeit eines posttraumatischen Geschehens mit dissoziativen und Angstzuständen diskutiert.

Überlegungen zur Konfliktdynamik

Strukturdefizite im Objekterleben und Selbsterleben sind auffällig, so etwa das Verleugnen negativer Affekte und Selbstanteile. Mutter und Tochter sind sich unwahrscheinlich ähnlich. Das Bindungsthema ist ebenfalls betroffen. Die Mutter zeigt sich nicht als sicherer Ort. Sie hat nicht die Fähigkeit, ihre Tochter zu beruhigen. Verluste werden nicht betrauert, sondern verleugnet.

Auf der Konfliktachse zeigt sich der Leitaffekt Angst sowie eine übersteigerte emotionale Abhängigkeit. Weiterhin zeigt Amelie Sorge vor Bloßstellung und

Scham, der Selbstwert ist brüchig, ein *Selbstwertkonflikt* im passiven Modus zeigt sich in den (erfolglosen) Bemühungen, das Selbstwertgefühl zu regulieren. Die Pole geringer und übersteigerter Selbstwert werden auch durch den starken Krankheitsgewinn und den langen stationären Behandlungsweg bedient. Der Gefahr, einen Einbruch des Selbstwerts zu erleiden, falls Zuwendung ausbleibt, begegnet Amelie mit Anspannungszuständen mit Suizidalität, welche regelmäßig den Dienstarzt einbinden. Die Krankenrolle nimmt Amelie bereitwillig an, sie entbindet das Mädchen davon, sich mit der Entwicklung eigener Perspektiven zu befassen. Ein *ödipaler Konflikt* könnte eine Rolle spielen, bislang liegt dazu aber nicht genug Material vor. Außer den häufigen sexuellen Schilderungen ist auffällig, dass sich Amelie in der Essstörung körperlich nicht weiterentwickelt und ihre Geschlechtsrolle vermeidet. Es könnte also möglicherweise ein passives ödipales Thema von Bedeutung sein. Dies wird vielleicht in der sich anschließenden ambulanten Behandlung Amelies deutlicher werden.

Ausblick in die ambulante Weiterbehandlung

Die beiden geschilderten Fälle von Jule und Amelie zeigen, dass eine individuelle Behandlung notwendig ist und ganz unterschiedliche Konflikte zu bearbeiten sind. Wir haben dies verdeutlicht durch eine Einschätzung auf den Konfliktratingskalen, die im Beitrag von Inge Seiffge-Krenke und Fabian Escher in diesem Buch dargestellt werden. Im Folgenden findet sich das Fremdrating von beiden Patientinnen (siehe Abbildungen 1a und 1b).

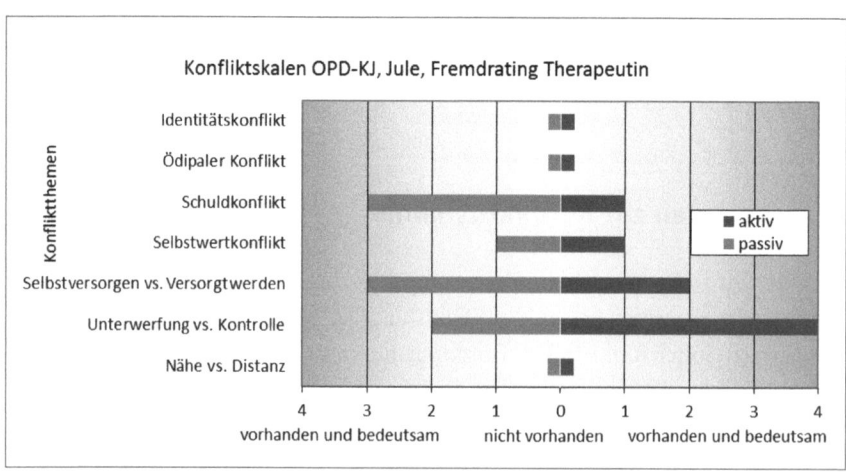

Abbildung 1a: Jule, Fremdrating

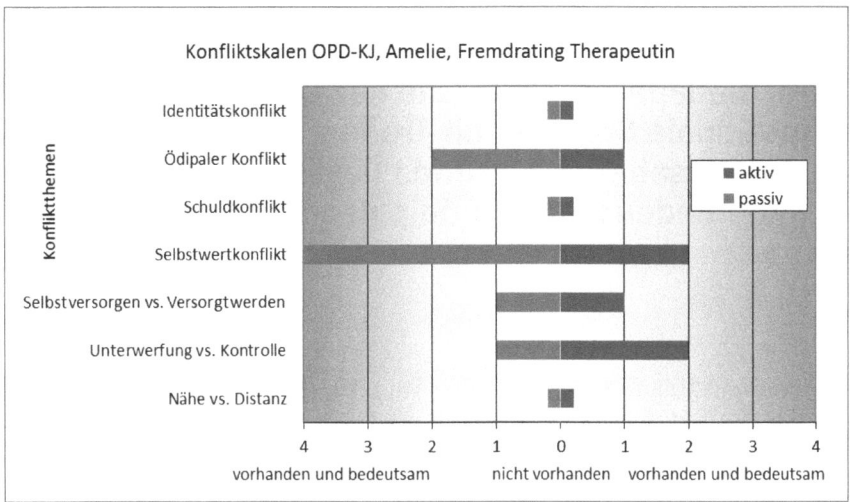

Abbildung 1b: Amelie, Fremdrating

Damit konnte zunächst im stationären Rahmen gearbeitet werden. Der Fokus lag jedoch auf der Symptombehandlung; die Behandlungsdauer mit sechs bis acht Wochen war auch insgesamt zu kurz, um einen Konfliktfokus umfassend bearbeiten zu können. Beide Patientinnen werden auch nach der Entlassung aus dem stationären Rahmen weitere Psychotherapie benötigen, um an der Konfliktdynamik weiterzuarbeiten. Dabei besteht bei Patienten nach einer Essstörung immer die Gefahr von Rezidiven im Rahmen von Krisen, weshalb engmaschige Mitbetreuung von kinderpsychiatrischer Seite sinnvoll ist. Die ambulante Therapie ist ein anderes Setting, in dem es zunächst um dyadische und triadische Interaktionen geht. Es wird sich zeigen, ob auch hier die genannten Konflikte im Vordergrund stehen und ob gegebenenfalls im Verlauf der Behandlung der zunächst als zweitwichtig eingeschätzte Konflikt nicht doch zentral ist und dringend bearbeitet werden sollte. Es würde sich also durchaus eine erneute Einschätzung zu Behandlungsbeginn und eine am Behandlungsende empfehlen, um zu schauen, ob das Konfliktniveau insgesamt niedriger ist und sich dem klinisch unauffälliger Jugendlicher (vgl. Seiffge-Krenke et al., 2014) angeglichen hat.

Inge Seiffge-Krenke

Verschiedene Konflikte, die der Diagnose »Emotionale Störung mit Trennungsangst des Kindesalters« zugrunde liegen können, und die Bedeutung des ödipalen Themas

In diesem Beitrag geht es, ausgehend von der Diagnose F93.0 »Emotionale Störung mit Trennungsangst des Kindesalters«, um verschiedene Konflikte im Sinne der OPD-KJ, die möglicherweise schon länger bestehen und das Leben des Kindes oder Jugendlichen in verschiedenen Lebensbereichen wie Schule, Elternhaus oder Freundschaften einschränken und deren Bearbeitung zu einer Auflösung der krankheitswertigen Symptomatik führen sollte. Zunächst ist jedoch zu prüfen, ob eine organisch bedingte Schlafstörung dahintersteckt oder der Patient, die Patientin strukturelle Defizite aufweist, wie eine geringe Selbst-Objekttrennung oder mangelnde Objektkonstanz, die das Alleinschlafen beeinträchtigen können.

Oftmals kann es auch eine angemessene Reaktion auf veränderte Lebensumstände sein, eine Anpassungsreaktion, die verstanden und unterstützt werden sollte. Trennungsängste bei Kindern und Jugendlichen können also ganz unterschiedliche Ursachen haben, und nicht immer muss ein entwicklungsbehindernder Konflikt dahinterstehen. Besonders deutlich wurde das zu Beginn der Psychotherapie bei der vierjährigen Lina, die auf die Trennung der Eltern massiv reagierte.

Die Trennung habe vor einem Jahr stattgefunden, seit dieser Zeit könne sie nachts oft nicht schlafen, komme dann ins Bett der Mutter, bei der sie lebt, und sei extrem schreckhaft, berichtet die Mutter. Es gebe Tage, an denen sie nicht in den Kindergarten wolle und ungern aufstehe. Besonders nach Besuchen des Vaters, die sehr regelmäßig stattfinden, sei sie sehr niedergedrückt und habe öfter am Fenster gestanden und gerufen: »Verlass mich nicht!« Sie mache häufig wieder nachts ins Bett und habe eine Sprachstörung entwickelt.

Schon im Erstgespräch kommt Linas Fähigkeit zum Arbeitsbündnis deutlich zutage: Das zierliche Mädchen mit blond gelocktem Haar und wachen blauen Augen schaut die Therapeutin interessiert und offen an und ist sofort sehr vertrauensvoll und kontaktfreudig. Lina singt textsicher ein Lied, das von Schafen und Hirten handelt, und die Therapeutin hört gerührt dem singenden Mädchen zu, das immer wieder singt: »Das Feuer knistert leise, die Schafe liegen still«, das habe sie im Kindergarten gelernt.

Im Verlauf des Erstgesprächs, in dem auch aggressive Themen spielerisch auftreten, macht sich bei der Therapeutin in der Gegenübertragung die Sorge breit, dass die Patientin gefährdet sei und dass man sehr gut auf sie aufpassen müsse. Es wird deutlich, dass die Mutter eher unsicher und distanziert ist und der Therapeutin das Feld überlässt. Als die Therapeutin fragt, ob Lina wiederkommen möchte, nickt sie lächelnd: »Ja.« Beim Abschied flüstert sie der Therapeutin ins Ohr: »Das Feuer knistert leise, die Schafe liegen still.« Das bleibt der Therapeutin lange im Gedächtnis und sie deutet es als eine Bereitschaft zur Therapie und Vertrauen in sie als Therapeutin, zum Teil aber auch als großen Wunsch nach einer heilen und wiedervereinigten Familie.

Hier haben wir ganz deutlich eine Anpassungsreaktion des Mädchens mit einer durchaus angemessenen Trauerreaktion, und um diese Trauer, die Auseinandersetzung mit dem Verlust des Vaters und die Suche nach Möglichkeiten, wie diese wichtige Beziehung für das Mädchen erhalten bleiben kann, wird es in der Therapie gehen, die ich in Seiffge-Krenke (2013) geschildert habe.

Im Folgenden geht es um Patientinnen mit der gleichen Diagnose, F93.0 »Emotionale Störung mit Trennungsangst des Kindesalters«, bei denen eine organische Schlafstörung ausgeschlossen wurde und die jeweils in ihrer Entwicklung durch ein anderes Thema, einen anderen Konflikt beeinträchtigt wurden. Die ersten beiden Fälle stammen aus meiner Supervision ambulanter tiefenpsychologisch fundierten Psychotherapien, der letzte Fall aus meiner Supervision in einer kinder- und jugendpsychiatrischen ambulanten Gemeinschaftspraxis.

F93.0 »Emotionale Störung mit Trennungsangst des Kindesalters« vor dem Hintergrund eines Versorgungskonflikts

Beim ersten Beispiel (vgl. Seiffge-Krenke, 2017) handelt es sich um eine Familie, in der die Mutter derart stark durch ihren Beruf absorbiert ist und keine Augen mehr für die Tochter hat, dass die Tochter, etwa durch Symptome wie Schlafstörungen und Trennungsangst, die Mutter regelrecht zu mehr Nähe zwingt. Nicht immer führt dies zum gewünschten Erfolg.

Anlass der Vorstellung

Die neunjährige Maud wird von ihrem Vater vorgestellt. Sie hat gerade einen einwöchigen stationären Klinikaufenthalt in der Kinderklinik hinter sich, da sie abends Stimmen gehört habe, die ihr gesagt hätten, sie dürfe nicht einschlafen, sonst passiere »Schlimmes«. Eine Psychose konnte ausgeschlossen werden. Der Klinikaufenthalt sei der vorläufige Höhepunkt einer seit knapp zwei Jahren andauernden, sich steigernden Problematik der Einschlafsituation gewesen. Zu Beginn habe es sich nur um einzelne Tage gehandelt, an denen Maud nicht habe einschlafen können; seit ca. drei Monaten habe bei ihr täglich bereits am frühen Abend die Angst vorm Einschlafen eingesetzt. Die Angst ist so groß, dass Maud in der Schule auch schon mit nass geschwitzten Haaren gesessen habe, sodass die Lehrer den Vater kontaktierten und fragten, was denn los sei, denn ansonsten sei Maud eine gute Schülerin.

Zurzeit schlafe die ganze Familie im elterlichen Schlafzimmer, wodurch sich die Situation bezüglich der Einschlafproblematik etwas gebessert habe. Der Vater könne dies alles nicht verstehen und mache sich große Sorgen, schließlich sei Maud doch sonst ein sehr selbstbewusstes und sportliches Mädchen, was die Eltern auch sehr an ihr schätzen würden.

Maud sei erwünscht gewesen, wurde vier Monate gestillt, dann habe die Mutter von einem Tag auf den anderen wieder angefangen, voll berufstätig zu sein, und sei viel weg gewesen, oft tagelang, das habe mit den Jahren immer mehr zugenommen. Seit Maud Baby war, kümmert sich der nicht berufstätige Vater um sie und ihre jüngere Schwester (sechs Jahre). Im Gegensatz zur Schwester, die eher stereotype mädchenhafte Eigenschaften und Verhaltensweisen an den Tag lege, gelte Maud als sehr couragiert, tough und »erwachsen«.

Die Familie sei durch den Beruf der Mutter bedingt sehr häufig umgezogen. Bereits im ersten Lebensjahr von Maud zog die Familie zweimal um, ging dann ins Ausland und kehrte, nachdem Maud dort verschiedene Kindergärten und schließlich eine internationale Schule besucht hatte, nach Deutschland zurück. Im Alter von acht Jahren seien bei Maud im Ausland erstmals Einschlafstörungen aufgetreten, die sich in der Folge verstärkt hätten. Anschließend wurde die Mutter wiederum nach Deutschland versetzt, was für Maud einen Schulwechsel bedeutete, der ihr recht schwergefallen sei. Es scheint so zu sein, dass demnächst wieder ein Umzug ins Ausland ansteht.

Erstgespräche

Zum Erstgespräch erscheint ein reif wirkendes, sprachlich gewandtes und sachlich und strukturiert auftretendes Mädchen. Die Kleidung zeigt deutliche Analogien zu der des Vaters, sportlich und funktional. Ihre Fingernägel sind stark abgekaut. Sie äußert sich in sachlicher Weise über ihre Probleme beim Einschlafen und möchte gern, dass die Ängste diesbezüglich verschwinden. Sie schildert sich als selbstbewusst und sportlich, mit sehr guten Schulleitungen, diese Schwäche passe einfach nicht zu ihr. Maud wirkt angepasst und pflichtbewusst. Lediglich beim Malen/Zeichnen und beim Angebot von mütterlichen Spielen (»kochen«) zeigt sie sich offen, affektiv berührt und teilweise kindlich-naiv. So berichtet sie während des Malens, dass sie die vielen Umzüge in den letzten Jahren als »so richtig blöd« empfand und sich sehr wünsche, jetzt für längere Zeit an einem Ort zu bleiben. Auch sei sie oft traurig, wenn die Mutter für mehrere Tage berufsbedingt abwesend sei, was sehr häufig vorkomme.

Nach Elterngesprächen mit dem Vater erscheint nach vielem Termin-Hin- und-Her die Mutter, die emotional äußerst distanziert und, was die Schwierigkeiten ihrer Tochter angeht, unangemessen sachlich und kühl wirkt. Sie scheint kein Verständnis für die emotionale Bedürftigkeit ihrer Tochter zu haben, betont deren gute Schulleistungen, sportliche Fitness (sie spielt Fußball) und viele Interessen und fühlt sich sichtlich genervt. Sobald sie zu Hause erscheine, fordere die Tochter ein, dass sie sich zum Schlafen mit ihr hinlege. Der Vater wiederum, der verständnisvoller wirkt und versucht, so gut es geht, den Kindern die Mutter »mitzuersetzen«, fühlt sich inzwischen überfordert (er schläft bei Maud und versucht, sie zu beruhigen, wenn die Mutter nicht da ist) und weiß nicht mehr weiter. Seine Kritik an seiner Frau ist wenig versteckt.

Psychodynamik und passiver Modus des Versorgtwerdens

Durch das mütterliche unempathische Verhalten und die regelmäßige mehrtägige Abwesenheit konnten zwischen Mutter und Tochter wesentliche Spiegelungsprozesse und emotionaler Austausch nicht stattfinden. Der Vater, der ersatzweise die Funktion des guten Objekts erfüllen sollte, war hierzu ebenfalls nicht hinreichend in der Lage. Er war zu sehr mit sich selbst (zahllose Sportaktivitäten) bzw. den alltäglichen Anforderungen des Familienlebens beschäftigt und in einer latent aggressiven Vorwurfshaltung mit seiner Frau verstrickt. Eine phasengerechte Triangulierung konnte nicht stattfinden, bedingt durch die reale und emotionale Abwesenheit der Mutter. Die Patientin ist pseudoautonom tagsüber, zeigt aber nachts deutlich ihre Angst vor Objektverlust und sichert sich durch das Symptom die Präsenz der Mutter bzw. beider Eltern. Der passive Modus des Konflikts *Selbstversorgen versus Versorgtwerden* ist deutlich. Die Situation des emotionalen Mangels ist durch mangelnde Stabilität der Umwelt (häufige Wohnsitzwechsel) und damit einhergehende Wechsel in Kindergarten, Schule und Freundinnenkreis verstärkt worden. Das Symptom dient also dazu, sich ein Stück »Bemutterung« zumindest nachts zu sichern. Die von der Patientin erlebten traurigen und wütenden Affekte wurden von den relativ affektisolierten

Eltern nicht anerkannt und somit nicht angemessen contained, die Patientin bleibt mit ihrer Angst und Wut allein.

Das Aufrechterhalten der Abwehr in Form eines kontraphobischen, strebsamen und überaus aktiven, nach außen gerichteten Verhaltens sowie der Identifizierung mit dem Vater als ihrem Bindungsobjekt hat ihr dabei geholfen, nicht von negativen Affekten überschwemmt zu werden. Weibliche Anteile, Passivität, Schutzbedürfnis durften von der Patientin nicht gelebt werden und sind vermutlich auch bei der Mutter stark verleugnet. Die Patientin drückt in ihrem Symptom stellvertretend für die Familie die Angst vor Verlust und Einsamkeit aus.

F93.0 »Emotionale Störung mit Trennungsangst des Kindesalters« vor dem Hintergrund eines Unterwerfungs-Kontrollkonflikts

Ein anderes Konfliktthema in seiner entwicklungshindernden Funktion zeigt sich bei der folgenden Patientin, die ebenfalls eine Schlafstörung entwickelt hat und sich von beiden Eltern, besonders aber von der Mutter, nicht trennen kann.

Anlass der Vorstellung

Die neunjährige Elena wird von ihrer Mutter vorgestellt. Ihre Tochter sei emotional sehr belastet, schlafe nicht mehr allein, habe Albträume und starke Trennungsangst. Seit einem Jahr habe sie immer wieder große Angst, dass ihren Eltern etwas zustoßen könnte. Die Eltern haben daher ihre sozialen Aktivitäten reduziert. »Elena muss immer dabei sein oder ich muss sie informieren, wo ich gerade bin und wann ich komme«, so die Mutter. Das habe sich in den letzten Monaten verstärkt, und die Eltern können sich das nicht erklären. Seit ungefähr sechs Monaten schlafe sie nicht mehr in ihrem eigenen Bett und könne nur einschlafen, wenn die Mutter oder der Vater sich mit ihr hinlegen und bei ihr bleiben würden. Elena schläft momentan im Ehebett. »Wenn sie nicht ihren Willen bekommt, dann schreit Elena alles zusammen, bis sie vor Erschöpfung einschläft.« Unter den Ängsten, die die Tochter entwickelt hat, leidet die ganze Familie: »Da teilweise Elena nur mit mir einschläft, haben mein Mann und ich überhaupt keine Privatsphäre mehr und daran leidet unsere Beziehung. Wir streiten oft.« Vor einigen Wochen verbrachten Elena und ihr Vater ein »Vater-Tochter-Wochenende« in Paris. Sie teilten sich das »große Ehebett« und Elena konnte ohne Schwierigkeiten einschlafen; sie »genoss die Zeit mit ihrem Vater«, führt die Mutter weiter aus. Außerdem führe die Angst um ihre Eltern dazu, dass sie die meiste Zeit mit ihnen verbringen will. »Ich habe manchmal das Gefühl, dass Elena mich besitzen will«, beschreibt die Mutter weiter.

Zum biografischen Hintergrund

Elena ist ein Wunschkind gewesen, wurde 14 Monate gestillt und kam mit 15 Monaten in die Krabbelgruppe, wo es ihr sehr schwerfiel, sich von der Mutter zu trennen. Der Übergang in den Kindergarten verlief jedoch problemlos. Momentan besucht sie die vierte Grundschulklasse. Die Lehrkräfte beschreiben Elena als ein kluges und »aufgewecktes« Kind, immer sehr fleißig und ordentlich; sie habe guten Kontakt zu den Lehrern und ihren Mitschülern. In Konflikten wehre sie sich aber nie und werde auch nicht wütend. »An Übernachtungen von Freunden ist nicht zu denken, Elena ist es peinlich, dass sie bei uns im Bett schläft«, so die Mutter. Die Eltern leben gemeinsam mit Elena in einem Haus. Die Patientin ist Einzelkind. Die Mutter arbeitet halbtags im Büro, seit Elena 15 Monate war, der Vater arbeitet Vollzeit als Apotheker. Aufgrund der Arbeitssituation der Eltern konzentriert sich das Familienleben auf das Wochenende. »Da unternehmen wir zu dritt sehr viel und bemühen uns, dass Elena zufrieden ist«, so die Mutter. Weiter beschreibt sie, dass ihre Tochter wissbegierig und teilweise sehr altklug sei, »sie ist wie eine Große«. Elena wolle immer alles wissen und auch dabei sein, »wenn Freunde zu uns kommen.«

Erstgespräche

Wenig später kommt Elena, ein schmales, blondes, blasses und hübsches Mädchen mit großen blauen Augen und einem sehr ernsten Gesichtsausdruck. Sie kann sich kaum von der Mutter lösen, sitzt während des Gesprächs auf ihrem Schoß und umklammert sie fest. Die Mutter, selbst eine zierliche Frau, versucht sich immer wieder aus der »Umklammerung« zu lösen, was ihr kaum gelingt. Der Mutter ist dies deutlich unangenehm und sie wirkt genervt. Im Laufe des Gesprächs lockert Elena den Griff bei der Mutter und korrigiert sie leise, aber sehr bestimmend beim Reden.

Als die Mutter den Raum verlässt, exploriert Elena neugierig den Raum und beginnt im Puppenhaus zu spielen. »Schau mal, so sieht mein Zimmer aus, aber in meinem Zimmer bin ich nie. Ich schlafe immer bei meinen Eltern im Zimmer auf einer Matratze. Da muss sich Mama immer mit mir hinlegen, sonst schlafe ich nicht ein. Jetzt schlafe ich auch in ihrem Bett, das ist bequemer.« Elena ist sprachlich sehr weit und man hat den Eindruck, sich mit einem deutlich älteren Mädchen zu unterhalten, einer »kleinen Dame«, was auch in ihrer adretten Kleidung (Kettchen, passende Ohrringe, Twinset) zum Ausdruck kommt. Als sie jedoch anfängt zu weinen und an ihrem Daumen und ihrem Kuscheltier zu lutschen beginnt, wird die Spannung zwischen »erwachsenem« und »regredierendem« Verhalten offenkundig, und auch in den kommenden probatorischen Sitzungen wird ihr Leidensdruck in diesem Spannungsverhältnis spürbar.

Zur Psychodynamik unter Einbezug des Konflikts Unterwerfung versus Kontrolle

Als einziges Kind ihrer Eltern scheint Elena von Geburt an die Rolle der »Prinzessin« bekommen zu haben. Alles scheint »perfekt«. Elena wird als die »Große« gesehen, die kognitiv weit entwickelt ist für ihr Alter. Diese Beschreibungen hinterlassen den Eindruck eines gut funktionierenden und liebenswürdigen Kindes, auf das die Eltern stolz sind und für das sie alles tun. Die Eltern scheinen sich mit Elena auf einer Ebene zu befinden. Elena befindet sich scheinbar in einer glücklichen Fantasiewelt, in der Symbiosewünsche versus Autonomie, Rivalität, Aggressivität und letztlich der Ödipuskomplex ausgeblendet sind. Da der Vater diese Situation mit unterstützte, brauchte und konnte Elena nicht in die ödipale Konstellation wechseln. So konnte sie nicht zu dem notwendigen Reifungsschritt über die Rivalität mit der Mutter hin zur Identifizierung mit ihr und zum Aufgeben des Vaters als Liebesobjekt gelangen. Dies hätte auch einen Abschied von der symbiotischen Haltung mit sich gebracht. Elena konnte mit beiden Eltern verschmolzen bleiben. Das zusätzliche Einfordern eines Hemdes der Mutter zum Einschlafen verweist auf die doppelte Funktion: die regressiven Anteile (Übergangsobjekt) der Patientin, aber auch die ödipale Konstellation (Rivalisieren mit der Mutter um den Vater).

Das anklammernde Verhalten von Elena nehme ich als Kontrollverhalten wahr: alles im Griff zu haben und sich das Objekt zu sichern. Der aktive Modus des Konflikts Unterwerfung versus Kontrolle zeigt sich auf vielen Ebenen, nicht nur im Einfordern der Begleitung beim Schlafen, auch in der selbstverständlichen Art und Weise, in der die Tochter sich in die Belange der Eltern mischt (Ausgehen, Freunde, Reisen) und diese mitbestimmt, während die Eltern zu diensteifrigen Helfern degradiert sind. In den Erstgesprächen sind Aggressionen zu spüren, die verleugnet und projiziert werden (Angst, dass den Eltern etwas zustößt). Die Angst, das Nicht-allein-schlafen-Können und das Schreien dienen Elena als primärer Krankheitsgewinn (Wiederherstellung der Nähe zur Mutter). Mithilfe regressiven Verhaltens fordert sie von der Mutter, aber auch vom Vater dauerhaft viel Aufmerksamkeit.

Die Mutter reagiert nun zunehmend ärgerlich und ablehnend (»sie muss doch selbstständiger in diesem Alter sein, und ich will nicht mehr vereinnahmt werden«), scheint aber nicht in der Lage zu sein, Elenas Bedürfnis nach einer sicheren, versorgenden Bindung als Voraussetzung für die Ablösebestrebungen wahrzunehmen und zugleich die ausufernden Kontrollbedürfnisse ihrer Tochter angemessen zu begrenzen und die Generationsgrenze aufzuzeigen. »Die kleine Chefin«, wie sich Elena selbst nennt, beeinträchtigt somit auch die Paarbeziehung der Eltern. Elena hat bis jetzt nicht gelernt, den Eltern eine von ihr unabhängige Beziehung zuzugestehen, und beide Eltern haben dies zugelassen. Es ist daher zu vermuten, dass es sich bei den Eltern um einen Paarkonflikt handelt, da sie das Verhalten von Elena jahrelang tolerierten. Durch das ambivalente Kleinkindhafte und Kokettierende schlüpft Elena in die Rolle einer »machtvollen Drahtzieherin«, die alles kontrollieren kann und auch darf. In der Tat zeigte sich nach Beginn der Behandlung, dass ein massiver Paarkonflikt im Hintergrund stand; die Eltern trennten sich unmittelbar nach Beginn der Therapie, der Vater zog aus und zu seiner Freundin.

F93.0 »Emotionale Störung mit Trennungsangst des Kindesalters« vor dem Hintergrund eines ödipalen Konflikts

Dass Kinder und Jugendliche narzisstisch missbraucht werden, wenn die Partnerschaft nicht funktioniert, und dass dies oftmals zu einem besonderen Schlafarrangement führt, wurde in den vorangegangenen Beispielen deutlich. Dabei hat sich allerdings auch schon angedeutet, dass neben dem vordergründigen Konfliktthema Unterwerfung versus Kontrolle durchaus auch noch ein anderes Konfliktthema stehen kann, das möglicherweise in der laufenden Behandlung dann deutlicher wird (etwa bei Elena). Dass dies ein ödipales Thema sein kann, wird nun in der abschließenden Fallvignette deutlich.

Anlass der Vorstellung

Die 13-jährige Lara wird zum ersten Mal im November 2017 vorgestellt. Die Eltern berichten sichtlich genervt, ihre Tochter sei jeden Abend tyrannisch, die Mutter müsse neben ihr liegen, bis sie einschläft, sonst schreie und tobe sie. Neben aggressiven Impulsdurchbrüchen berichten die Eltern von Angst vorm Erbrechen, inzwischen sei Lara auch länger nicht zur Schule gegangen. Der Vater wird von der Therapeutin als sehr unsympathisch erlebt, er gibt ihr sofort Anweisungen, wie sie sich verhalten solle, was sie machen, wo sie tätig werden solle – vielleicht ist ihm das alles peinlich und unangenehm, denkt die Therapeutin. Die Mutter ist dagegen ein Püppchen, das mit leiser Stimme spricht. Lara lebt mit ihrem 16-jährigen Bruder und ihren Eltern in einem großen Haus, das der Familie gehört. Der Vater sei viel beschäftigt als Rheumatologe in eigener Praxis und fast nie zu Hause, da er auch am Wochenende Dienste übernimmt. Die Mutter scheint aus einem wenig einfühlsamen Elternhaus zu stammen: Als sie bei der ersten Schwangerschaft ihre Eltern anrief, sie glaube, es gehe jetzt los, war die Antwort: »Leg dich hin und schlaf 'ne Runde, bestimmt ist es noch nicht so weit.«

Die Familie zog, als Lara etwa fünf Jahre alt war, von Duisburg nach Mainz. Die Mutter scheint sehr einsam, sie hat sich wohl durch das Einschlafritual bei der Tochter Wärme und Zuneigung geholt, die sie bei ihrem Mann vermisst hat, und dann irgendwann den Punkt verpasst, um die Grenze zu ziehen. Lara wurde dann auch in der Schule immer auffälliger, brüllte herum, zerstörte Sachen, zu Hause trat sie eine Tür ein. Lara sollte dann in die stationäre Kinder- und Jugendpsychiatrie gebracht werden, aber die Eltern schafften es nicht, weil Lara sich im Auto verbarrikadierte und alles von innen abschloss. Das Ordnungsamt wurde gerufen, Lara öffnete bereitwillig die Autotür und konnte dann in die Psychiatrie gebracht werden. Dort verbrachte sie sechs Wochen stationär. Diagnostisch wurden Zwangsgedanken bzw. eine Zwangsstörung festgestellt. Die Eltern konnten endlich wieder miteinander schlafen, berichten sie.

Bei einem Besuch zu Hause zerschnitt Lara die Kondome des Vaters und verteilte sie im Haus. Die Klinik verordnete Medikamente, danach war es besser mit den Aggressionsdurchbrüchen, auch die Zwangssymptomatik und die Schulproblematik besserten sich leicht, aber die Einschlafsituation sei immer noch eine Katastrophe. Die Psychiaterin bespricht mit den Eltern, wie man mit der Situation umgehen könne.

Etwa zwei Monate später erscheinen die Eltern und berichten begeistert, alle Symptome seien verschwunden, Lara gehe wieder zur Schule, gehe allein ins Bett. Was war geschehen? Lara hat einen Vertrag aufgesetzt, dass die Eltern sexuell abstinent leben – sie diktierte den Vertrag, und beide Eltern mussten unterschreiben. Die Mutter hat Lara versichert, da finde schon lange nichts mehr statt, seit Lara vier war, es sei ihr zu viel. Lara könne also ganz beruhigt sein, sie würden den Vertrag einhalten.

Seit dem Vertrag sei die Tochter nun völlig normal. Sie frage mehrmals täglich: »Haltet ihr den Vertrag auch ein?« Im Gespräch mit der Psychiaterin berichtet Lara, Sex zwischen den Eltern sei eklig. Im erneuten Gespräch im Sommer 2019 erleben beide Psychiaterinnen die Mutter als passiv-aggressiv (»sie macht uns mit ihrer leisen Stimme und der devoten Haltung aggressiv«), und wir diskutieren, ob die Tochter die Aggression der Mutter auslebt. Ob die Bemerkung »Wir haben keinen Sex mehr« nicht unangemessen sei gegenüber der Tochter, fragen die Psychiaterinnen die Eltern und wie diese mit dem Vertrag umgehen. Im gemeinsamen Gespräch geben die Eltern an, dass sie den Vertrag regelmäßig brechen (»wir halten uns nicht daran!«), der Sex sei zu beider Zufriedenheit.

Zur Psychodynamik unter Einbezug des ödipalen Konflikts

Während der ödipalen Phase der Patientin fand der familiäre Umzug statt, möglicherweise ist schon zu diesem Zeitpunkt das ödipale Thema nicht gelöst worden, der ödipale Verzicht nicht gelernt worden. Die Adoleszenz bietet nach Blos (2001) die zweite Chance, das ödipale Thema endgültig zu bearbeiten. Mit Beginn der Adoleszenz taucht das ödipale Thema wieder auf in Zusammenhang mit der beginnenden körperlichen Reife, dem Brustwachstum und genitalen Sensationen. Jetzt müsste die Patientin den Ödipuskomplex endgültig lösen. Stattdessen bleibt Lara verstärkt involviert in die Sexualität der Eltern, die ihre Tochter anlügen. Das familiäre Klima ist stark sexualisiert, Eltern und Tochter scheinen nur ein Thema zu haben.

Im Grunde müsste man die blockierte Entwicklung wieder in Gang bringen, die Hinwendung zu den gleichaltrigen Mädchen, zur Schule, zum Sport und zu den Jungen. Als Lara sich einmal mit einem Jungen (über das Internet) verabreden wollte, flippte der Vater aus und verbot es; die Mutter wollte die Verabredung mit dem Bruder als Spion des Vaters zulassen. Lara bleibt als wichtiges Objekt zwischen den Eltern, weil beide Eltern sie nutzen und die Einmischung zulassen. Die Paarebene erscheint unklar, und die Eltern geben im Gespräch mit den Psychiaterinnen nur sehr globale, bagatellisierende Kommentare ab, wollen aber auch nicht mehr, denn das Symptom der Tochter sei ja nun verschwunden und damit sei alles gut. Dass die Tochter einen wichtigen Entwicklungsfortschritt nicht machen kann, dass sie weiterhin als bestimmendes Objekt der elterlichen sexuellen Beziehung erhalten bleibt und dass die Eltern mit ihren Lügen das System aufrechterhalten, scheint sie nicht weiter zu beunruhigen.

Zusammengenommen zeigen die drei Fallbeispiele sehr unterschiedliche Schwerpunkte auf der Konfliktachse (siehe Abbildung 1).

Stimmt diese Aussage für die Patientin? 0 = nein = trifft gar nicht zu | 1 = eher nein = trifft eher nicht zu 2 = teils/teils = trifft teilweise zu | 3 = eher ja = trifft eher zu | 4 = ja = trifft genau zu		nein	eher nein	teils/teils	eher ja	ja
1.	Enge Beziehungen zu Freunden machen ihr Angst.	0	1	2	3	4
2.	Die Beziehung zu seinen/ihren Eltern ist ihr definitiv zu eng.	0	1	2	3	4
3.	In engen Freundschaften/Beziehungen hat sie ständig Angst vor Verlust.	0	1	2	3	4
4.	Sie kann sich schlecht von den Eltern trennen.	0	1	2	3	4
5.	In allen Beziehungen ordnet sie sich auffallend gerne unter.	0	1	2	3	4
6.	Sie kümmert sich nicht um Regeln, egal ob in der Schule, auf Station, zuhause.	0	1	2	3	4
7.	Unter den Freunden hat sie eindeutig das Sagen.	0	1	2	3	4
8.	Sie rebelliert nicht offiziell, macht aber dann doch was sie möchte.	0	1	2	3	4
9.	Sie wird von den Eltern regelrecht überschüttet mit allem, was sie braucht.	0	1	2	3	4
10.	Um die Bedürfnisse der Patientin kümmert sich wirklich niemand in der Familie.	0	1	2	3	4
11.	Sie muss häufig für sich selbst sorgen/auf sich selbst achten.	0	1	2	3	4
12.	Ihr ist wichtig, dass andere sich nur um sie kümmern.	0	1	2	3	4
13.	Sie will ständig bewundert werden.	0	1	2	3	4
14.	Es ist ihr wichtig bessere Leistungen zu erbringen als andere, damit man sieht, dass sie allen überlegen ist.	0	1	2	3	4
15.	Sie glaubt, es nicht verdient zu haben, von Anderen wertgeschätzt zu werden.	0	1	2	3	4
16.	Sie vergleicht sich sehr häufig mit Mitschülern, und das geht meistens negativ aus.	0	1	2	3	4
17.	Sie macht sich Vorwürfe, wenn etwas in der Familie schiefgeht.	0	1	2	3	4
18.	Sie fühlt sich dafür verantwortlich, dass es allen in der Familie gut geht.	0	1	2	3	4
19.	Aus ihrer Sicht, hat sie die schrecklichsten Eltern der Welt.	0	1	2	3	4
20.	Sie beschuldigt ihre Eltern, dass es ihr heute so schlecht geht.	0	1	2	3	4
21.	Sie konkurriert oft um den attraktivsten Jungen.	0	1	2	3	4
22.	Sie beeindruckt andere gerne mit ihrem Körper.	0	1	2	3	4
23.	Im Umgang mit dem anderen Geschlecht ist er/sie äußerst gehemmt.	0	1	2	3	4
24.	Sie ist genervt darüber, dass Sexualität überall in den Medien so viel thematisiert wird.	0	1	2	3	4
25.	Sie kann sich nicht festlegen, wer sie sein möchte, die vielen Möglichkeiten machen zu viel Angst.	0	1	2	3	4
26.	Sie hat ständig neue Idole, denen sie unkritisch nacheifert.	0	1	2	3	4
27.	Sie scheint getrieben, ständig Neues (äußere Erscheinung, Hobbies, Beziehungen) auszuprobieren.	0	1	2	3	4
28.	Sie hat keine Ahnung, wer sie ist und wie sie das herausfinden kann.	0	1	2	3	4

—— Maud   - - - Elena   ········ Lara

Abbildung 1: Einstufung der drei Patientinnen auf der Konfliktachse der OPD-KJ-2

Der ödipale Verzicht: Ein wichtiger Entwicklungsschritt

Es ist kein Zufall, dass bei den drei vorgestellten Fällen von Mädchen mit F93-Diagnose mehr oder weniger deutlich ein Paarkonflikt der Eltern im Hintergrund stand. Trotz verschiedener entwicklungsbehindernder Konflikte schwang auch ein ödipales Thema mit. Der Paarkonflikt wurde nur sehr verhalten bei Maud angedeutet, war aber bei Elena schon in den Erstgesprächen spürbar und führte zur Trennung der Eltern bereits zu Beginn der Therapie, also unmittelbar nach den Erstgesprächen. Die Therapie von Elena zeigte in der Folge, dass Elena von ihren Eltern als Ersatzpartner benutzt wurde, da beide in ihrer Partnerschaft unzufrieden waren. Diese Ersatzpartnerschaft hatte zur Folge, dass Elena im Stadium der narzisstischen Allmacht als »mächtiges Objekt« zwischen den Eltern verharrte. Elenas Hinwendung zu Gleichaltrigen und die damit verbundenen Autonomiebestrebungen und Abgrenzungen zur Mutter waren für diese sehr schwer auszuhalten. Ein Loslösen von der Mutter war für Elena in Teilen nicht umsetzbar, da die Mutter sie immer wieder, durch immer neue Erkrankungen, regressiv an sich band. Diese symbiotische Verschmelzung (»wir sind verlassen worden«) mit ihrer Tochter benötigte die Mutter nach wie vor, die Elena als Selbstobjekt benutzte. Sie verstand das Loslösen ihrer Tochter als Verlust, so wie den Verlust ihres Mannes. Die Mutter erkrankte nämlich immer wieder im Verlauf der Therapie und stellte somit eine regressive Nähe zu ihrer Tochter her. Diese Erkrankungen, in denen die Mutter leidvoll, grau und abgemagert erschien und viel klagte, hinderte die Therapeutin in der begleitenden Elternarbeit immer wieder daran, mittels Klarifikation und Konfrontation diesen Mechanismus zu benennen (Lichtman, 2019). Es wurde in der Arbeit mit der Mutter deutlich, dass sie nicht in der Lage war, eine ausreichende Selbst-Objekt-Differenzierung zu erreichen, und so blieb Elena die Machtvolle in der Familiendynamik. Dem Vater gelang es in der Zwischenzeit allerdings, aus der Dyade mit seiner Tochter auszutreten und in einer neuen Paarbeziehung die Tochter draußen zu lassen.

Besonders massiv wurde das ödipale Thema im Fall von Lara, die sich regelrecht in die sexuellen Beziehungen der Eltern einmischte. Die Tochter bestimmte unangemessen, ob die Eltern Geschlechtsverkehr haben durften oder nicht, und forderte allabendlich die Zusicherung, dass diese sich enthielten. Durch diese Zusicherung war die Symptomatik verschwunden, und die Eltern sahen daraufhin keine Notwendigkeit mehr, in der Elternarbeit bzw. einer Therapie der Tochter das zugrunde liegende Problem zu bearbeiten. Hier wird sehr deutlich, dass der Verlust der Krankheitswertigkeit eines Symptoms noch lange nicht psychische Gesundheit bedeutet. Im Gegenteil, die Tochter blieb unangefochten und unangemessen in ihrer Machtstellung und bestimmte über das Intimleben der Eltern. Dass hier nicht nur ein ödipales Thema angesprochen war, sondern ein ödipaler Konflikt im aktiven Modus im Sinne der OPD-KJ vorlag, wurde an der Vielzahl von Einzelheiten deutlich, die die Eltern und die Tochter schilderten und die eine unangemessene Fixierung auf ödipale Inhalte zeigten (ständige Beschäftigung mit Sexualität, Verhinderung des Kontakts zu Jungen durch den Vater, Suchen und Zerschneiden von Kondomen, Erstellen eines Vertrags, allabendliche Versicherung durch Handschlag). Der nicht gelernte ödipale Verzicht hatte zu einem sehr machtvollen Verhalten von Lara geführt, das das Intimleben beider Eltern stark dominierte. Die Eltern »lösten« das Ganze durch Lügen. Aus unserer Sicht blieb das entwicklungseinschränkende Thema, der ödipale Konflikt im aktiven Modus, unbearbeitet erhalten, die Entwicklungsbehinderung wurde deutlich.

Freud (1905) verweist in den »Drei Abhandlungen zur Sexualtheorie« auf die unvermeidliche ödipale Krise, die er auf das dritte bis fünfte Lebensjahr verlegt, zu einem Zeitpunkt, als die Geschlechtsidentität erworben wird: »Jedem menschlichen Neuankömmling ist die Aufgabe gestellt, den Ödipuskomplex zu bewältigen« (Freud, 1905, S. 127). Für Freud dient der ödipale Konflikt zwei bedeutsamen Aufgaben: zum einen dem Ermöglichen einer Geschlechtsidentität und zum anderen der Einhaltung der Generationsgrenzen. Jungen wie Mädchen erleben die Unrealisierbarkeit ihrer ödipalen Wünsche.

Die in dieser Konzeption enthaltene Aufforderung zur Überwindung und Lösung des ödipalen Konflikts, der ödipale Verzicht, ist auch heute noch von großer Bedeutung. Aus heutiger Sicht sind triadische Beziehungen schon früh nachweisbar, das Baby bzw. seine Eltern zeichnen sich idealerweise durch triadische Kompetenz bereits ab dem vierten Lebensmonat des Babys aus, dennoch muss das Kind lernen, dass es aus der Beziehung der Eltern ausgeschlossen ist (Seiffge-Krenke, 2017). Im klinischen Kontext haben wir viele alleinerziehende Eltern oder solche, bei denen die Paarbeziehung brüchig und konfliktbeladen ist, sodass Kinder oftmals eine unangemessen starke Funktion als Partnerersatz oder als Bollwerk gegen den Partner bzw. als Selbstobjekt eines Elternteils bekommen. Das Vorhandensein einer inneren triadisch strukturierten Objektwelt und damit flexibler triadischer Innenräume ist nicht gegeben. Die Konstellationen, auf die wir im klinischen Alltag treffen, sind daher in der Regel solche, wo eine reife Triangulierung nicht geglückt ist und lediglich dyadische Beziehungen vorliegen. Aber auch dann, wenn die Eltern eine gute Paarbeziehung haben, wie im Fall von Lara, sollte der ödipale Konflikt so gelöst werden, dass das Mädchen die Beziehung zu beiden Eltern aufrechterhalten kann und die Partnerbeziehung der Eltern akzeptiert (Seiffge-Krenke, 2017).

Fabian Escher

Wie eine Symptomverschiebung helfen kann, einen OPD-Konflikt besser zu lösen

Vorbemerkungen

In diesem Beitrag wird am Beispiel einer Behandlung geschildert, wie die OPD-KJ-2 eine Hilfe dabei sein kann, bei schwieriger Elternarbeit und Symptomverschiebung den intrapsychischen Konflikt und damit verbunden auch den Behandlungsfokus nicht aus dem Blick zu verlieren.

Die Behandlung war eine ambulante tiefenpsychologisch fundierte Langzeittherapie eines achtjährigen Patienten (Altersstufe 2 nach OPD-KJ-2) in einer Kassenpraxis mit einer Stunde pro Woche. Im Zentrum der Behandlung stand der Konflikt *Selbstversorgen versus Versorgtwerden* im aktiven Modus. Die Diagnose nach ICD-10 war »Aktivitäts- und Aufmerksamkeitsstörung« (F90.0).

Ich werde erläutern, wie die Diagnostik mithilfe der OPD-KJ-2 eine wichtige Unterstützung im Umgang mit einer Symptomverschiebung darstellen kann. Außerdem möchte ich dazu einladen, die Symptomverschiebung als einen weiteren Versuch der Lösung des intrapsychischen Konflikts zu begreifen. Zusätzlich ist die Konfliktdiagnostik mit der OPD-KJ-2 eine wichtige Unterstützung in der Elternarbeit, wenn Widerstände und die transgenerationale Weitergabe intrapsychischer Konflikte den Behandlungsprozess behindern. Das Thema transgenerationale Weitergabe intrapsychischer Konflikte wurde von der Arbeitsgruppe Konflikt bereits im Rahmen eines Fallbuchs erörtert (Seiffge-Krenke et al., 2014).

Max, acht Jahre, Erstgespräch und probatorische Sitzungen

Der achtjährige Max wird auf Drängen der Schule vorgestellt. Er sei in der Schule mehrfach im Rahmen der Nachmittagsbetreuung auffällig geworden, habe um sich geschlagen, mit Gegenständen geworfen und laut geschrien. Die Eltern geben anfangs an, dass Max zu Hause nicht oder nur sehr selten auffällig sei. Es wird dabei die Sorge der Eltern deutlich, Max habe in der Schule die Rolle des

Schwarzen Schafs und müsse bei Ärger als Sündenbock hinhalten. Ich habe den Eindruck, seine Versuche, die Aufmerksamkeit der Erwachsenen zu erlangen, werden häufig als Ärgernis betrachtet, und es wird mit ihm geschimpft, was zu seinem Rückzugsverhalten beiträgt. Die anderen Kinder wollen aufgrund seiner Ausbrüche nicht mit ihm spielen.

Zum Erstgespräch fegt ein aufgeweckter achtjähriger Junge in den Therapieraum. Beide Eltern kommen deutlich langsamer hinter ihm her. Max wirkt im Kontakt aktiv und angespannt, zappelt häufig auf dem Stuhl. Er scheint durch seine Aktivität die Aufmerksamkeit der Eltern erringen zu wollen, was ihm allerdings nicht gelingt. Er kann sich nur schwer zwischen verschiedenen angebotenen Spielen entscheiden und ist mir gegenüber insbesondere zu Beginn schüchtern und verschlossen.

Im Lauf der probatorischen Stunden öffnet er sich zusehends und zeigt Freude über Erfolge und Ärger über Misserfolge im Spiel. Er scheint Aggressionen dabei aus dem Weg zu gehen (z. B. schlägt er keine gegnerischen Figuren beim Mensch-ärgere-Dich-nicht). Er zeigt einen hohen Leidensdruck und reagiert peinlich berührt auf Nachfragen zu seinen aggressiven Ausbrüchen. Die soziale Isolation bagatellisiert er nach dem Vorbild der Eltern (»ich bin gern allein in meinem Zimmer«). Sein Antrieb wirkt leicht erhöht und psychomotorisch nervös. In den ersten Sitzungen sucht er zwischendurch die Toilette auf. Er ist dabei höflich und angepasst. Anamnestische Angaben von Konzentrationsstörungen sind im Gespräch nicht beobachtbar.

Die Eltern arbeiten im Schichtdienst und sind daher nur selten beide zu Hause. Das belastet Max sehr. Die Eltern geben an, Max habe keine Freunde in der Grundschule oder bei den Pfadfindern, zu denen er seit einem Jahr alle zwei Wochen geht. Lediglich eine Freundin aus dem Kindergarten besuche ihn in unregelmäßigen Abständen. Die Eltern können auffällig wenig über ihr Kind berichten und bemühen sich um ein angepasstes Verhalten; Probleme ihres Sohnes bagatellisieren sie. Hinsichtlich Hobbys geben die Eltern an, sie hätten keine Zeit dafür, ihren Sohn »durch die Gegend zu fahren«. Es wird deutlich, dass der nachgeborene Bruder das Lieblingskind der Familie ist und die Eltern es wenig besorgniserregend finden, dass Max so einsam und sozial zurückgezogen überwiegend in seinem Zimmer allein spielt. Auf mein Nachfragen stellt sich heraus, dass Max auch zu Hause vor allem gegenüber dem jüngeren Bruder häufig Wutausbrüche hat. So hat insbesondere die Mutter Schwierigkeiten, die Ausbrüche von Max zu begrenzen. Die Mutter äußert mir gegenüber, dass es ihr lieber wäre, Max wäre »so wie sein Bruder« und würde nicht so viele Probleme machen. Als Ziel der Therapie geben die Eltern an, Max solle seine Wutausbrüche besser unter Kontrolle bekommen.

Psychodynamische Überlegungen und Diagnostik nach OPD-KJ-2

Max wird in eine Familie mit zwei Eltern hineingeboren, die sich im Schichtdienst nur sehr selten sehen. Dabei sind in der Familienatmosphäre Aggressionen präsent, ohne beziehungsgestaltend zu sein. Die frühe Beziehung von Max zu seinen Eltern ist geprägt durch meist äußerlich (Schichtdienst) wie innerlich abwesende Eltern. Die geringe Aufmerksamkeit, unter der der Patient leidet, wird durch die Entthronung mit der Geburt des Bruders auf der Höhe der ödipalen Phase verstärkt. Die Mutter wendet sich dem jüngeren Bruder zu und bevorzugt diesen. Es entstehen Neid und Aggression sowie damit verbundene Schuldgefühle. Es entwickelt sich ein Konflikt Selbstversorgen versus Versorgtwerden im aktiven Modus, das heißt, der Patient versorgt sich überwiegend selbst. Es gibt Indikatoren für einen Selbstwertkonflikt, beispielsweise die Geschwisterrivalität, die geringe Frustrationstoleranz und die Vermeidung von Konfliktsituationen in seinem Spielverhalten. Der Konflikt Selbstversorgen versus Versorgtwerden ist jedoch meiner Einschätzung nach der wichtigste, da alle Anstrengungen, die Max unternimmt, im Zeichen der Versorgung stehen. Er hat in der Konkurrenzsituation der Schule keine Probleme, da er genug Aufmerksamkeit (Versorgung) bekommt. Erst in der Nachmittagsbetreuung geht er mit seinen Bedürfnissen nach Versorgung unter. Es ist die Konfliktspannung der Versorgung, durch die sein Selbstwert zusammenbricht, und keine Kränkung, wie es im Selbstwertkonflikt der Fall wäre.

Max versucht in der Eingangsszene, die Aufmerksamkeit seiner Eltern zu erlangen. Da ihm das nicht gelingt, zieht er sich zurück und versorgt sich selbst. Er holt sich selbst Spielzeug und spielt allein für sich. Er versorgt sich also selbst, im Sinne einer Befriedigung seiner Bedürfnisse durch eigene Aktivität. So zeigt sich sein Versuch, die Konfliktspannung im aktiven Modus zu lösen, er versorgt sich in seiner Unterversorgung selbst. Das wird nicht nur in der Szene deutlich, sondern auch biografisch. So hat Max seit Geburt seines Bruders um die Aufmerksamkeit und Versorgung seiner Eltern gebuhlt. Als er sie nicht bekommen konnte, zog er sich zunehmend zurück. In der Schule zeigt sich seine Symptomatik nur in Situationen, in denen er keine Aufmerksamkeit bekommt, weshalb er lediglich in der Nachmittagsbetreuung auffällig wird und nicht in der Klassensituation. Der aktive Modus und die Konfliktspannung werden für mich spürbar, weshalb meine Gegenübertragung durch Mitleid geprägt ist.

Strukturell ist zu beachten, dass der Patient durch das geringe Maß an Spiegelung und den dysfunktionalen Umgang mit Aggressionen der unempathischen Eltern keine adäquate Affektwahrnehmung und -regulation lernen konnte.

Seine Affekte überwältigen ihn insbesondere in Situationen mit großen sozialen Anforderungen, in denen er sich überfordert sieht, und in Situationen mit narzisstischer Kränkung, da sein Selbstwert aufgrund der geringen Aufmerksamkeit durch die Eltern ohnehin gering ist. Die Struktur von Max schätze ich insgesamt als mäßig integriert ein. Dabei scheint er auf den Achsen Steuerung und Interpersonalität etwas geringer integriert zu sein als auf den Achsen Bindung und Identität. Insbesondere die Fähigkeit, allein zu sein, und die Nutzung von Bindungsbeziehungen scheinen ihm gut zu gelingen. So scheint er ein gutes Verhältnis zu den Lehrern zu haben und kann sich auch auf mich als Therapeuten gut einlassen.

Mit zunehmendem Alter zeigt sich jedoch die unsichere Bindung und die mangelnde Affektregulation in Phasen, in denen der Patient nicht durch äußere Strukturen stabilisiert wird (z. B. Nachmittagsbetreuung in der Grundschule). Die Sprechängstlichkeit des Vaters sowie die ängstlich-unsichere Haltung der überforderten Mutter stellen Indizien für die transgenerationale Weitergabe von sozialer Ängstlichkeit dar.

Therapiebegründende Diagnose ist eine Aktivitäts- und Aufmerksamkeitsstörung (F90.0) sowie Tendenz zu sozialer Ängstlichkeit (F93.2) bei einem Konflikt Selbstversorgen versus Versorgtwerden vorwiegend im aktiven Modus mit mäßiger Struktur.

Behandlungsplan auf Basis der OPD-KJ-2 – Diagnose und Behandlungsfokus

Der Fokus der Behandlung soll auf der Bearbeitung des frühen Konflikts Selbstversorgen versus Versorgtwerden im aktiven Modus liegen. Im Schutzraum einer konstanten therapeutischen Beziehung soll Max die Möglichkeit erhalten, sich selbst in seinen libidinösen und aggressiven Bedürfnissen zu sehen, diese nach innen und außen kommunizieren zu lernen und in seinem Selbst(wert) gestärkt zu werden. Die Anteile eines sekundären Selbstwertkonflikts wurden bereits weiter oben thematisiert.

Die Wahrnehmung und Kommunikation seiner Bedürfnisse sowie die Stärkung seines Selbstwerts sollen schrittweise in einer reizarmen Umgebung erfolgen, da Max insbesondere in sozialen Situationen schnell überstimuliert und überfordert ist. Die Auseinandersetzung mit den Eltern-Imagines soll dazu führen, dass er seine verdrängten Affekte und abgespaltenen Bedürfnisse entdeckt, verarbeitet und integriert. Dadurch soll es zu einer Stärkung des Ichs mit besser integrierter Aggression kommen. Auf dieser Basis soll es ihm ermöglicht werden, seine eigenen Affekte und Bedürfnisse wahrzunehmen, dazu gehört auch die Neidproblematik gegenüber dem Bruder und die Sehnsucht nach mehr Beachtung (Versorgtwerden) durch die Eltern, und sie insbesondere innerhalb der Familie klar zu kommunizieren. Sein geringer Selbstwert und seine mangelnden Fähigkeiten zur Emotionsregulierung sollen auch in Bezug auf die Peergroup gefördert werden, um langfristig die schrittweise Integration zu erreichen.

In der unterstützenden Elternarbeit will ich Psychoedukation betreiben und die Eltern für die Bedürfnisse ihres Kindes sensibilisieren. Die ärgerliche und angstauslösende Symptomatik soll so für sie als Hilferuf erkennbar und verstehbar werden. Sie sollen zur Zuwendung und hingewandter Involviertheit animiert werden und Max' Bedürfnisse sehen und verstehen lernen. Insbesondere der Vater soll verstehen, wie wichtig es ist, dass er mehr Zeit mit Max verbringt.

Behandlungsverlauf

In der *ersten Therapiephase* ist Max sehr zurückhaltend und entscheidet sich auf mein Fragen stets für Regelspiele (Uno, Monopoly). In diesen Spielen versucht er mit allen Mitteln zu gewinnen, indem er die Regeln zu seinen Gunsten verändert. Er geht jedoch jeglicher direkter Konfrontation hinsichtlich seiner Handlungen aus dem Weg und redet sich auf mein Nachfragen heraus. Es gelingt ihm, am Tisch sitzen zu bleiben, und er kann die komplette Behandlungsstunde lang spielen. Das verwundert mich zunächst, da ich davon ausging, dass er aufgrund der Hyperaktivität Schwierigkeiten damit haben würde. Es wird mir jedoch bald klar, dass er meine ungeteilte Aufmerksamkeit sehr genießt. Nach einigen Stunden, in denen wir Regelspiele spielen, zeigt er mir immer mehr von seinen Interessen. Er malt technische Geräte und baut unterschiedliche Strukturen, die von Fahrzeugen über andere Maschinen bis hin zu Straßensystemen reichen.

Der Umgang mit Regelspielen und seine Begeisterung für Technik erscheinen mir als ein Versuch, Grenzen zu erfahren, und gleichzeitig als Ausdruck der Sorge hinsichtlich seiner eigenen inneren aggressiven Impulse. Der elterliche ängstlich-nervöse Umgang mit seiner Aggression und die schulische Ermahnung, dass er so nicht weiter führbar sei, führen nun umso mehr dazu, dass Max seine Aggressionen zu unterdrücken versucht. Dies wiederum trägt dazu bei, dass sich die angestaute Wut in ihm sammelt und er kein Ventil zur Verfügung hat bzw. die Wut in manchen Situationen dann inadäquat aus ihm herausbricht.

Ich biete ihm daher im Rahmen der Therapie Möglichkeiten an, sein Spiel mehr im Einklang mit seinem Bedürfnis nach dem Ausdruck von Aggressionen zu gestalten. Konkret frage ich ihn mehrfach, ob er Tischfußball spielen wolle. Nachdem er das mehrfach verneint hat, nehme ich in einer Stunde (28. Sitzung) wahr, dass er häufig zu dem Tisch, auf dem das Tischfußball-Spiel aufgestellt ist, hinüberschaut. Auf mein erneutes Nachfragen hin stimmt er zu, jetzt Tischfußball spielen zu wollen.

In der *Elternarbeit* sprechen die Eltern immer wieder die Schule an und wirken ängstlich, wie es mit Max' schulischer Laufbahn weitergeht. Sie sehen keine Möglichkeiten, selbst zur Entwicklung beizutragen. Ich versuche in der Folge vermehrt, den Eltern zu vermitteln, was Max von ihnen benötigt und wie sie ihm aus seinem Konflikt heraushelfen können. Hier wird jedoch ein Widerstand der Eltern deutlich, mit Max in Beziehung zu gehen. Sie weichen meinen Fragen aus, indem sie über die viele Arbeit, die Schule oder über den jüngeren Bruder sprechen, und fragen mich, warum Max nicht so wie sein Bruder sein könne.

In der *mittleren Therapiephase* ändert Max sein Spielverhalten. Er sucht sich immer aktivere Spiele aus und kann seinem Drang nach Bewegung und aggressiver Expansion nun eher nachgeben. In diesen Stunden spielen wir Tischfußball, Federball und werfen uns einen Softball zu. Es wird deutlich, dass Max Schwierigkeiten hat, seinen Bewegungsdrang zu regulieren, wenn er ihm einmal nachgibt. Es scheint ihm allerdings leichter zu fallen, wenn ich ihm deutliche Grenzen setze.

Als die aggressiven Impulse in Max' Spielverhalten zunehmen, konfrontiere ich die Eltern damit, dass Max das Bedürfnis nach aggressivem Ausdruck hat. Ich mache ihnen deutlich, dass Aggression ein wichtiger Bestandteil der gesunden Entwicklung insbesondere von Jungen ist (vgl. Hopf, 2014). Ich erkläre ihnen mehrfach, dass es für Max wichtig ist, dass sie beide und vor allem sein Vater ihn darin unterstützen. Die väterliche Unterstützung im Umgang mit Aggressionen ist ein wichtiger Teil väterlicher Versorgung. So geben Väter in aggressiven Spielen Regeln vor und stellen so ein Vorbild für den spielerischen Umgang mit Aggressionen in geregelten Bahnen dar (Seiffge-Krenke, 2016). An dieser Stelle wird allerdings die ängstliche Persönlichkeitsstruktur der Eltern zu einem Stolperstein, und die Eltern können sich nicht vorstellen, Max den Raum für seine aggressiven Triebe zu öffnen.

Die Forschung zeigt, dass offene Kommunikation über die Affekte des Sohnes durch den Vater langfristig positive Auswirkungen auf prosoziales Verhalten hat (Seiffge-Krenke, 2016). In diesem Zusammenhang unterstreicht Seiffge-Krenke die Rolle des Vaters als Lehrer im Umgang mit Aggressionen im Spiel. Ich vermute, dass der Vater von Max dieser Rolle aufgrund seiner eigenen intrapsychischen Konflikte nicht gerecht werden kann. Abwehrend gibt er an, dass er dafür zu wenig zu Hause sei. Die Mutter kann nach einigem Nachfragen meinerseits über ihre Angst vor Max' »Ausbrüchen« sprechen. Insbesondere bei Kindern und Jugendlichen mit externalisierenden Störungen ist jedoch der Einbezug des Vaters in die Elternarbeit von großer Bedeutung. Er kann als Vorbild dienen und bei der Umsetzung der therapeutischen Interventionen im Alltag unterstützen (Seiffge-Krenke, 2016). Ich bemühe mich daher immer wieder um den Vater und mache deutlich, wie wichtig die Eltern für Max in dieser schwierigen Schwellensituation am Übergang zur weiterführenden Schule sind. Gleichzeitig mache ich mir Sorgen hinsichtlich eines Behandlungsabbruchs, der eine Gefahr bei schwieriger Elternarbeit sein kann (Grieser, 2018). Dabei stellt die OPD-KJ-2 eine Art Absicherung dar, dass ich auf dem richtigen Weg bin, und ist als solche eine wichtige Stütze für mich.

In der Therapie gelingt es mir, anstelle des Vaters die aggressiven Impulse von Max zu containen. Wenn er seine aggressiven Handlungen (z. B. Softball ins Gesicht werfen) oder Äußerungen gegen mich richtet, beschreibe ich ihm meine Gefühle, benenne seine eigenen für ihn und begrenze ihn. Anfangs scheint er dadurch peinlich berührt und bricht das Spiel ab. Im weiteren Verlauf reagiert er auf meine Interventionen verständnisvoller und ändert sein Spielverhalten entsprechend.

Er zeigt insbesondere im Sandspiel Szenen der Wut auf seinen Bruder und dessen Geburt: Er begräbt eine Bruder-Figur, die sich anschließend freigräbt, nur um von einer anderen Figur gefressen zu werden. Er kann die Wut auf seinen Bruder partiell benennen. Hier ist eine erneute Auseinandersetzung mit der Konfliktdiagnostik nach OPD-KJ-2 sehr hilfreich für mich. Sie stärkt mich in meiner containenden Haltung, indem sie mir Max' Bedürftigkeit und Versorgungswunsch vor Augen führt. An dieser Stelle wird wiederum deutlich, dass eine begrenzende väterliche Zuwendung ebenfalls eine Form der Versorgung darstellt.

Im nächsten Elterngespräch beklagt sich der Vater erneut, dass er für solche Spiele keine Zeit habe. Auf mein Nachfragen hin wird jedoch deutlich, dass der Vater an Sport und körperlichen Aktivitäten wenig Interesse hat und lieber mit Max baut und sich über das technische Interesse seines Sohnes freut. Er selbst sei auch »schon früh ein Technikliebhaber gewesen«. Dementsprechend scheint der Vater sich selbst im Sohn zu sehen und kann dessen aggressive Impulse, die er bei sich selbst abgespalten zu haben scheint, nicht wahrnehmen. Max ist lediglich ein »Spiegel des Vaters« (Seiffge-Krenke, 2016, S. 35) und wird mit seinen Bedürfnissen nach Versorgung nicht gesehen.

Symptomverschiebung und Auflösung des Konflikts nach OPD-KJ-2

In der Therapie spreche ich vor den Sommerferien und damit dem Übergang ins Gymnasium mit Max über die neue Schule. Er kann mir gegenüber von seinen Sorgen sprechen, dass er dort niemanden kennen werde, weil viele seiner Klassenkameraden auf eine andere Schule gehen werden. Wir sprechen über seine Sorgen, die ich relativiere, und ich versuche, seine Neugier zu wecken. Das scheint mir teilweise zu gelingen.

Nach den Sommerferien kommen die Eltern bestürzt zum Elterngespräch. Auf mein Nachfragen beschreibt die Mutter, dass Max bereits zu Beginn der Ferien begonnen habe, nachts einzunässen. Er habe das fast die gesamten Ferien hindurch weitergemacht. Sie habe sich viel um ihn gekümmert und er habe jetzt wieder aufgehört, aber sie mache sich große Sorgen. Ich bestätige die Mutter in ihren Versorgungsbemühungen.

In den nächsten Sitzungen wird deutlich, dass Max in der Schule nicht mehr auffällig ist. Seine Mutter kümmert sich jetzt deutlich ausgeglichener um ihre Söhne und kann meine Deutungen zu Max' Bedürfnissen besser annehmen. Ich spreche mit Max in den Sitzungen darüber und er geht damit offen um. Es gehe ihm jetzt besser und es sei deswegen auch nicht schlimm gewesen. Er habe in der neuen Schule einen guten Freund gefunden und die anderen Schulkameraden seien auch nett. Anschließend reduziere ich über einen Zeitraum von sechs Monaten schrittweise die Frequenz unserer Sitzungen im Sinne eines Ausschleichens. Dabei finden ca. drei Monate lang zweiwöchentlich Sitzungen statt und anschließend ca. drei Monate monatlich. Max bildet keine Symptomatik mehr aus. Er schreibt mittelmäßige Noten, und die Eltern schaffen es, ihre Arbeitszeit so zu verändern, dass beide regelmäßiger zu Hause sind. Max muss nun nicht mehr an der Nachmittagsbetreuung teilnehmen und hat immer eine Ansprechperson zu Hause, die ihm zur Seite steht. Beide Eltern haben ihre Arbeitszeit etwas reduziert und teilen sich die Zeit mit den Söhnen auf. Max' Bruder ist jetzt ebenfalls in der Schule und daher länger weg. Die Versorgung der beiden ist nun deutlich ausgeglichener. An den Wochenenden unternehmen die Eltern mehr mit ihren Söhnen und Max kann die Aufmerksamkeit seiner Eltern besser mit seinem Bruder teilen. Je mehr sich Max durch die Eltern versorgt fühlt, desto weniger wichtig scheinen unsere Sitzungen für ihn zu werden, und ich beende die Behandlung nach dem ersten Halbjahr in der weiterführenden Schule.

Abschließende Überlegungen

Aufgrund der ängstlich-unsicheren Persönlichkeitsstruktur seiner Eltern und deren Unterdrückung aggressiver Impulse war es Max nicht möglich, im Alter von drei bis vier Jahren seine Wut über die Entthronung durch seinen Bruder auszudrücken. Ihm wurde vermittelt, dass Aggression und deren Ausdruck auf jeden Fall zu vermeiden sei. Es gelang ihm jedoch nur zeitweise, seine aggressiven Impulse zu unterdrücken. Der Ausdruck seiner Aggression brachte ihm zwar eine Art Befreiung, stürzte ihn jedoch in den Konflikt Selbstversorgen versus Versorgtwerden nach OPD-KJ-2, da seine Eltern sich mit zunehmender Aggression noch mehr von ihm abwandten. Erst die Symptomverschiebung zu einem Symptom, bei dem insbesondere seine Mutter ihn als krank und unterstützungsbedürftig erleben konnte, ermöglichte es ihm, seinen inneren Konflikt zu lösen.

Auf der Seite seines Vaters war die Annahme der eigenen aggressiven Impulse sowie der seines Sohnes ein wichtiger Bestandteil der Elternarbeit. So konnte Max die Frustration und Aggression wegen der Entthronung in der Behandlung aufarbeiten, und er kann auch in der Folge seine aggressiven Impulse mehr mit Unterstützung seines Vaters ausleben.

Abschließend bleibt festzuhalten, dass die Diagnostik nach OPD-KJ-2 einen wichtigen roten Faden in der Behandlung dargestellt hat. Die alleinige Behandlung der Symptomatik wäre nicht ausreichend gewesen, sondern es wurde eine erfolgreiche psychodynamische Psychotherapie erst möglich durch die Konfliktdiagnostik zu Beginn und eine mehrfache erneute Ausrichtung des Behandlungsplans am intrapsychischen Konflikt, verbunden mit der Förderung einzelner struktureller Fähigkeiten (insbesondere in den Dimensionen der Steuerung und Bindung).

BESONDERE HERAUSFORDERUNGEN

Sebastian Glock

Der Einsatz von OPD-KJ-2 bei Patienten und Patientinnen mit leichten geistigen Behinderungen

Seit der geänderten Psychotherapie-Richtlinie und den zusätzlichen Regelungen vom 21.12.2018 ist es leichter möglich und erwünscht, Patienten mit leichten geistigen Behinderungen psychotherapeutisch zu behandeln. Das bedeutet für Therapeutinnen und Therapeuten neue Herausforderungen. In diesem Kontext stellt sich die Frage, welche Hilfe die verschiedenen Achsen der OPD-KJ-2 für die Indikation einer Behandlung und die Behandlungsplanung bieten können. Im Folgenden wird die diagnostische Untersuchung einer Patientin mit leichter geistiger Behinderung geschildert und außerdem auf den Behandlungsverlauf und das Therapieende eingegangen.

Kontext und erster therapeutischer Kontakt

Die 15-jährige Natalie kommt aufgrund einer depressiven Episode zur tagesklinischen Behandlung in eine kinder- und jugendpsychiatrische Klinik. Im tagesklinischen Setting werden zwölf Patientinnen und Patienten im Alter zwischen zwölf und 17 Jahren auf einer offenen Station behandelt. Abends gehen sie nach Hause. Im Regelfall erhält jeder Patient zwei Sitzungen Psychotherapie pro Woche und zusätzlich pädagogisch-sozialtherapeutische Gruppenangebote, Kreativtherapien (Musik-, Kunst- und Tanztherapie) sowie eine Sitzung pro Woche Gruppenpsychotherapie. Außerdem besuchen die Patienten die angegliederte Klinikschule. Alle zwei Wochen finden zusätzlich einstündige Eltern-/Bezugspersonengespräche statt. Die angewendeten Therapiemethoden setzen sich generell aus psychodynamischen, verhaltenstherapeutischen und systemischen Methoden zusammen. Die Patientin, um die es im Folgenden geht, hatte überwiegend psychodynamisch orientierte Einzeltherapie bei mir.

Natalie ist eine verträumt wirkende 15-jährige Jugendliche. Sie ist etwas pummelig, hat eine unvorteilhafte Frisur und versteckt ihren Körper unter sehr weiter Kleidung. Aufgrund von Deprivation wurde sie mit vier Jahren vom

Jugendamt aus der leiblichen Familie genommen und zusammen mit ihren vier Geschwistern (zwei Schwestern und zwei Brüder) in Heimen und Wohngruppen untergebracht. Infolge von Drogenkonsum und Alkoholabhängigkeit seien die leiblichen Eltern wenig steuerungsfähig im Familienalltag gewesen, es habe regelmäßig Gewalt vonseiten der zwei älteren Brüder gegen Natalie gegeben. Die Mutter habe während der Schwangerschaft Alkohol konsumiert; es besteht der starke Verdacht, dass ein fetales Alkoholsyndrom bei Natalie vorliegt.

Nach dem ersten Jahr in einer Wohneinrichtung ist Natalie mit fünf Jahren – allein – in eine Pflegefamilie gekommen. Die Pflegemutter berichtet mir im Elterngespräch, Natalie habe gleich beim ersten Aufeinandertreffen »Mama« zu ihr gesagt. Aus den Vorinformationen ist eine massive Deprivation bei häufiger emotionaler Abwesenheit der Bezugspersonen bekannt. Daraus lässt sich auf ein beeinträchtigtes Bindungssystem und beeinträchtigte Bindungsrepräsentanzen schließen. In den Untersuchungen im Sozialpädiatrischen Zentrum hätten sich Defizite in Form einer leichten geistigen Behinderung (Gesamt-IQ = 67) gezeigt. Es hätten regelmäßig Umgangskontakte mit den leiblichen Eltern stattgefunden. Natalie habe sich während dieser Kontakte sehr angepasst verhalten, es habe auch in der Zeit danach keine Auffälligkeiten oder Irritationen vonseiten Natalies gegeben. Sie habe weder geweint, noch Fragen gestellt oder starke Stimmungsschwankungen gezeigt. Natalie sei generell ein sehr fröhliches Kind gewesen.

Mit Beginn der Pubertät sei Natalie in eine emotionale Krise geraten. Sie habe große Traurigkeit verspürt und sich im sozialen Umfeld sowie gegenüber den Pflegeeltern zunehmend zurückgezogen. Sie habe viel geweint, auch ohne ersichtlichen Grund, und habe verstärkt unter Schlafstörungen gelitten. Sie habe begonnen, sich selbst an den Armen und Beinen zu verletzen, und habe vermehrt Suizidgedanken geäußert (»ich konnte nicht mehr, ich wollte nicht mehr«). Über ihren emotionalen Zustand könne Natalie nicht sprechen, setze stattdessen die Selbstverletzung ein, häufig als eine Art *alternative* Kommunikationsform. Die Pflegeeltern berichten mir, dass sie Natalie nicht wiedererkannt hätten, da sie früher so ein fröhliches Kind gewesen sei. Sie könne auch nicht mehr allein sein, ohne dass sie in emotional schwierige Zustände gerate. Aufgrund akuter Suizidalität wurde sie kurzzeitig auf unserer Akutstation behandelt. Seitdem erhält sie eine antidepressive Medikation. Die Suizidgedanken und -äußerungen hätten in der Folge zwar abgenommen, die Selbstverletzungen seien aber geblieben. Es besteht kein Alkohol- oder Drogenkonsum bei Natalie, im Gegenteil: Sie verabscheut Alkohol zutiefst und maßregele gelegentlich auch die Pflegeeltern, wenn sie Alkohol konsumieren.

Die Pflegeeltern wirken hilflos und überfordert mit der depressiven Symptomatik und den selbstverletzenden Verhaltensweisen. Sie sind verunsichert, ob sie Natalie noch weiter in der Pflegefamilie betreuen können oder ob sie vielleicht in die professionellere Betreuung einer Wohngruppe »abgegeben« werden müsse. Auch in der Schule habe sich Natalie einerseits zurückgezogen, wirke aber andererseits appellativ und auch manipulativ auf ihre Mitschülerinnen ein. Sie versuche, Aufmerksamkeit und Fürsorge zu erhalten durch Zurschaustellung der Selbstverletzungen und Verschicken von Chat-Nachrichten mit ihren Suizidgedanken. Auch die Schule äußerte die Einschätzung, dass Natalie »hier vielleicht nicht mehr richtig aufgehoben sei« und ein Schulwechsel, etwa auf ein Internat, eventuell die bessere Wahl darstelle. Natalie habe aufgrund der depressiven Symptomatik nur noch selten die Schule besucht.

Anlass für die Vorstellung bei uns war ein Hilfeplangespräch im Jugendamt, das gegenüber den Pflegeeltern den Vorschlag gemacht hat, dass Natalie bei uns diagnostiziert und therapiert werden solle. Die Pflegeeltern waren offen für diesen Vorschlag und meldeten sie bei uns an.

Diagnostische Einschätzung anhand der OPD-KJ-2

Behandlungsvoraussetzungen

Auf der OPD-KJ-2-Achse der Behandlungsvoraussetzungen zeigt sich eine hohe subjektive Beeinträchtigung durch psychische Beschwerden (Ausprägung 3). Natalie leidet sehr unter ihrer Traurigkeit und zieht sich zunehmend aus den sozialen Beziehungen zurück. Zu Gleichaltrigen sind die Beziehungen dementsprechend gering ausgeprägt, zu ihrer besten Freundin hält sie jedoch stabilen und intensiven Kontakt. Als subjektive Krankheitshypothese formuliert Natalie, dass sie in der Tagesklinik sei, weil sie ein Pflegekind sei, und bezieht ihre emotionale Situation direkt auf ihre biografischen Erlebnisse in der Ursprungsfamilie. Sie könne sich noch an alles erinnern, berichtet sie mir, mit einem fast bedrohlich wirkenden fixierenden und starren Blick. Der Leidensdruck (3) und die Veränderungsmotivation (2,5) sind stark ausgeprägt.

Die familiären und außerfamiliären Ressourcen stellen sich als mittelgradig ausgeprägt dar (2). Die Pflegeeltern wirken zwar sehr motiviert und reflektiert, jedoch nahmen sie von sich aus keine therapeutische Hilfe in Anspruch, und es zeigen sich auch Ausstoßungstendenzen in Form des Wunsches, Natalie »abzugeben«. Dies betrifft auch die Unterstützung durch die Schule, die ansonsten engagiert wirkt. Nachfragen bei der Schule haben ergeben, dass diese Natalie eher nicht zurückhaben will. Die intrapsychischen Ressourcen stellen sich dagegen eher niedrig ausgeprägt dar (1). Insbesondere die mangelnde Verbalisierungsfähigkeit innerer Zustände, mitsamt den konkretistisch ausgestalteten und in Szene gesetzten selbstverletzenden Verhaltensweisen, sowie eine niedrige kognitive Leistungsfähigkeit müssen kritisch bewertet werden. Es war Natalie nicht möglich, Zusammenhänge zwischen ihren emotionalen Krisenzuständen und dem selbstverletzenden Verhalten zu verbalisieren. Sie sprach meist davon, dass sie »Druck habe«, konnte dies aber nicht näher erläutern. Das lässt darauf schließen, dass die Mentalisierungsfähigkeiten der Patientin nicht weit entwickelt sind und in der Therapie gefördert werden müssen.

In der Kategorie der Therapievoraussetzungen zeigt sich eine hohe Psychotherapiemotivation, was durch einen großen Wunsch, über das Erlebte in der Therapie zu sprechen, zum Ausdruck kommt (Ausprägung 3). Die Zurschaustellung des selbstverletzenden Verhaltens in der Schule und der damit verbundene Wunsch nach Aufmerksamkeit lassen von einem spezifischen sekundären Krankheitsgewinn ausgehen, welcher es Natalie erschweren könnte, ihre Symptomatik aufzugeben. Die Arbeitsbündnisfähigkeit (2) kann als mittelgradig ausgeprägt eingeschätzt werden, da zwar von einer guten Bündnisfähigkeit mit den Vorbehandlern berichtet wurde, andererseits aber auch rasche Abbrüche in den Sozialkontakten aus der Schule bekannt sind. Die Pflegefamilie nutzt bereits intensiv und in engem Austausch mit dem Jugendamt das professionelle Helfersystem, was prognostisch als positiv bewertet werden muss. Zusammengefasst kann von mehr als ausreichenden Behandlungsvoraussetzungen für eine teilstationäre Behandlung ausgegangen werden.

Struktur

Auf der Strukturachse nach OPD-KJ-2 zeigt Nathalie in der Dimension *Steuerung* eine geringe Integration der Fähigkeiten zur Impulssteuerung, der Affekttoleranz und der Selbstwertregulation (Ausprägung 3: nur in wenigen Situationen und mit erheblicher Hilfe von außen). Dies zeigt sich unter anderem am selbstverletzenden Verhalten zur Stimmungsregulation und an der mangelnden Verbalisierungsfähigkeit bezüglich der eigenen Gefühlslage. In der Dimension *Bindung* findet sich ein eingeschränkter Zugang (2) zu Bindungsrepräsentationen, eine nicht ausreichend sichere innere Basis und eine Einschränkung der Fähigkeit, allein zu sein. Vermutlich war es Natalie aufgrund der unzureichenden und vernachlässigenden Bindungserfahrungen mit ihren leiblichen Eltern nicht möglich, ausreichend gute innere Bindungsrepräsentationen zu entwickeln. Es konnte sich kein tragfähiges »inneres Arbeitsmodell« entwickeln. Bei den anderen beiden Dimensionen *Identität* und *Interpersonalität* findet sich eine gute bis eingeschränkte Integration der strukturellen Fähigkeiten. Daher lässt sich die Gesamtachse Struktur als eingeschränkt integriert (2) beschreiben.

Konflikt

Im Rahmen der Konfliktachse nach OPD-KJ-2 können zwei primäre Konflikte identifiziert werden: *Selbstversorgen versus Versorgtwerden* (passiver Modus) und ein *Selbstwertkonflikt* (passiver Modus). Der frühe Mangel in der Versorgung durch die leiblichen Eltern, die Zustände mangelnder elterlicher Steuerung aufgrund der Alkoholabhängigkeit und des Drogenkonsums können als auslösende Momente des Konfliktgeschehens im Bereich *Selbstversorgen versus Versorgtwerden* angesehen werden. Die Leitaffekte der emotionalen Leere und des Bedürfnisses nach emotionaler Unterstützung zeigen sich, wie beschrieben, eindrücklich im Alltagsgeschehen. Auch das Symptom der Selbstverletzung kann als Ausdruck des Wunsches nach mehr Zuwendung durch die Pflegeeltern und in der Schule gewertet werden. Es sei daran erinnert, dass Natalie die Pflegemutter als unbekannte Person schon früh als »Mama« angesprochen hat, was auch die Versorgung einfordern sollte. Auch die Ausstoßungstendenzen der Pflegefamilie und der Schule können dementsprechend als Versagen und Zurückweisen von Natalies großen Versorgungs- und Fürsorgewünschen durch die Außenwelt angesehen werden.

Deutlich wird auch ein ausgeprägter *Selbstwertkonflikt* im passiven Verarbeitungsmodus. Eventuell liegt hier der Ursprung der depressiven Krise zu Beginn der Pubertät. Die Entwicklungsaufgabe der Identitätsfindung konnte Natalie vermutlich nicht ausreichend gelingen. Möglicherweise kam es in der Kindheit zur Übernahme der Rolle eines fröhlichen und unbekümmerten Kindes, was in starkem Kontrast zu ihrer schweren Biografie und den unzuverlässigen Objekten steht und an das »indiscriminate friendly« von Kindern mit Bindungsstörungen erinnert. Natalies »unauffällige« Reaktion auf die Umgangskontakte mit den leiblichen Eltern ist hier ebenfalls einzuordnen.

Wie sie selbst sagt, wird sie in der Tagesklinik behandelt, weil sie ein Pflegekind ist, ein Kind von trinkenden und Drogen konsumierenden leiblichen Eltern, welches vermutlich schon im Mutterleib durch Alkohol geschädigt wurde. Während der Behandlung kam immer wieder zum Ausdruck, dass sie eine Verbindung zwischen dem Alkoholkonsum ihrer Mutter und ihrer »Schädigung« herstellt. Obwohl sie es nicht direkt ausdrücken kann, scheint sie zu spüren, dass sie es ihrer Mutter nicht »wert« war, auf den Alkohol zu verzichten. Es kann davon ausgegangen werden, dass hier eine große narzisstische Kränkung besteht. Die Wut auf die leiblichen Eltern und deren Alkoholkonsum wendet sich in Form des selbstverletzenden Verhaltens gegen das Selbst, gegen den eigenen Körper. Natalie berichtet auch von einer großen Unzufriedenheit mit ihrem Körper, trägt auch bei warmem Wetter meist dicke Pullover, um ihn darunter zu verstecken.

Als nachrangiges Konfliktthema zeigen sich im Bereich *Nähe versus Distanz* auch Anzeichen eines gestörten Bindungsverhaltens im Kindesalter. Hierfür sprechen diverse anamnestische Vorinformationen, wie etwa das undifferenzierte Bindungsverhalten, dass Natalie gleich beim ersten Aufeinandertreffen zur Pflegemutter »Mama« gesagt habe, das »freundlich-fröhliche Kind« sowie die »auffällig unauffällig« verlaufenen Umgangskontakte mit den leiblichen Eltern. Des Weiteren spricht auch das rigide Festhalten an der Freundschaft zur einzigen besten Freundin dafür. In der Therapie äußerte Natalie mehrfach ihre große Angst vor dem Verlust der innigen Beziehung zu dieser besten Freundin. Aufgrund der Vorinformationen kann vermutet werden, dass der *Nähe-versus-Distanz-Konflikt* während Natalies Kindheit wesentlich präsenter war. Dieser ist jedoch im Verlauf der Entwicklung, auch aufgrund sehr förderlicher Beziehungs- und Entwicklungsbedingungen in der Pflegefamilie, hinter anderen Konflikten zurückgetreten.

Verlauf der Therapie

Im Verlauf der Therapie berichtet Natalie glaubhaft, sie treffe ihre leiblichen Eltern häufig zufällig auf der Straße. Diese würden ihr Vorwürfe machen, dass sie nicht in die leibliche Familie zurückkehren wolle, und hätten des Öfteren angekündigt, beim Jugendamt zu intervenieren, um Natalie »zurückzuholen«. Natalie berichtet mehrfach von ihrer großen Angst davor, wieder in die leibliche Familie zurückzumüssen, eventuell auch später, wenn sie volljährig sei oder falls ihre Pflegeeltern sie doch »abgeben« würden.

Seit Beginn der Krise vermeidet Natalie die regelmäßigen Umgangskontakte und weist alle Kontaktversuche der leiblichen Eltern mittels Telefon oder Post schroff ab. Gleichzeitig gibt sie an, von den leiblichen Eltern enttäuscht zu sein, dass sich diese nicht während ihrer Zeit auf der Akutstation nach ihr erkundigt oder sie gar besucht hätten. Es wird hierbei eine immense Ambivalenz deutlich: Einerseits wünscht sie sich Abstand, andererseits äußert sie ihr massives Bedürfnis nach Zuwendung und Fürsorge durch die leiblichen Eltern.

Zur Kontrolle des selbstverletzenden Verhaltens führt das pflegerische Personal zu Beginn und am Ende der Woche körperliche Untersuchungen durch und dokumentiert diese. Es zeigt sich recht schnell ein Muster: Die Quantität des selbstverletzenden Verhaltens nimmt massiv ab, die Qualität bleibt gleich (oberflächliches Ritzen der oberen Hautschichten mittels eines scharfen Gegenstandes). Gleichzeitig konzentriert sich das Auftreten des selbstverletzenden Verhaltens vorrangig auf die Tage vor den angekündigten Untersuchungen. Natalie scheint sicherstellen zu wollen, dass sie bei der Untersuchung auch etwas »zum Vorzeigen« hat.

Ihr fällt es sehr schwer, ihre negativen Gefühle und Stimmungslagen gegenüber anderen verbal mitzuteilen. Als Ausgleich nutzt sie in konkretistischer Art und Weise die Selbstverletzungen, welche sie sehr demonstrativ und appellativ einsetzt. Sie erhofft sich in diesen Momenten emotionale Regulation und Fürsorge von außen: durch ihre Pflegeeltern, aber auch von ihrem Therapeuten und dem Team der Tagesklinik.

Schwerpunkte der Behandlung bilden die Förderung der Affektregulation und der Ausbau der Steuerungsfähigkeiten. Wir versuchen mittels eines symbolischen Gegenstandes, Natalie in ihrer Verbalisierungs- und Symbolisierungsfähigkeit zu fördern. Wenn es ihr besonders schlecht geht, soll sie eine kleine Holzfigur an das Pflegepersonal übergeben, um auf ihre aktuelle emotionale Situation aufmerksam zu machen, da ihr die Verbalisierung dieser Gefühle schwerfällt. Sie berichtet häufig, sie fühle »nichts«, aber sie habe »Druck«. Im Verlauf gelingt es ihr, durch die Figur besser mit dem Personal in Kontakt zu treten, wenn sie Fürsorge und Unterstützung benötigt. In der Folge gehen die selbstverletzenden Verhaltensweisen noch weiter in der Quantität zurück und müssen nicht mehr als »Kommunikationsmittel« ihrer depressiven Stimmungslage gegenüber der Umwelt dienen. Auch die Wahrnehmung der Gefühle verbessert sich, mitsamt einem Rückgang der emotionalen Leere.

Therapeutisch zeigt sich recht schnell, dass Natalie von kognitiv-reflektierenden Interventionen, vermutlich aufgrund der intellektuellen Beeinträchtigung, wenig profitiert. Auf emotional-imaginative Methoden kann sie sich sehr gut einlassen, weshalb unter anderem durch ein modifiziertes Vorgehen nach der Psychodynamisch Imaginativen Traumatherapie (Reddemann, 2011) eine Auseinandersetzung mit der belastenden Vergangenheit gelingt. Natalie muss zunächst in der Einzeltherapie zusammen mit ihrem Therapeuten stets ihren Geborgenheitsort wieder aufbauen, nachdem dieser meist nachts im Traum durch Täter-Introjekte oder aufgrund von Anforderungen aus der Umwelt schwer beschädigt wurde. Im Verlauf gelingt es durch ausreichende Stabilisierung, verletzte innere Anteile an den Geborgenheitsort zu retten. Dieser wird – genau wie Natalie selbst – robuster und verfügt über Selbstschutzmechanismen. Ihr gelingt es zunehmend, sich emotional selbst zu versorgen, sie braucht jedoch bei großen Belastungen im Alltag weiterhin die Begleitung durch den Therapeuten und die Eltern.

Natalie beschäftigt sich in der Therapie intensiv mit ihrer Biografie als Pflegekind. Mit der Zeit gelingt es ihr, ihr bisheriges Leben und ihre Anpassungsleistungen zu würdigen und anzuerkennen. Es findet eine erste Auseinandersetzung mit dem Selbstwertkonflikt statt, wenngleich hierbei diverse narzisstische Kränkungen und abgewehrte Anteile zutage treten (z. B. die Verdachtsdiagnose des fetalen Alkoholsyndroms).

Aufgrund der eingeschränkten strukturellen Fähigkeiten stellen stützende Interventionen (»holding function«, »containing«) zunächst einen Schwerpunkt der Arbeit dar und bieten Natalie die Chance zur Nachreifung. Im therapeutischen Kontext erfährt sie verlässliche, konstante und berechenbare Objektbeziehungen, welche den Ausstoßungstendenzen widerstehen. Die Ausstoßungstendenzen sind zwar in der Gegenübertragung einzelner Teammitglieder durchaus auch vorhanden, werden aber nicht ausagiert. Natalie wird »ausgehalten«. Trotz der formal »gegen die Regeln« verstoßenden Selbstverletzungen wird sie nicht entlassen.

Auf regressionsfördernde Interventionen wird aufgrund der strukturellen Defizite verzichtet. Zusätzlich wird im späteren Verlauf begonnen, nachdem die strukturellen Fähigkeiten gefördert wurden, auch konfliktorientiert mit Natalie zu arbeiten, insbesondere an den beiden Hauptkonflikten. Die Fortsetzung der konfliktorientierten Arbeit soll im Anschluss an die tagesklinische Behandlung im langfristigen ambulanten Setting bei einer niedergelassenen Kollegin stattfinden.

Durch Klarifikationen wird es Natalie möglich, Zusammenhänge zwischen frühkindlichen Bindungserfahrungen und der Selbstwertproblematik herzustellen. Das Gefühl, der leiblichen Mutter »nichts wert« gewesen zu sein, kann mit Natalie im Verlauf herausgearbeitet werden. Zunächst zeigt es sich in Form einer großen narzisstischen Wut auf die leiblichen Eltern, dass diese sich nicht um sie kümmern. Wobei hierbei auch der Konflikt *Selbstversorgen versus Versorgtwerden* deutlich wird. Mit der Zeit kann Natalie die große Traurigkeit, die hinter der Wut steht, verbalisieren.

Die belastenden Erfahrungen müssen häufig »contained« werden und in veränderter Form Natalie zugänglich gemacht werden, sodass allmählich eine Verbalisierung verletzter Anteile sowie zuvor nicht wahrgenommener Affekte und Emotionen gelingt: zuerst durch Interventionen des Therapeuten, später dann durch Natalie selbst. Die massive Traurigkeit und der niedrige Selbstwert können so im Verlauf etwas deutlicher differenziert und benannt werden. Das Ausagieren am eigenen Körper mittels der Selbstverletzungen nimmt ab. Sie kann die guten und versorgenden Beziehungsobjekte stellenweise internalisieren und muss die Einforderung von Zuwendung nicht länger über selbstverletzende Verhaltensweisen sicherstellen.

Ende der Behandlung und Ausblick

Zum Ende der viermonatigen Behandlung bessert sich Natalies Stimmung im Alltag und auf Station deutlich. Sie profitiert sichtbar vom haltenden Rahmen, aber auch von den Sozialkontakten mit den anderen Patientinnen. Durch stützende, strukturorientierte Interventionen, Stabilisierungstechniken, konfliktorientierte Arbeit am *Selbstwertkonflikt* und am Konflikt *Selbstversorgen versus Versorgtwerden,* durch neue Beziehungserfahrungen und das Containment der unverdauten belastenden Erinnerungen aus der frühen Kindheit gelingt eine andauernde Stabilisierung und Stimmungsaufhellung. Im Verlauf kann die antidepressive Medikation abgesetzt werden. Das selbstverletzende Verhalten verringert sich in der Quantität deutlich und tritt gegen Ende nur noch kontextgebunden bei äußerem Stress auf. Der Verbleib in der Pflegefamilie und der Schule kann durch diverse begleitende Gespräche mit den Pflegeeltern, den Lehrkräften und den Sozialarbeiterinnen des Helfersystems gesichert werden.

Aufgrund des Bedarfs an vertiefender Auseinandersetzung und Verarbeitung der Kindheitserlebnisse mitsamt der ausgebildeten Konflikte und der eigenen Identität als Pflegekind sowie fortbestehender Defizite in der Affektregulation beginnt Natalie eine langfristige ambulante psychodynamische Therapie bei einer niedergelassenen Kollegin.

Wie deutlich wurde, eignet sich die OPD-KJ-2 mit ihren verschiedenen Achsen sehr gut zur diagnostischen Abklärung. In diesem Beitrag wurden die Achsen *Konflikt, Struktur* und *Behandlungsvoraussetzungen* herangezogen. Die Vorteile einer an der OPD-KJ-2 orientierten Behandlung zeigen sich hierbei deutlich in Form einer fundierten Indikationsstellung, nachvollziehbaren diagnostischen Einschätzungen und einer bedarfsgerechten Behandlungsplanung.

In Bezug auf die Konfliktachse fiel teilweise die Differenzierung zwischen den Konflikten *Selbstversorgen versus Versorgtwerden* und *Nähe versus Distanz* nicht ganz leicht, weil es Indikatoren für beides gab. Diese diagnostische Schwierigkeit hat ihren Ursprung auch in dem niedrigen Gesamtstrukturniveau, was eher zu einer diffusen Ausprägung von Konflikten führt.

Petra Adler-Corman

Kann die OPD-KJ-2 auch bei Kindern und Jugendlichen mit Intelligenzminderung eingesetzt werden?

Die UN-Behindertenrechtskonvention hat die uneingeschränkte Teilnahme am Bildungssystem für alle Kinder und Jugendliche mit und ohne Behinderung gefordert. Mit der Auflösung der Förderschulen für Kinder mit Intelligenzminderung und der Einrichtung der inklusiven Pädagogik melden sich in den psychotherapeutischen Praxen vermehrt Kinder und Jugendliche mit vielfältigen Symptomen, die auf eine Überforderung der Familien schließen lassen. Die unzureichende Relation von Lehrern und Schülern, die sonderpädagogischen Unterstützungsbedarf haben, und überhöhte Erwartungen der Eltern und der Kinder verhindern häufig die angestrebte Integration. Im Fokus stehen dann pädagogische und lerntherapeutische Maßnahmen, zugrunde liegende innere Konflikte werden nicht erkannt.

Ein vermindertes Selbstwertgefühl der Kinder im Zusammenhang mit nicht erbrachten Lernleistungen wird meist noch festgestellt, das damit verbundene brüchige Selbstwertgefühl der Eltern und ihre abgewehrte narzisstische Kränkung werden nicht thematisiert. Das Kind soll normgerecht sein, um das eigene Selbstwertgefühl nicht weiter zu beinträchtigen. Mit der Inklusionspraxis, bei der auch intelligenzbeeinträchtigte Kinder eine Regelschule besuchen können, wird das fantasierte Idealbild der Eltern weiter gestützt und die Verleugnung aufrechterhalten. Wenn innere tiefer liegende Konflikte nicht erkannt und bearbeitet werden, kann ein Teufelskreis entstehen, in dem das Selbstwertgefühl des Kindes zunehmend beeinträchtigt statt im Sinne der Integration gefördert wird.

Therapeutische Verfahren, die über Kognition gehen, sind bei dieser Patientengruppe nur bedingt einsetzbar und wirksam. Psychodynamische Verfahren werden umso wichtiger, da es hierbei um szenisches Verstehen, Containment und Bereitstellen eines Entwicklungsraums geht. Das gilt auch für die Diagnostik, die nicht nur im kognitiv defizitären Bereich angesetzt werden darf, sondern unbewusste Konflikte aufdecken muss und die die abgewehrte Enttäuschung und Kränkung der Eltern und die daraus resultierende chronische Überforderung ihrer Kinder miteinbezieht.

Im Folgenden sollen eine tiefenpsychologische und eine analytische Langzeittherapie mit jugendlichen Patientinnen skizziert werden mit der Fragestellung, ob die OPD-KJ auch bei diesen »lernbehinderten Mädchen« als diagnostisches Mittel am Anfang und im Laufe der Behandlung hilfreich eingesetzt werden kann. Es handelt sich um ambulante Behandlungen in einer niedergelassenen Praxis.

Nora, 15 Jahre: Konflikt Selbstversorgen versus Versorgtwerden, passiver Modus

Die 15-jährige Nora wird vorgestellt, da sie extrem nervös ist, sich in der Schule kaum mehr konzentrieren kann und es im Zusammenhang mit ihren nachlassenden Schulleistungen zu Hause zu eskalierenden Situationen kommt. Sie erledige keine Schulaufgaben, lerne nicht für Klassenarbeiten und helfe auch nicht ausreichend im Haushalt. Als besonders nervend empfinden die Eltern, dass Nora unentwegt und überall an ihren Kleidungsoberteilen nestelt, in jedes T-Shirt Löcher bohrt und Pullover aufribbelt. Es sei eine Zwangssymptomatik diagnostiziert worden, die trotz verschiedener Therapieversuche bis heute anhalte. Nora besucht als Inklusionsschülerin die neunte Klasse einer Gesamtschule, der Hauptschulabschluss ist trotz intensiver Nachhilfe gefährdet. In der Klasse hat sie keine festen Freundinnen, da sie sich oft unangemessen im Umgang mit den anderen Kindern verhält und zu viel Kontakt zu den Lehrern einfordert.

Die Erstgespräche

Im Erstgespräch fällt der Therapeutin sofort die Diskrepanz zwischen der jugendlich und sportlich gekleideten, gepflegten und dominant auftretenden Mutter und ihrer durchaus modisch, aber leicht verwahrlost und retardiert wirkenden Tochter auf. Die Mutter beklagt sich, durch das ständige Ausrasten, das schon früh morgens beginne, und das dauernde »Kaputtmachen« ihrer Kleidungsstücke zerstöre die Tochter die ganze Familie. Während die Mutter aufgesetzt heiter ohne Pause redet, treten Nora Tränen in die Augen und sie beginnt, an ihren Nägeln zu knabbern. Schnell bekommt die Therapeutin das Gefühl, die verängstigt und beschämt blickende, noch sehr kindlich wirkende Jugendliche schützen zu müssen. Nora berichtet selbst, sie sei immer unruhig, könne schlecht einschlafen und sei morgens nicht ansprechbar. Da brauche sie ihre Ruhe und fühle sich durch die ständigen Ermahnungen der Eltern provoziert, sodass der Tag schon mit Streit beginne. Häufig gehe sie dann gar nicht mehr in die Schule. Das dauernde Zupfen an Kleidungsstücken habe mit dem Tod der Patentante angefangen, an der sie sehr gehangen habe. An dieser Stelle beginnt sie bitterlich zu weinen. Wenn nach der Schule »keiner da« sei, würde sie das »Fummeln« an der Kleidung beruhigen. Manchmal brauche sie das auch in der Schule und würde von den Mitschülern und Lehrern darauf angesprochen, aber sie könne nicht damit aufhören. Noras kindlich sprunghafte, aber sehr offene, sympathische Kontaktaufnahme und ihre Not berühren die Therapeutin sehr, zumal deutlich wird, dass bisher keiner über die Bedeutung ihrer zwanghaft anmutenden Symptomatik nachgedacht hat. Auch scheint die deutlich wahrnehmbare intellektuelle Einschränkung ausgeblendet zu werden, sodass von einer dauerhaften Überforderung Noras auszugehen ist. Als die Therapeutin spontan den Einfall äußert, beim Nesteln an der Kleidung gehe es nicht um »Kaputtmachen«, sondern es erinnere sie mehr an Tierbabys, die am Fell der Mama zupfen, oder an Babys, die an einer Decke nesteln, will Nora »jeden Tag kommen«.

Nora wechselt in den folgenden Einzelsitzungen auf ihren Wunsch ins Spieltherapiezimmer, in dem sie aber nicht selbst aktiv wird, sondern erwartungsvoll die Therapeutin anschaut. Im Sceno-Test zeigt sich ihre Einsamkeit und ihre Anstrengung. Als Szene steht neben dem Baby, das schlafen will, die Schultafel, verschiedene Erwachsene gehen ihrer Arbeit nach, eine Verbindung zwischen den Figuren existiert nicht. Ein IQ-Test wurde im Rahmen der Vorbehandlungen beim Schulpsychologen gemacht und mit durchschnittlichen 76 Punkten bei guten sprachlichen Fertigkeiten angegeben.

Zur Biografie und den gegenwärtigen Lebensumständen

Nora lebt mit ihren Eltern in einem Einfamilienhaus in einer gehobenen Wohngegend. Der fünf Jahre ältere Bruder hat eine Ausbildung abgeschlossen und ist bereits ausgezogen. Beide Eltern sind ganztags berufstätig, der Vater als Organisationsberater, die Mutter als Änderungsschneiderin in einem exklusiven Modehaus.

Die Biografie beider Eltern ist belastet. Die Eltern der Mutter trennten sich früh, die engste Bindung hatte die Mutter zu ihrer älteren Schwester, der Patentante von Nora. Sie starb, als Nora neun Jahre alt war. Auch die Eltern des Vaters trennten sich früh, er blieb beim Vater, der aber kalt und despotisch erinnert wird. Zu keinem der Großeltern besteht mehr Kontakt. Die Mutter äußert, es gebe keine verlässlichen Verbindungen in der Familie, aber ihre Ehe sei glücklicherweise intakt. Sie arbeiteten in einem Umfeld, in dem alles »perfekt sein« müsse, Schwächen würden sie sich selbst nicht erlauben. Während der Sohn seinen Weg geradlinig verfolgt habe, mache Nora seit ihrer Geburt Probleme, sie laufe »nicht rund«. Nach einer langwierigen, protrahierten Geburt zeigte sich Nora als Schreikind, das man auch schreien ließ, es habe sowieso nichts geholfen. Aus Sorge um ihre Figur lehnte die Mutter von Anfang an das Stillen ab, überließ die Versorgung nachts ihrem Mann. In der Krabbelgruppe sei eine Entwicklungsverzögerung aufgefallen. Eine Ursache sei trotz vieler Untersuchungen nicht gefunden worden. Im Kindergartenalter sei Nora viel krank gewesen und habe nach der regelrechten Einschulung aufgrund vieler Fehlzeiten die erste Klasse wiederholt. Die offensichtliche kognitive Überforderung wird ausgeblendet. Zu Beginn des dritten Schuljahres verstarb dann die Patentante und fehlte als enge Bezugsperson. Beide Eltern waren beruflich viel unterwegs, sodass Nora und ihr Bruder in die Obhut von wechselnden Tagesmüttern gegeben wurden. Die Schilderung der Eltern bleibt sachlich, die Atmosphäre kühl. In der Familie wird lösungsorientiert und pragmatisch gehandelt, Emotionales bekommt auch in den Erstgesprächen keinen Raum. Bei der Therapeutin wechseln sich Gefühle von Erschrecken, Verlorenheit und einem starken Druck, schnell helfen zu müssen, ab. Als besonders besorgniserregend empfindet sie, dass Nora tagsüber viel allein ist, ohne dass die Eltern über ihren Aufenthaltsort informiert sind. Der Therapeutin erzählte Nora, dass sie sich mit Jugendlichen, an die sie sich anschließen will, in einem anderen Stadtteil treffe, aber mit denen sie scheinbar keine kontinuierlichen Beziehungen gestaltet. Eine Neigung zum Weglaufen bzw. Ausstoßungstendenzen der Eltern sind erkennbar.

Psychodynamik

Psychodynamisch wird der früh entgleiste Dialog zwischen Mutter und Nora erkennbar. Beide Eltern haben aufgrund ihrer eigenen Geschichte wenig mütterliche und väterliche Repräsentanzen zur Verfügung, vielmehr sind sie selbst bedürftig. Nora erlebt innerlich brüchige Eltern, die Mangelhaftes nicht sehen bzw. schnell beheben wollen, um ein in ihren Augen äußerlich perfektes Leben führen zu können. Umso stärker wird die narzisstische Kränkung durch ein retardiertes Kind sein. Die Therapeutin geht von einer sehr ambivalenten Haltung der Mutter aus, die ein funktionierendes Kind braucht, um den eigenen beruflichen Ansprüchen gerecht werden zu können. Der in seiner eigenen Geschichte verstrickte Vater kümmert sich zwar bis heute partiell mehr um die Tochter, ist dann aber umso enttäuschter, wenn sie unangepasst reagiert.

Der Tod der Patentante aktualisiert bei Nora das Gefühl eines andauernden Mangels, das zur Abwehr des erlebten Verlustes zur Ausbildung der Symptomatik führt. Das Symptom – Nesteln und Aufribbeln von Kleidung – beinhaltet symbolisch sowohl die (Auf-)Trennung (Verlust) als auch das Anklammern (Zupfen am mütterlichen Körper). Ein weiterer Aspekt ist das aggressive Moment bezüglich Kleidung, mit der sich sowohl die Mutter beruflich und auch der stets korrekt gekleidete Vater identifizieren.

Der Eintritt in die Pubertät und die damit anstehenden Ablösungsaufgaben im Kontext mit der Beendigung der Schule lösen bei Nora eine zusätzliche Überforderung aus. Neben der Intensivierung der bestehenden Symptomatik reagiert Nora in Leistungssituationen mit Rückzug und Verweigerung, die in Konfliktsituationen in zerstörerische Impulsdurchbrüche münden können. Diagnostisch kann von einer Zwangsstörung (F42.1) auf dem Hintergrund von ambivalent erlebten Objekten, realen Verlusterfahrungen und chronischer Überforderung sowie einer Verhaltens- und emotionalen Störung (F98.9) ausgegangen werden.

OPD-KJ-Konfliktdiagnostik

Im Verständnis der OPD-KJ ist dominierend ein innerer Konflikt zwischen *Selbstversorgen und Versorgtwerden* im passiven Modus erkennbar, strukturell ist ein eingeschränktes Integrationsniveau anzunehmen. Noras Nägelknabbern, extremes Nesteln an der Kleidung und ihr ausschließlich nach Nähe suchendes Verhalten zeigen deutlich ihre Wünsche nach früher und ständiger Versorgung. Bereits im Erstkontakt richten diese sich auch an die Therapeutin, nachdem die Symptomatik als ein Versuch verstanden wurde, Nähe zu spüren und sich anklammern zu dürfen. Noras Beziehungsaufnahme wird dominiert durch den existenziellen Wunsch, etwas zu bekommen. Als Auslöser der Nestel-Symptomatik kann der Verlust der Patentante angesehen werden, die scheinbar bis zu ihrem plötzlichen Tod kompensierend gewirkt hat. Über das Zupfen an Kleidungsstücken kann ein Nähe spendendes Objekt fantasiert und der Bindungsstress reguliert werden. Bemerkenswert ist, dass Nora hauptsächlich Oberteile bearbeitet, als Ausdruck ihrer Sehnsucht nach einem haltenden Arm oder nach einer nährenden Brust. Nora verweigert die altersangemessene adoleszente Ablösung von den Primärobjekten. In ihrem Anspruch, grenzenlose Zuwendung von den Eltern zu bekommen, bzw. durch ihre Angst, mangelhaft versorgt zu bleiben, vermeidet sie zunehmend den Schulbesuch und igelt sich zu Hause ein. Gehen die Eltern nicht auf ihre Versorgungswünsche ein, sondern fordern Leistung (bezogen auf die Schule und im Haushalt), dekompensiert Nora und reagiert mit Wutausbrüchen.

Ein ätiologisch anzunehmender *Nähe-Distanz-Konflikt* ist nicht spürbar, da Noras Forderung nach umfassender Nähe in der Gegenübertragung keinen paranoiden Aspekt beinhaltet.

Schon in den anamnestischen Sitzungen hatte sich Nora eng an die Therapeutin gebunden und als Therapieauftrag eine Reduzierung ihrer Ausraster formuliert. Die Eltern zeigen neben einem starken Leidensdruck und vordergründiger Kooperationsbereitschaft vor allem, dass sie die Fürsorge an die Therapeutin delegieren und selbst versorgt werden wollen, was die Behandlungsvoraussetzungen von Anfang an einschränkt. Vereinbart und genehmigt wird eine tiefenpsychologisch fundierte Langzeittherapie mit insgesamt 180 Stunden.

Therapeutische Arbeit am Konfliktthema Selbstversorgen versus Versorgtwerden

In der ersten Behandlungsphase, in der Nora schnell eine vertrauensvolle Beziehung zur Therapeutin aufbaut, bemüht sie sich, die Stunden mit Erzählungen zu füllen, die die Therapeutin beruhigen sollen. Alles sei schon besser geworden, zu Hause gebe es weniger Streit und die Kleider blieben intakt. In ihren stark assoziativen Schilderungen fällt es ihr schwer, bei konflikthaften Themen zu bleiben, was die Sitzungen zunächst angenehm macht. Sie bringt Fotoalben mit schillernden Bildern von Familienfesten und gestellten Situationen mit, die vor allem zeigen, wie sehr die Familie nach außen orientiert ist. Oder sie berichtet von gelungenen Schulleistungen und ihrer neu gewonnenen Motivation: »Seit ich bei dir bin, bin ich glücklich.« Erst in der Reflexion wird der Therapeutin bewusst, dass Nora aus Angst vor Zurückweisung die Therapeutin emotional versorgt, der Konflikt stellt sich vorübergehend im aktiven Modus dar. Ihr drängender eigener Versorgungswunsch zeigt sich bald darin, dass Nora auch an Tagen erscheint, an denen keine Therapiestunde vereinbart ist, und regelmäßig viel zu früh kommt. Der Therapeutin fällt es schwer, sie dann immer wieder abzuweisen und verloren im Treppenhaus sitzen zu lassen. In allen Stunden kaut sie Kaugummi, da sie in der Therapie immer »so hungrig« werde. Der Wunsch nach Versorgung ist auch in der Gegenübertragung spürbar, auch der Therapeutin knurrt der Magen.

Mit der Zeit thematisiert Nora aktuelle Konflikte in der Familie. Manchmal bringt sie spontan Vater oder Mutter mit, die Therapeutin soll eskalierende Szenen verständlich machen und die Eltern mitbetreuen. Die Eltern wollen aufgrund ihrer beruflichen Überlastung oder eher aufgrund ihrer hohen Abwehr nur sporadische Sitzungen, sodass die dynamischen Zusammenhänge, die zu den heftigen häuslichen Szenen führen, nur ansatzweise mit ihnen besprochen werden können. Meist sind die Stunden gefüllt von Berichten aus schwierigen Alltagssituationen, in denen die Therapeutin die Eltern mit Verständnis und Erklärungen »versorgt«. Fast in allen geschilderten Situationen zeigt sich, dass die Eltern Noras kleinkindhaft anmutende Wünsche mit Ironie beantworten, die Nora nicht versteht.

Im weiteren Verlauf beginnt Nora, schmerzliche Erfahrungen zu erinnern. Sie erzählt von dem plötzlichen Verlust der geliebten Patentante, mit der sie viel Zeit verbracht hat. Wenn sie kränkelte, durfte sie zu ihr, sodass die Erfahrung von »Mehrversorgung« als sekundärer Krankheitsgewinn zu verstehen ist. Eine Weile bevorzugt sie Regelspiele mit oralem Charakter, wie etwa »Nimmersatt«, in dem ein Eichhörnchen unentwegt Tannenzapfen sammelt. Später treten ihre Wünsche, in der Therapie umfassend versorgt zu werden, immer mehr in den Vordergrund. In den Sitzungen wartet sie auf Aktivitäten der Therapeutin, erzählt nur noch wenig, während sie unablässig an den Haaren oder ihren Fingern reißt. Nach 20 Minuten wird sie schläfrig, wünscht, sich hinzulegen und nicht mehr sprechen zu müssen. Szenisch fühlt sich die Therapeutin als Mutter, die ein kleines, ewig hungriges Kind betreut, das Nähe sucht. Sie »füttert« Nora mit Fragen, Erzählungen und Kommentaren, was sie als zunehmend anstrengend empfindet. Mit der Zeit reduziert sich die Symptomatik, die Kleidungsstücke bleiben oft mehrere Wochen heil und auch der familiäre Streit wird seltener. In der Gegenübertragung spürt jetzt die Therapeutin vereinzelt negative Aspekte; sie beginnt, Nora zu »vernachlässigen«, indem sie in den Sitzungen innerlich mit anderen Patienten beschäftigt ist oder mit dem Gedanken spielt, mal zwischendurch die Toilette zu besuchen.

In dieser Phase findet Nora in der Freundesclique erstmalig eine »beste Freundin«, mit der sie ihre ganze Freizeit verbringt und bei der sie auch häufig am Wochenende übernachtet. Die Eltern fühlen sich entlastet und kümmern sich in den Augen der Therapeutin kaum mehr um ihre Tochter. Die Gefahr, dass ihre emotional bedürftige Tochter unkontrolliert sexuelle Beziehungen aufnehmen könnte, wird verleugnet. In den Elterngesprächen ist die Therapeutin erschüttert über die Uninformiertheit und mangelnde Zukunftsplanung und spürt vermehrt den Impuls, selbst aktiv zu werden. Während einer urlaubsbedingten Therapiepause beendet die enge Freundin, an die sich Nora in adhäsiver Weise gebunden hatte, plötzlich die Beziehung. Von allen »im Stich gelassen« und ohne inneren Halt fällt Nora in alte Verhaltensmuster zurück: Sie zerstört Gegenstände, zerlegt ihre Kleidung und bleibt nach einem heftigen Streit mit ihren Eltern eine Nacht von zu Hause weg. Der Gedanke an eine außerhäusliche Unterbringung kommt auf und entspannt zunächst die Eltern und die Situation. Nora selbst reagiert panisch. Sie erlebte den Gedanken, nicht mehr in der Familie leben zu müssen, nicht als hilfreich, sondern als vernichtend. Nur aufgrund des inzwischen gewachsenen Vertrauensverhältnisses und der positiven Übertragungssituation fühlt sich Nora weiterhin von der Therapeutin angenommen.

Inzwischen hat Nora mehrere schulische Praktika absolviert, in denen sie sich anfangs nichts zutraute und von Ängsten überschwemmt wurde. Sie macht der Schule den Vorwurf, als Inklusionsschülerin viele Jahre nicht benotet worden zu sein, sodass sie (und die Eltern) davon ausgegangen sei, nach der Schule eine regelhafte Ausbildung absolvieren zu können. Sie beginnt, sich selbst um sich zu kümmern. Äußerlich wirkt sie gepflegter, bereitet sich häufig selbst ein Mittagessen zu und plant zunehmend ihre Freizeit. Im therapeutischen Prozess befindet sie sich jetzt in der schmerzlichen Auseinandersetzung mit ihren eingeschränkten Fähigkeiten und beurteilt ihre Leistungen realistischer. Sie beginnt, auch die Beziehung zu ihren Eltern zu entidealisieren. Eine starke Geschwisterrivalität wird erkennbar. So formuliert sie, dass der Bruder immer bevorzugt wurde, bis heute jeden Wunsch erfüllt bekomme. Sie fühle sich oft zurückgesetzt und ausgegrenzt. Wenn der Bruder zu Besuch komme, nehme sie nicht an gemeinsamen Mahlzeiten teil, und keiner würde sie dazu auffordern. Nachdenklich formuliert Nora in einer Stunde, dass die Mutter sie wahrscheinlich gar nicht möge. Statt Versorgungsansprüche zu stellen, betrauert sie in ersten vorsichtigen Schritten, dass sie das weniger geliebte Kind ist und bleibt. Ein nachhaltiges Durcharbeiten dieses Mangelgefühls wird erst mit der Bearbeitung innerhalb einer negativen Übertragung möglich sein.

Noras Störung war zunächst auf schulische Leistungsverweigerung im Zusammenhang mit zwanghaften Handlungen reduziert worden. Mehrere Jahre wurde auf einer symptomatischen Ebene behandelt ohne nachhaltigen Erfolg. Im Gegenteil, durch die bevorstehenden altersentsprechenden Ablösungsaufgaben zeigten sich die zugrunde liegenden Störungsanteile immer stärker. Mithilfe der OPD konnte als zentraler Konflikt *Selbstversorgen versus Versorgtwerden* festgestellt werden. Das Symptom wurde als Anklammern und Auf-dem-Arm-an-der-Brust-sein-Wollen interpretiert. Noras Gefühl, von den Eltern immer zu wenig bekommen zu haben, ihr Bedürfnis, weiterhin zu Hause zu bleiben, um damit das Objekt zu sichern, also ihre kleinkindhafte Anspruchshaltung, verbunden mit ihrer mangelnden Objektkonstanz, waren deutliche Hinweise auf den inneren Versorgungskonflikt. In der Übertragung war dieser spürbar durch emsige fürsorgliche Interventionen und in der Gegenübertragung durch das Entziehen von Aufmerksamkeit und damit nicht mehr präsent zu sein. Zunächst inszenierte sich der Konflikt bei der Patientin und ihren Eltern, alle wollten versorgt werden. Die Therapeutin verhielt sich zunächst versorgend, bis sie in der Reflexion wahrnahm, dass sie sich in der Identifikation mit den Eltern zurückzog und beinahe desinteressiert reagierte. Mit der zunehmenden Bearbeitung der negativen Übertragung beginnt Nora, erste Ablösungsschritte zu versuchen. Sie entwickelt erstmalig realistische Vorstellungen bezüglich ihrer Berufswünsche, schläft im eigenen Zimmer und kann immer öfter dem Impuls widerstehen, ihre Kleidungsstücke aufzunesteln.

Annabell, 13 Jahre:
Konflikt Nähe versus Distanz, passiver Modus

Die 13-jährige Annabell hat jeden Morgen Bauchschmerzen ohne organischen Befund und fehlt deshalb oft in der Schule. Die Eltern fragen sich, wie sie mit ihrer Tochter umgehen sollen, eher nachgebend oder eher streng.

Annabell geht als Inklusionskind in die siebte Klasse einer Gesamtschule. Einen regelrechten Schulabschluss wird sie nicht schaffen, betont wird aber ihre außergewöhnliche soziale Kompetenz. Sie ist in der Klasse durch ihre freundliche und hilfsbereite Art beliebt, geht aber auf Interaktionsangebote selten ein und will sich nachmittags nicht mit Gleichaltrigen verabreden. Insgesamt sucht sie fast ausschließlich den Kontakt zu erwachsenen Bezugspersonen. Annabell wurde nach lang ersehnter Schwangerschaft als Frühchen mit knapp 800 g Geburtsgewicht geboren. Aufgrund eines Herzfehlers wurde sie an ihrem zweiten Lebenstag operiert und verblieb mehrere Monate auf der Intensiv-Frühgeborenenstation, bis sie mit einem Gewicht von 2 kg nach Hause durfte.

Die Erstgespräche

Zunächst sieht die Therapeutin die Eltern allein, da Annabell panische Angst vor Arztbesuchen hat und Therapie mit unangenehmen Erinnerungen verbindet. Auch die Eltern wirken therapiemüde und abwehrend, sodass zunächst eine niederschwellige stabilisierende Kurzzeittherapie geplant wird. Annabell ist ein kleines, sehr zartes und etwas hölzern und angespannt wirkendes Mädchen mit hochgezogenen Schultern, nur ihre rötlichen Locken und sehr wachsamen Augen wirken lebhaft. Trotz ihres immer freundlichen Lächelns vermitteln ihre gepresste Stimme und ihre gefalteten Hände sofort ihre Angst vor Unberechenbarem.

Bei den ersten Sitzungen sitzen Mutter oder Oma bei geöffneter Tür im Nebenraum, da Annabell Angst äußerte, die Therapeutin würde sie einsperren, sodass sie Mama oder Papa nie mehr sähe. Bereits in den anamnestischen

Stunden greift sie thematisch in ihren Spielen immer wieder die Krankenhaussituation auf, in der sie als Ärztin operiert. Oder sie spielt mit Babytieren, die von einer Ersatzmutter liebevoll gepflegt werden, denen dann aber gegen ihren Willen Würmer ins Maul gestopft werden. Auch im Sceno spiegelt sich ihre früheste Erfahrung wider: Eltern und Großeltern gehen gemeinsam im Park spazieren, das Baby liegt mit Nahrung gut versorgt auf dem Fell, aber völlig isoliert in der Ecke. Prognostisch günstig erscheint, dass der triebgesteuerte Affe seinen Platz dazwischen findet.

Zur Biografie und den gegenwärtigen Lebensumständen

Beide Eltern schildern ihre eigene Kindheit als schön und behütet. Kritische Gedanken dazu sind nicht erlaubt, ihre Neigung zur Harmonisierung fällt auf. Die Familie wohnt in einer Eigentumswohnung, beide Eltern arbeiten in pädagogischen Berufen. Zu den Großelternpaaren besteht aufgrund räumlicher Entfernung selten Kontakt.

Die Schwangerschaft mit Annabell verlief bis zum Einsetzen der vorzeitigen Wehen problemlos, sodass die Eltern geschockt und voll Angst dem zerbrechlichen Wesen, das um sein Überleben kämpfte, begegneten. Sie wechselten sich mit der Betreuung ab und trösteten sich und das Kind tagsüber mit der Känguru-Methode. Die Schwestern hatten das winzige Baby schnell ins Herz geschlossen und nachts häufig ins Stationszimmer geholt. Die anschließende Entwicklung war mit Unterstützung zahlreicher Therapien (Krankengymnastik, Ergotherapie, Logopädie etc.) zufriedenstellend verlaufen. Von Anfang an fühlten sich die Eltern in der eigenen Betreuung und Förderung von Annabell, die ein sehr sonniges Baby gewesen sei, sehr unterstützt. Über ihre Ängste und ambivalenten Fantasien sprechen sie nicht.

Psychodynamik

Nach dem existenziell bedrohlichen Lebensstart, bei dem Annabell statt eines lebendigen mütterlichen Objekts mit einer »Maschinenmutter« (Inkubator mit Beatmung) konfrontiert war, erlebte sie neben der Operation am zweiten Lebenstag zusätzlich über Monate invasive Handlungen an sich, sodass sie kontinuierliches Vertrauen in die Objekte nicht entwickeln konnte. Es ist davon auszugehen, dass sie archaischen Zuständen ausgesetzt war, die nur rudimentär von den Eltern und dem Betreuungspersonal aufgefangen und psychisch entschärft werden konnten. Ihr Lebenswille verbunden mit einer scheinbar von Beginn an besonderen Ausstrahlung führte zu einer intensiven Bekümmerung, die so viel kompensieren konnte, dass Annabell nicht dauerhaft paranoiden Ängsten ausgesetzt blieb.

Diagnostisch handelt es sich um eine pubertäre Ablösungskrise mit ausgeprägter Trennungsangst auf dem Hintergrund von sowohl traumatisierenden Trennungserlebnissen als auch invasiven Objekterfahrungen in den ersten Lebensmonaten. Nach ICD-10 ist die Symptomatik unter F93.0 einzuordnen; die Patientin hat eine leichte geistige Behinderung.

OPD-KJ-Konfliktdiagnostik

Nach OPD ist ein *Nähe-Distanz-Konflikt* erkennbar in dominierend passivem Modus. Viel zu früh und unreif geboren, hat Annabell anstelle einer symbiotischen Beziehungserfahrung Trennung und Übergriffe erleben müssen, sodass ihre Ängste vor Nähe und vor Distanz erklärbar sind. Strukturell wechselt sie bei kleinster Irritation von scheinbar mittlerem Integrationsniveau auf eine eingeschränkte Integrationsebene. Aufgrund ihrer unbewusst gespeicherten Körpererfahrungen löst ein realer oder innerer Verlust des Objektes immer wieder das Gefühl aus, völlig ungehalten und ungeschützt zu sein, sowie die Angst, dass das Objekt ihr zerstörerisch begegnet. Die Folge ist, dass Annabell sich extrem an ihre Objekte anpasst, um jeglichen Trennungsmoment zu vermeiden. Annabell fühlt sich im adhäsiven Modus sicher. Mit ihrer Überanpassung und ihrem »Liebsein« behält sie die Kontrolle über die Objekte. In der behüteten Familiensituation war Annabell außer ihrer schon immer bestehenden überhöhten Trennungsempfindlichkeit und ihrer Panik vor medizinischen Maßnahmen unauffällig. Ihre Einschränkung bezieht sich auf das Explorieren fremder Situationen. Mit dem etwas verzögerten, aber noch altersentsprechenden Eintritt in die Pubertät und der damit bevorstehenden Ablösung von den Primärobjekten werden die frühesten emotionalen Zustände virulent. Die Forderung von Eltern und Lehrern, mehr selbstverantwortlich zu handeln, hat zur Verstärkung der Konflikte und zur Symptomauslösung geführt. Um nicht in den für eine progressive Entwicklung notwendigen Konflikt gehen zu müssen, regrediert sie auf ein kleinkindhaftes Niveau. Statt sich mit den Eltern auseinanderzusetzen, idealisiert sie diese und bindet sie durch ihre Angstzustände weiterhin eng an sich. Ihre hohe soziale Kompetenz und ihr ausgeprägtes Einfühlungsvermögen zeigen neben den positiven Aspekten auch, dass sie darauf bedacht ist, eigene Bedürfnisse zurückzustellen, um Konflikte und damit Distanz zum anderen zu vermeiden.

Therapeutische Arbeit am Konfliktthema Nähe versus Distanz

Nach der Probatorik ist es Annabell möglich, allein bei der Therapeutin zu bleiben. Am Anfang jeder Sitzung setzt sie sich eng neben sie und streichelt sie zwischendurch am Arm. Ihr etwas distanzlos anmutendes Nähebedürfnis führt die Therapeutin zunächst auf Annabells Behinderung zurück und nicht auf einen Konflikt, der die Besetzung und Kontrolle des Objektes einfordert. Annabell kann wunderbar und fantasievoll spielen, ihre Symbolisierungsfähigkeit und Überanpassung verleitet dazu, nur eine kurze Behandlung aufgrund der aktuellen Belastung durch die Schule für sinnvoll zu erachten. Möglicherweise ist die Therapeutin zunächst in der Gegenübertragung auch identifiziert mit der erst später erkennbaren Ambivalenz der Mutter, das Kind nicht vorbehaltlos anzunehmen. Erst im Rückblick ist auffällig, dass Annabell, nachdem sie sich versichert hatte, dass die Therapeutin »harmlos« ist (»hast du heute gute Laune?«), in jeder Stunde wie in einem Kokon versunken und konzentriert ausschließlich mit sich selbst spielte. In den entspannten Sitzungen saß die Therapeutin dabei und guckte der kleinkindhaft anmutenden Patientin zu, wurde aber nie miteinbezogen. Gleichzeitig überraschte Annabell sie mit ihrer seismografischen Fähigkeit, die jeweilige Atmosphäre zu erfassen, wobei sie schon irritiert wirkte, wenn die Therapeutin auch nur kurz in Gedanken abschweifte. Wenn sie die »berührende« Objektnähe nicht spürte, schienen verfolgende Figuren »wie aus dem Nichts« aufzutauchen. Hier zeigt sich deutlich ihre Angst vor einer sie gänzlich vereinnahmenden Nähe bei gleichzeitiger Angst vor der Getrenntheit.

Bereits kurz nach Beginn der Therapie treten die Bauchschmerzen immer seltener auf, zeitgleich entwickelt Annabell unabhängig von der Schule zunehmende Ängste. Die Symptome verschieben sich von der somatisch-körperlichen Ebene auf eine psychische. Annabell äußert, dass sie nicht mehr allein in ihrem Zimmer schlafen könne, da nachts Einbrecher kommen könnten. Tagsüber fürchtet sie sich vor Verfolgern, die sie entdecken und von hinten überraschen und mit einer Spritze vergiften wollen. Sie verweigert den Gebrauch ihres Handys, da es manipuliert werden könnte, und vermeidet damit anstehende Separationsschritte. Sie erlebt sich körperlich und emotional bis in ihre Gedankenwelt ausgeliefert und ohnmächtig und gerät damit zunehmend in einen paranoiden Zustand, der sich auch in den Therapiestunden zeigt. Beim Hereinkommen »scannt« sie die Therapeutin aufmerksam, ob sie noch vertrauenswürdig und dieselbe ist oder sich in eine böse Figur verwandelt hat. Als sich die Therapeutin am Anfang einer Sitzung kurz an der Tür abwendet, um ein Fenster zu schließen, fühlt sich Annabell so stark abgelehnt und durch den vermeintlichen Präsenzabzug bedroht, dass die Mutter in der folgenden Sitzung wieder im Nebenraum warten muss. Bei der Therapeutin wechseln die Gegenübertragungsgefühle ab zwischen Genervtsein und plötzlich auftauchender Angst, Annabell wolle nicht mehr zu ihr kommen.

Erstmalig äußern die Eltern auch vorsichtig ärgerliche und negative Gedanken über ihre Situation mit einem lernbehinderten und entwicklungsverzögerten Kind: »Irgendwann muss sie auch mal ausziehen.« Sie seien durch Annabells ständig eingeforderte Nähe und ihr ewiges zwanghaft anmutendes Nachfragen genervt. Annabell wolle trotz eintretender Pubertät scheinbar »nicht groß werden«. Statt selbstständig zu agieren, fordere sie zu Hause immer mehr Unterstützung ein. Es fällt den Eltern dabei schwer, ihr gewohntes überbehütendes Verhalten aufzugeben.

Da die Konflikte bei Annabell in der frühesten vorsprachlichen Lebenszeit anzusiedeln sind und sie gezeigt hat, dass sie den therapeutischen Raum nutzen und ihre archaischen Ängste szenisch darstellen und dann auch verbalisieren kann, besteht inzwischen die Indikation für eine langfristige analytische Behandlung. Im weiteren Therapieverlauf und mit zunehmendem Vertrauen in die therapeutische Beziehung wagt Annabell erstmalig kleine aggressive Impulse. So schießt sie »aus Versehen« mit den Kanonen aus der Ritterburg, was sie so erschreckt, dass sie direkt danach ein Kleinkindspiel (Formen zuordnen) aus dem Regal holt. Auf die Intervention, das sei ihr zu böse vorgekommen, meint sie, sie wolle »nie im Leben böse sein, sondern immer lieb bleiben«. In einer der nächsten Sitzungen eröffnet sie im Spiel ein Restaurant. Das Krokodil bestellt Eier, Kartoffeln und »eine Dame«, dabei lächelt Annabell spitzbübisch die Therapeutin an. Als diese protestiert, sie lasse sich nicht so einfach verspeisen, hat das Restaurant schnell geschlossen. Mit ihrem gierigen und aggressiven Anteil kann sich Annabell noch nicht ausreichend anfreunden, Konflikte müssen noch verleugnet werden. Erste Abgrenzungen zu den Primärobjekten und auftauchende Distanzierungswünsche sind jedoch erkennbar. Als sie zu einer Übernachtungsparty einer Mitschülerin eingeladen wird, reagiert sie mit einer Panikattacke. Differenziert erklärt sie der Therapeutin, dass sie zwar ihre Angst vor aushäusigen Übernachtungen verlieren wolle, aber trotz elterlichem Druck auch nachmittags nicht zur Party wolle, sie möge die Schülerin nicht. Wenige Wochen später übernachtet Annabell bei einer jüngeren Freundin, »um zu üben«. Dieser Separationsschritt löst bei ihr einen Albtraum aus, der sich mehrmals wiederholt. Sie berichtet von einem »entsetzlichen Gefühl« des Fallens ins Bodenlose. Es tauche plötzlich ein schwarzes Loch auf, und sie sei dann nicht mehr da; ihre frühesten Zustände von Fragmentierung werden im Traum erlebbar.

Auch in der Behandlung von Annabell wird es Zeit brauchen, bis sie eine negative Übertragung auf die Therapeutin zulassen und damit intensiv an ihre Erfahrungen als Baby anknüpfen kann. Möglicherweise wird das nur im Ansatz möglich und eine gleichzeitige Stabilisierung notwendig sein. Annabell selbst möchte ihre Angst verlieren und sich insgesamt mehr zutrauen, sie ärgert sich über sich selbst. Mit den Eltern wird es notwendig sein, neben dem Glück über ihre Tochter auch die abgewehrte Enttäuschung und Trauer bzw. die eigene narzisstische Kränkung zu bearbeiten, damit sie ihr überprotektives Verhalten reduzieren können und stattdessen Annabell mehr zu autonomen Schritten ermutigen.

Abschließende Gedanken

In beiden Behandlungsfällen konnte auch ein *Selbstwertkonflikt* erkannt werden, der aber nicht dominant war. Denkbar ist, dass es im weiteren Verlauf der Behandlungen eine Konfliktverschiebung bzw. Konfliktentwicklung dahingehend geben wird. Wichtig erscheint, dass gerade bei Patientinnen und Patienten mit Intelligenzminderung, bei denen zunächst die kognitiven Leistungen ins Auge fallen und zu lerntherapeutischen und pädagogischen Ansätzen verführen, mit dem Einsatz von OPD-KJ schnell tiefer liegende Konflikte erkannt werden können. In den beschriebenen Fällen verfügten beide Jugendliche über ausreichend sprachliche Kapazitäten, sodass sie ihre Befindlichkeit zum Teil verbalisieren konnten, entscheidend war aber die Interpretation des szenischen Geschehens.

Heiko Dietrich

OPD-KJ-2 in der therapeutischen Begleitung transidenter Jugendlicher

Die Begriffe Geschlechtsdysphorie, Transgender und non-binary sind heute einer breiten Öffentlichkeit aus Fernsehen und Social Media bekannt. Kaum eine Serie oder Castingshow, die nicht das gegenwärtige Interesse am Thema für sich nutzen möchte. In der therapeutischen Praxis beobachten wir zurzeit ein immer früheres Coming-out betroffener Jugendlicher, die unsere Unterstützung suchen. Die Frage, ob es sich bei diesen Jugendlichen um Transgender handelt oder um eine Modeerscheinung, wird auch in Fachkreisen kontrovers und häufig emotional diskutiert.

Die mediale Aufbereitung des Themas führt zu einem leichter verfügbaren und vielfältigeren Angebot an Informationen. Dass dies Jugendliche bei der alterstypischen Auseinandersetzung mit dem Thema der eigenen Identität und damit auch der Geschlechtlichkeit beeinflusst, verwundert nicht. Dass ein Thema jedoch, nur weil es hoch aktuell ist und Identitätsfragen berührt, einen so nachhaltigen Einfluss auf das Selbsterleben von Jugendlichen haben soll, dass diese deshalb einen über Jahre dauernden sozialen Rollenwechsel vornehmen, vielfältige medizinische Eingriffe anstreben, um in ihrer gefühlten Identität zu leben, scheint zweifelhaft. Ob wir tatsächlich einen Anstieg von transidenten Jugendlichen in unseren Praxen sehen, wird sich erst im Verlauf der in den Leitlinien der Deutschen Gesellschaft für Kinder- und Jugendpsychiatrie (2013) vorgesehenen therapeutisch begleiteten Alltagstests der nächsten Jahre zeigen. Diese offenen Fragen führen bei einigen Jugendlichen und den sie begleitenden Eltern zu einer Verunsicherung.

Umso mehr stellt uns die therapeutische Begleitung von Jugendlichen mit Geschlechtsdysphorie bei Transidentität vor eine besondere Herausforderung. Wir sollten dabei beachten, dass der selbst geäußerte Wunsch eines Jugendlichen nach therapeutischer Begleitung in der Regel aus einer inneren Not oder Bedürftigkeit hervorgeht. Wohin der gemeinsame therapeutische Weg führt, zeigt sich zuweilen erst im Verlauf. Ausgehend von einem Verständnis der Transsexualität als nichtpathogene Entwicklung, erweist sich in unserer Praxis – das Einverständnis des oder der Betroffenen vorausgesetzt – die psychodynamische Einschätzung möglicher Konflikte oder Strukturauffälligkeiten nach OPD-KJ-2 als hilfreich, um vorhandene Komorbiditäten besser zu verstehen und die Transition, den Übergang in die gefühlte Geschlechtsidentität, besser begleiten zu können. Eine diagnostische Suche nach ätiologischen Faktoren psychodynamischer Art hinsichtlich des Entstehens der transidenten Entwicklung halte ich, ähnlich wie bei der Homosexualität, für obsolet.

Anhand eines Fallbeispiels möchte ich aufzeigen, wie hilfreich die Einschätzung der Konflikt- und der Strukturachse bei der häufig langjährigen Begleitung eines transidenten Jugendlichen sein kann.

Die Behandlung findet in einer kinder- und jugendpsychiatrischen Praxis mit Schwerpunkt in der Behandlung und Beratung transidenter Kinder, Jugendlicher und ihrer Familien statt. Je nach Bedürfnis und Komorbidität wird eine therapeutische Begleitung der Alltagserprobung mit Koordination der vorzunehmenden Schritte der Transition oder darüber hinaus eine psychotherapeutische Behandlung der psychischen Begleiterkrankung angeboten.

Daniel, 14 Jahre, biologisch weiblich geboren, lebt als Junge

Bei der Erstvorstellung kommt der 14-jährige Daniel zunächst allein und im Anschluss mit seiner Mutter ins Behandlungszimmer. Er hat den sozialen Rollenwechsel bereits vorgenommen, so spreche ich ihn mit seinem Wunschnamen Daniel an. Mir gegenüber sitzt ein Jugendlicher mit kurzen Haaren in jungentypischer Kleidung. Trotz der sommerlichen Temperaturen trägt er ein weites dunkles Flanellhemd, das bis zum Hals und den Ärmeln zugeknöpft ist: »Damit man das da oben und die Scheiß-Mädchenarme nicht sieht.« Mit leiser Stimme schildert er, dass er ein Junge sei und als Junge leben wolle. Er wirkt dabei vorsichtig und prüfend, wie ich auf seine Äußerungen reagiere, und berichtet weiter, dass das eigentlich schon immer so gewesen sei. Seit dem Kindergarten habe er sich als Junge gefühlt, er sei nie ein Mädchen gewesen. Er habe gern Fußball und draußen im Matsch gespielt, habe nur mit Jungen zusammen gespielt und diese auch zu seinen Geburtstagen eingeladen. In der Grundschule sei er häufig für einen Jungen gehalten worden und habe sich immer geärgert, wenn die Lehrerin das richtiggestellt habe. Heute besuche er die achte Klasse und benutze dort seit dem letzten Jahr den Wunschnamen Daniel. Kurz zuvor habe er es seiner Mutter gesagt, sich die Haare abschneiden lassen und entschieden, dass es so nicht weitergehe. Daniel ist bemüht, alle meine Nachfragen ausführlich zu beantworten, gleichzeitig wird sein Wunsch nach Anerkennung spürbar und danach, endlich angekommen zu sein. Er sei schon länger auf der Suche nach einem Therapeuten, zuletzt sei er aufgrund einer Depression und suizidaler Gedanken kurz in einer Klinik gewesen, habe dort aber die Behandlung abgebrochen, nachdem man auf sein Anliegen, über das transidente Erleben zu sprechen, nicht eingegangen sei.

Die Mutter bestätigt im Anschluss das Erzählte. Sie glaube nicht daran, dass es sich nur um eine Phase handele. Sie habe in ihm immer ein Tomboy gesehen (vgl. Seiffge-Krenke, 2017), ein burschikoses Mädchen, das vielleicht später einmal lesbisch werde. Dies sei schon mit sechs Jahren bei der Einschulung mit blauer Ritter-Schultüte so gewesen und dann mit neun oder zehn Jahren bei der Kommunion im Hosenanzug immer noch. Vorher im Kindergarten sei es auch irgendwie aufgefallen, dass er kein »typisches Mädchen« sei. Er sei aber immer gut zurechtgekommen, sie habe sich nie darum kümmern müssen. Überhaupt sei er immer sehr selbstständig und rücksichtsvoll gewesen. Sie erinnere sich an eine Szene aus den ersten Kindergartentagen. Da habe sie ihn mit dem kaum zehn Wochen alten jüngeren Bruder im Kinderwagen begleitet. Als dieser dann plötzlich angefangen habe, laut zu schreien, sei Daniel zu ihr gekommen und habe gesagt: »Du kannst jetzt nach Hause gehen, Mama«, einfach so. In der Grundschule habe Daniel häufig unter Bauchschmerzen gelitten. Das sei nach der Trennung der Eltern gewesen. Die Trennung vom leiblichen Vater sei im Alter von sechs Jahren erfolgt. Daniel habe zwei jüngere Geschwister, die damals ein und drei Jahre alt gewesen seien. Der leibliche Vater (Fernfahrer) sei berufsbedingt selten zu Hause gewesen und habe nicht viel Interesse an der Familie gezeigt. Schon zuvor habe die Familie finanzielle Sorgen gehabt, und die Mutter sei früh nach Daniels Geburt wieder arbeiten gegangen, Daniel sei währenddessen von einer Tagesmutter oder den Großeltern betreut worden. Es habe öfter Streit zwischen den Eltern gegeben. Daniel sei ein pflegeleichtes Kind gewesen. Sie wisse nicht, wie sie das sonst alles geschafft hätte. Nach der Trennung habe die Mutter noch mehr arbeiten müssen. Daniel habe schon früh auf die jüngeren Geschwister aufgepasst und dies immer hervorragend getan. Auch in der Schule sei er durch ein gutes Sozialverhalten aufgefallen und wegen seiner Leistungsbereitschaft von den Lehrkräften gelobt worden. Als Daniel zehn Jahre alt war, sei die Mutter eine neue Partnerschaft eingegangen. Mit ihrem jetzigen Lebensgefährten habe sie ein Mädchen bekommen, das heute zwei Jahre alt sei. Daniels Stiefvater sei ganz anders, er sei ein Familienmensch, verbringe viel Zeit mit Daniel und akzeptiere ihn so, wie er sei. Er nehme seinen Ältesten – wie er ihn nenne – am Wochenende oft mit zum Angeln, ihrem gemeinsamen Hobby.

Daniel berichtet, in der dritten Klasse habe er zum ersten Mal geäußert, dass er als Junge angesprochen werden wolle. Damals habe er den Wunschnamen

Timo genannt. Da dieses Thema weder von der Schule noch von der Mutter weiterverfolgt worden sei, sei es im Sande verlaufen. Die Mutter habe keine Zeit gefunden, mit der Lehrerin zu sprechen. Mit der Aufnahme ins Gymnasium sei die Schule richtig schwer geworden. Dann sei auch noch die Pubertät hinzugekommen. Er habe gar nicht verstanden, dass ihm Brüste wachsen, er seine Tage bekomme – er habe es richtig gehasst. Die Mädchen in seiner Klasse hätten sich darüber gefreut und begonnen, sich weiblicher zu kleiden. Er habe sich nicht zugehörig und falsch gefühlt. Die Jungen, mit denen er früher gespielt habe, hätten ihn links liegen lassen, seine Noten seien schlechter geworden. Aufgrund der schlechten Leistungen habe er das Gymnasium verlassen müssen und die siebte Klasse auf der Realschule wiederholt. Es sei eine schlimme Zeit gewesen, bis er sich getraut habe, das Problem in der Schule anzusprechen. Es sei ihm immer schlechter gegangen und zum Ende der siebten Klasse habe er sich an die Schulsozialarbeiterin gewandt und seine Mutter informiert. Danach hätten sie sich therapeutische Hilfe gesucht. Es habe viele Fehlzeiten gegeben, weil er es einfach nicht geschafft habe, in die Schule zu gehen, insbesondere wenn er seine Tage bekommen habe. Seit Beginn des achten Schuljahres besuche er die Schule als Junge anerkannt, und auch in seiner Familie wüssten alle Bescheid. Er wünsche sich die körperliche Angleichung und die therapeutische Begleitung seiner Alltagserprobung sehr.

Nachdenken mithilfe der OPD-KJ-2

Schon vor der Erstvorstellung hat sich Daniel um sein Outing gekümmert. Sowohl in der Familie als auch in der Schule hat er alle erforderlichen Schritte zu seinem Leben in der gefühlten Jungenrolle selbst eingeleitet. Im Gespräch mit dem Untersucher wird spürbar, dass er dafür Anerkennung sucht. Gleichzeitig stellt er klar, dass er eine therapeutische Hilfe eigentlich nicht benötige, sondern die Beratung nur in Anspruch nehme, weil sie notwendig für die Transition sei.

So wechseln die Gefühle des Untersuchers zwischen Mitleid aufgrund der vielfältigen Entbehrungen und Bewunderung für das, was Daniel geleistet hat. Hintergründig stellt sich Sorge ein, dass das alles zu viel werden könnte. Daniel wirkt vorsichtig und bescheiden im Kontakt. Aufmerksam beobachtet er, was sein Gegenüber braucht. Bereitwillig versorgt er den Untersucher mit Informationen. Er erzählt lebendig, und die Therapiestunden gehen schnell vorbei.

Aus der Familienkonstellation und Anamnese ergeben sich psychodynamische Überlegungen. Nach der Trennung der Eltern übernimmt Daniel als ältestes Kind in seinem Kümmern um die Belange der jüngeren Geschwister und als Ansprechpartner für die Mutter zum Teil die Rolle des fehlenden Vaters. Ob dies aus dem Impuls heraus geschieht, den Vater für die Mutter zu ersetzen, oder aufgrund der Notwendigkeit, dass sich um die jüngeren Geschwister gekümmert werden muss, wenn die Eltern nicht zur Verfügung stehen, ist im Nachhinein schwer einschätzbar. Ein mögliches ödipales Motiv im Rahmen dieser Dreierkonstellation eröffnet sich dem Untersucher aber weder im direkten Kontakt noch anhand der Beschreibung von Daniels gegenwärtigen Beziehungen in der Familie und zu Gleichaltrigen. Außer dem Verbergen der weiblichen Geschlechtsmerkmale wird Sexualität von Daniel nicht auffällig vermieden. Er interessiert sich in altersangemessener Weise für Mädchen und berichtet von einer Mitschülerin, in die er ein bisschen verliebt sei. Er traue sich nicht, sie anzusprechen, wisse aber über eine gemeinsame Freundin, dass sie ihn auch nett finde. Der Untersucher erlebt kein Konkurrieren um Männlichkeit oder ein forciertes Betonen sexueller Aspekte in der Therapie. Die Notwendigkeit, die eigenen Versorgungsansprüche zurückstellen und sich aktiv um die anderen zu kümmern, scheint bestimmender als das sich ebenfalls anamnestisch anbietende Thema des Konkurrierens mit dem Vater um die Gunst der Mutter und des Wunsches, an seine Stelle zu treten.

Nach OPD-KJ-2 ist psychodynamisch der Konflikt *Selbstversorgen versus Versorgtwerden* bedeutsam. Durch die familiären Umstände (Trennung der Eltern, nicht präsenter Vater, finanzielle Nöte, Berufstätigkeit der alleinerziehenden Mutter, zwei jüngere Geschwister) war Daniel früh in der Situation, eigene Bedürfnisse zurückstellen zu müssen und sich Teile liebevoller Fürsorge der Mutter durch seine Selbstaufopferung im familiären Kontext zu sichern. Auch wenn seine Bedürftigkeit in früheren Zeiten durch Somatisierungstendenzen mit Bauchschmerzen immer wieder spürbar wurde, zeigten sich bis zum Ende der Grundschulzeit keine deutlichen psychopathologischen Auffälligkeiten. Daniel wird als überwiegend ausgeglichenes Kind beschrieben. Mit Änderung des familiären Systems durch die zweite Ehe der Mutter wird die Anerkennung seiner Opferbereitschaft nicht mehr dauerhaft gewährt. Die Zuwendung zu Gleichaltrigen und der Aufbau von partnerschaftlichen intimen Beziehungen sind für Daniel aufgrund des großen Schamerlebens über den als nicht zugehörig erlebten Körper deutlich erschwert. Hier kann seine Suche nach emotionaler Nähe und Versorgung nur bedingt erfüllt werden. So beschreibt er später das Ausgehen und Treffen mit Gleichaltrigen oftmals als enttäuschend. Auch das Bemühen um die körperliche Angleichung, der Wunsch nach Einnahme der Hormone, hat weniger einen selbstversorgenden, fürsorglichen Charakter, als dass es sich um ein Abarbeiten notwendiger Aufgaben handelt. Die erhoffte Belohnung am Ende der Mühe ist das Gefühl, versorgt und geliebt zu werden.

Diese hohen, wenn nicht überhöhten Erwartungen an den Beginn der Hormonbehandlung oder jeglichen Behandlungsschritt im Rahmen der Transition können nicht an die Wirklichkeit angeglichen werden, ohne dass auch der Konflikt *Selbstversorgen versus Versorgtwerden* bearbeitet wird.

Ein ebenfalls möglicher Identitätskonflikt deutet sich nicht an; Daniel ist in seinem Selbsterleben nicht schwankend oder verunsichert, auch für die Vergangenheit werden keine wechselnden Identifizierungen beschrieben. Daniel verfügt über ein festes Bild von sich und anderen und vermag sich in seinen Wünschen und Einstellungen differenziert zu beschreiben. Im *Konfliktfragebogen* der OPD-KJ-2 (Seiffge-Krenke u. Escher, 2018), einem neu entwickelten Verfahren zur Selbsteinschätzung von Jugendlichen mit einem korrespondierenden Therapeutenrating (siehe den Beitrag von Inge Seiffge-Krenke und Fabian Escher in diesem Buch), bilden sich somit auch lediglich im Bereich der Versorgung (»ich muss mich häufig um mich selbst kümmern«, »um meine Bedürfnisse kümmert sich niemand in meiner Familie«) leicht erhöhte Werte ab.

Zur Erfassung des *Strukturniveaus* verwenden wir den OPD-KJ-2-SF, einen Fragebogen zur Selbsteinschätzung, welcher nach ersten Studienergebnissen (Schrobildgen, Goth, Weissensteiner, Lazari u. Schmeck, 2019) eine solide Einschätzung des Strukturniveaus und insbesondere die Abgrenzung zu Persönlichkeitsentwicklungsstörungen ermöglicht (siehe den Beitrag von Klaus Schmeck in diesem Buch). Daniel erzielt hierbei in der Selbsteinschätzung fast durchgehend Werte zwischen dem 35. und 60. Prozentrang, was für ein gutes Strukturniveau spricht. Auch in weiteren Gesprächen vermittelt Daniel eine lebendige Beschreibung von sich und anderen und setzt sich differenziert mit den Fragen des Untersuchers auseinander. Seine Stimmung bleibt stabil, und auch bei Rückschlägen – ein neuer Mitschüler kennt ihn von früher und spricht ihn mit seinem alten Namen an, was ihn sehr verletzt und verunsichert – versteht er es, sich Hilfe zu holen und weiter zur Schule zu gehen. So verfügt Daniel auch nach klinischer Einschätzung über eine gute bis nur geringgradig eingeschränkte Integration auf der Strukturachse.

An *Behandlungsvoraussetzungen* sind neben den guten intrapsychischen Ressourcen der hohe Leidensdruck, die große Veränderungsmotivation bezogen auf den Wunsch, im Alltag als Junge zu leben, die gute familiäre Unterstützung und die Integration in den Gleichaltrigen-Verband und in das schulische Umfeld zu nennen.

Der Alltag beginnt

Daniel nimmt in den folgenden Jahren, bis zu seinem 18. Geburtstag, etwa monatlich einen Termin in der Praxis wahr. Zu Beginn zeigt er sich in den Therapiestunden froh und erleichtert, angekommen zu sein. Die Freude, in der Therapie als Junge akzeptiert zu werden, und darüber, dass die Schritte der Angleichung in erreichbare Nähe kommen, bewirkt eine Öffnung nicht nur gegenüber dem Therapeuten, sondern auch gegenüber der Familie und dem schulischen Umfeld.

Die Mutter berichtet, dass sich Daniel nach einer längeren Phase der Zurückgezogenheit wieder mehr um die familiären Belange kümmere, seine Hausaufgaben gut erledige, am Unterricht teilnehme, bessere Noten habe und auch eine verbesserte Stimmungslage. Daniel entwickelt eine außergewöhnliche Kompetenz und Initiative bei der Regelung seiner Angelegenheiten. Früh gewohnt, sich selbstständig um seine Sachen zu kümmern, vereinbart er die Termine in der Praxis sowie beim Endokrinologen zur Einleitung der pubertätsblockierenden Behandlung. Er setzt sich mit den Lehrern, der Schulsozialarbeiterin und der Direktorin auseinander, um die Fragen der Teilnahme am Sportunterricht, seiner Aufnahme in das Jungenzimmer während der Klassenfahrt und der Benutzung der Jungentoilette zu klären. Eine Zeitlang läuft alles gut. So erfolgen der Beginn der Testosteronbehandlung im Alter von 16 Jahren und die Personenstands- und Vornamensänderung beim Amtsgericht. Hier zeigt sich der sich nicht aktiv kümmernde leibliche Vater insofern kooperativ, als dass er die für Daniels Wohlergehen notwendigen Schritte, die seine elterliche Zustimmung erfordern, ermöglicht. Seitens des Vaters ist kein Ablehnen der gewünschten Vermännlichung Daniels oder eine Konkurrenz um das Männlichsein für den Untersucher spürbar. Im Gegenteil wird die fehlende emotionale Anteilnahme im Gewährenlassen deutlich, hier im Sinne von: »Wenn du dich um alles kümmerst, stimme ich zu, aber bitte zieh mich nicht in die Sache rein.«

Stimmbruch, Umbruch, Krise

Die Hormonbehandlung hat begonnen. Daniel zeigt sich stolz und freudig über seine tiefer werdende Stimme, er beteilige sich nun mehr am Unterricht. Er zeigt seine behaarten Unterarme, trägt immer noch weite, jetzt aber kurzärmelige T-Shirts. Und doch, obwohl all diese Schritte erfolgreich von ihm bewältigt worden sind, berichtet Daniel immer häufiger, dass es ihm nicht gut gehe. Es falle ihm schwer, morgens aufzustehen, und er könne keine Motivation für das letzte Schuljahr aufbringen. Wie ein Häufchen Elend sitzt er vor dem Untersucher. Zu Hause fühle er sich nicht wirklich beachtet, alles drehe sich um die jüngeren Geschwister, diese seien total frech, würden aber nicht von den Eltern gemaßregelt, und wenn er dann für Ruhe sorgen wolle, bekomme er noch eins drauf mit der Bemerkung, er solle sich raushalten. Schließlich nimmt seine depressive Verstimmung so zu, dass es wieder zu gehäuften Fehlzeiten in der Schule kommt und Daniel sich nicht in der Lage sieht, für Klausuren zu lernen, und von Ängsten berichtet, sich im Unterricht zu melden oder die Schule zu besuchen. Eine zwischenzeitliche Medikation mit einem Antidepressivum bleibt ohne Erfolg. Daniel zeigt sich verzweifelt und niedergeschlagen und kann zeitweise das Haus kaum verlassen, um ambulante Termine wahrzunehmen. Eine stationäre Behandlung lehnt er aufgrund der schlechten Vorerfahrung ab.

Als Daniel nach Beginn der Testosteronbehandlung nicht mehr in die Schule geht, werden seitens der Eltern wieder Zweifel wach. Haben sie und Daniel die falsche Entscheidung getroffen? Sollte es unserem Kind, nachdem es alles bekommen hat, was es sich wünschte, nicht viel besser gehen? Hier hilft das Verständnis von Daniels Lebenssituation unter Berücksichtigung seines Konfliktthemas. Sein durch den Konflikt bestimmtes Erleben kann nun differenziert und losgelöst von seinem transidenten Lebensweg und den damit verbundenen Belastungen gesehen werden.

Im Rahmen der zu jener Zeit vermehrten Behandlungstermine kann eine für Daniel annehmbare Sicht seiner Situation erarbeitet werden. Daniel zeigt sich durch die radikale Neuorientierung seines Lebensweges überfordert. Das letzte Jahr an der Schule mit Informationsveranstaltungen zur Berufswahl drängen ihn geradezu in die Auseinandersetzung mit dem Verlust des Schutzraums Schule und mit dem Übergang in die fordernde Erwachsenenwelt. Im familiären System wird seine aufopfernde Haltung gegenüber der Familie, seine Unterstützung bei der Erziehung der jüngeren Geschwister, nicht mehr benötigt, und Daniel beklagt sich über die ausbleibende Anerkennung. Hinzu kommt, dass mit der Durchführung der in seinem Alter erreichbaren Maßnahmen der Transition ein Stillstand eintritt. Die Möglichkeit, sich in dieses Thema einzubringen und zu investieren, um etwas Neues zu bekommen, ist für ihn absehbar zu Ende gegangen. Hiernach zeigt sich Daniel orientierungslos, da es aus seiner Sicht nichts mehr gibt, für das es sich lohnen würde zu kämpfen. Zu dem naheliegenden Ziel, für sich selbst etwas zu tun, beispielsweise zur Schule zu gehen und für Klausuren zu lernen, um einen guten Abschluss zu bekommen, vermag Daniel zunächst keinen emotionalen Bezug aufzubauen. Die eigentliche therapeutische Bearbeitung des früh angelegten *Versorgungskonflikts* beginnt so für Daniel erst im Rahmen der depressiven Krise vor Beendigung der Schule.

Daniels Erschöpfung nach Beginn der Hormonbehandlung ist verständlich. Unbewusst hat sich mit dem Wunsch nach einer Hormonbehandlung die Hoffnung auf die Befriedigung seiner Versorgungswünsche verknüpft. An seiner männlichen Identität hat Daniel keinen Zweifel. Die Hormonbehandlung und die entsprechenden Veränderungen des Körpers werden von Daniel eindeutig begrüßt. Jahrelang hat Daniel dafür gekämpft, auch körperlich männlich zu sein, und nun erweist sich dieser Zustand zwar als stimmig, aber erfüllt letztlich nicht seine durch den *Versorgungskonflikt* bestimmten Erwartungen. Seine über Jahre gelebte aktive Aufopferung stellt eine dauerhafte Überforderung dar, die dann in der depressiven Verstimmung mündet, als in mehreren Bereichen die Anerkennung ausbleibt. Zum Schutz vor Überforderung und Enttäuschung steht Daniel hier vor der Aufgabe, einen angemessenen Umgang mit den Erwartungen an sich und andere sowie an die eigene Leistungsfähigkeit zu erlernen. In der depressiven Verstimmung findet Daniel außerdem Zugang zu seiner Trauer über die in der frühen Kindheit vermisste Fürsorge, ohne die Trauer zu diesem Zeitpunkt schon für sich annehmen zu können.

Die Berücksichtigung des schon zu Beginn der Behandlung erkennbaren Konfliktthemas *Selbstversorgen versus Versorgtwerden* ermöglicht es, Daniels Einbruch zu verstehen und diesen mit ihm und seinen Eltern therapeutisch aufzuarbeiten. Der Konflikt wird überwiegend im aktiven Modus gelebt. Dem Gefühl des Mangels wird durch die Unterdrückung der eigenen Bedürfnisse und das aktive Ausleben in der Versorgung anderer begegnet. Mit Beginn der Pubertät, hier womöglich auch im Zusammenhang mit dem Gefühl, im falschen Körper zu sein und nicht genug Zuwendung und Unterstützung zu bekommen, aber auch durch die erhöhten Anforderungen durch den Besuch des Gymnasiums, kommt es zu einer ersten Überforderungssituation und depressiven Verstimmungen. Eine weitere deutliche Symptomatik entwickelt sich angesichts der Bearbeitung typischer Entwicklungsaufgaben im Jugendalter, wie Loslösen aus dem familiären Bezugssystem und damit Aufgeben des bisherigen Versorgungsrahmens und drohender Wegfall des Schutzraums Schule. Erschwerend kommt die von Daniel erlebte Unzufriedenheit und Enttäuschung in Beziehungen mit Gleichaltrigen hinzu. Auf Grundlage dieses Verständnisses gelingt es, Daniel und seinen Eltern wieder eine Sicherheit hinsichtlich der begonnenen Transition zu geben und sich den für Daniel eigentlich anstehenden Aufgaben zuzuwenden.

Daniel heute

Die durch viele Fehlzeiten und den Leistungseinbruch erforderliche Wiederholung des Schuljahres erweist sich für Daniel als Glücksfall. Er ist während dieser Zeit gut in der Lage, das schon lange vertraute therapeutische Angebot anzunehmen, ohne sich in seinem Autarkiestreben bedroht zu fühlen. Die neue Klasse nimmt ihn gut auf, und er gewinnt ein Jahr, um sich von seinem Schutzraum Schule zu verabschieden und sich in Ruhe mit den Perspektiven seines weiteren beruflichen Weges auseinanderzusetzen. So gelingt es ihm, die Schule regelmäßig zu besuchen und einen guten Abschluss zu erzielen, der ihn mit Stolz erfüllt.

Heute ist Daniel 19 Jahre alt und lebt seit mittlerweile sechs Jahren durchgehend die männliche Geschlechtsidentität. Die Hormonbehandlung dauert an und die Mastektomie, die Abnahme der Brust, ist erfolgt. Daniel hat im Anschluss an die Schule eine Ausbildung begonnen, die er erfolgreich absolviert. Die Behandlung in der Praxis für Kinder- und Jugendpsychiatrie ist abgeschlossen. In größeren zeitlichen Abständen jedoch erfolgen weiterhin Rückmeldungen von Daniel bezüglich seines Befindens. Es gehe ihm gut und er plane in den nächsten Jahren die weiteren geschlechtsangleichenden Operationen, mit denen er sich aber noch Zeit lassen wolle, um die dadurch entstehenden Fehlzeiten mit seinem Arbeitgeber absprechen zu können.

NEUE METHODEN

Klaus Schmeck

Der Strukturfragebogen OPD-KJ-2-SF: Erfassung der Achse Struktur im Selbsturteil

Vorbemerkungen

Die Einschätzung der OPD-KJ-2-Achse Struktur erfolgt in der Regel im Rahmen eines umfangreichen diagnostischen Interviews durch einen geschulten Rater. Dies ist ein aufwendiger Prozess, wenn man reliable Ergebnisse erzielen will, und setzt eine gute Schulung voraus. Daher wird die OPD-KJ nur sehr selten in Forschungsprojekten eingesetzt und kann aus Zeitgründen in der Regel auch nicht routinemäßig im klinischen Alltag eingesetzt werden. Eine Möglichkeit, die Struktur zeitökonomischer zu erfassen, liegt im Einsatz von Fragebogenverfahren, wie es in der OPD-E schon länger praktiziert wird (Ehrenthal et al., 2012). Da sich aber die Strukturachse der OPD-KJ in der zweiten Auflage von derjenigen der OPD-E unterscheidet, war es notwendig, ein eigenständiges Instrument zu entwickeln, mit dem die vier zentralen OPD-KJ-2-Strukturbereiche Steuerung, Identität, Interpersonalität und Bindung mit ihren vier bis sechs Subdimensionen erfasst werden können.

Die Konzeptionalisierung der OPD-KJ-2-Strukturachse ist weitgehend vergleichbar mit dem Kriterium A des Alternativen Modells der Persönlichkeitsstörungen im DSM-5 (APA, 2013), das die vier Persönlichkeitsfunktionen Selbststeuerung, Identität, Empathie und Nähe umfasst. Auch in dem im Mai 2019 verabschiedeten internationalen Klassifikationssystem ICD-11 wird bei der Diagnostik von Persönlichkeitsstörungen eine dimensionale Herangehensweise auf einem Kontinuum von gesund bis schwer gestört mit vergleichbaren Dimensionen verwendet (WHO, 2018). Die Erfassung von strukturellen Beeinträchtigungen, wie sie im DSM-5, in der ICD-11 und in der OPD-KJ-2 beschrieben sind, hat im Jugendalter eine besondere Relevanz, da durch ein solches Screening Persönlichkeitsstörungen frühzeitig erkannt und behandelt werden können, wodurch eine Chronifizierung der Störungen verhindert werden soll (Schmeck et al., 2018).

Aufbau des Fragebogens

Der OPD-KJ-2-SF (Operationalisierte Psychodynamische Diagnostik im Kindes- und Jugendalter – Strukturfragebogen; Goth, Schrobildgen u. Schmeck, 2018) dient der Erfassung von Beeinträchtigungen der Persönlichkeitsstruktur in den vier Dimensionen Steuerung, Identität, Interpersonalität und Bindung bei Jugendlichen zwischen zwölf und 18 Jahren. Das Instrument operationalisiert die Achse Struktur der OPD-KJ-2 als Fragebogen zur Selbsteinschätzung. Der Test umfasst 81 fünfstufige Items (von 0 = »nein« bis 4 = »ja«), die in Richtung Pathologie codiert sind, sodass hohe Punktwerte für eine hohe Beeinträchtigung sprechen. Neben einem Gesamtwert struktureller Beeinträchtigung werden Punktwerte für die vier einzelnen Strukturdimensionen sowie für die Subskalenebene mit 18 Subskalen ausgewiesen.

Die Grundstruktur des Fragebogens OPD-KJ-2-SF basiert auf den vier OPD-KJ-2-Strukturdimensionen mit insgesamt 18 Subskalen (die Dimensionen und Subdimensionen sind in Abbildung 1 dargestellt), die mit drei bis fünf Items pro Subskala erfasst werden. Die Items wurden auf Grundlage der im OPD-KJ-2-Manual (Arbeitskreis OPD-KJ-2, 2016) beschriebenen inhaltlichen Herleitungen der Konstrukte und der dazugehörigen Ankerbeispiele zur Einschätzung des Strukturniveaus der Altersgruppe 13–18 Jahre entwickelt. Inhaltliche Überschneidungen gibt es zu einigen Items des Strukturfragebogens für Erwachsene OPD-SF (Ehrenthal et al., 2012). Eine detaillierte Beschreibung der Testkonstruktion findet sich bei Schrobildgen et al. (2019).

Auswertung des Fragebogens

Die einfachste Möglichkeit, den Fragebogen in der Einzelfalldiagnostik auszuwerten, wird auf der Homepage academic-tests.com angeboten. Der Fragebogen kann auf dieser Homepage interaktiv vom Jugendlichen selbstständig eingegeben werden. Anschließend kann sich die oder der Untersuchende das Ergebnisprofil differenziert ausdrucken lassen. Alternativ kann der Fragebogen auch auf Papier ausgefüllt und nachträglich über das Computerprogramm eingegeben und ausgewertet werden. Für Forschungsprojekte ist die Anwendung nach Rücksprache mit den Originalautoren kostenfrei.

Für die manuelle Auswertung stehen SPSS-Routinen und ein Profilbogen zum Eintragen der Ergebnisse zur Verfügung (siehe Abbildung 1), die von den Originalautoren bezogen werden können. Die Ergebnisprofile werden auf Basis von T-Normen aus der Schulstudie dargestellt.

Anwendung des Fragebogens

Der OPD-KJ-2-SF ist geeignet für Jugendliche zwischen zwölf und 18 Jahren, wobei begabtere Kinder auch schon im Alter von zehn bis elf Jahren in der Lage sind, die Items zu verstehen. Die Durchführung dauert ungefähr 15 Minuten. Der Fragebogen hat 81 Items, die in einem fünfstufigen Format beantwortet werden (0 = nein, 1 = eher nein, 2 = teils/teils, 3 = eher ja, 4 = ja). Da die Items in Richtung Pathologie codiert sind, sind hohe Werte ein Indikator für eine starke Beeinträchtigung der Struktur.

Der OPD-KJ-2-SF weist sehr gute psychometrische Kennwerte auf. Die Reliabilitätskoeffizienten der Gesamtskala (.98) und der vier Hauptskalen (.87–.93) sprechen für eine hohe interne Konsistenz. Auch die diskriminative Validität ist als sehr gut einzuschätzen. Sowohl der Gesamtscore als auch die vier Dimensionen Steuerung, Identität, Interpersonalität und Bindung trennen hochsignifikant (p = .000) und mit großen Effektstärken (d > 0.8) zwischen Schülern und jugendlichen Patienten mit Persönlichkeitsstörungen.

Das differenzierte Profil auf Dimensions- und Subdimensionsebene (siehe Abbildung 1) liefert wertvolle Hinweise für die klinische Diagnostik und die Therapieplanung (siehe den Beitrag von Ruth Weissensteiner und Jörg Ulrich Koenig in diesem Buch). Zur Frage, ob ein beeinträchtigtes oder sogar desintegriertes Strukturniveau vorliegt, sollte vor allem der Gesamtscore verwendet werden, da die hohen Interkorrelationen der Hauptskalen und Subskalen am ehesten auf ein unidimensionales Konstrukt mit einem gemeinsamen Faktor »Struktur« hinweisen (Schrobildgen et al., 2019).

Beispielprofile eines OPD-KJ-2-SF-Strukturfragebogens

In Tabelle 1 und den Abbildungen 1 und 2 sind die OPD-KJ-2-SF-Ergebnisse eines 15-jährigen Mädchens dargestellt, das unter einer Borderline-Persönlichkeitsstörung leidet (bestätigt mit einem SKID-II-Interview).

Tabelle 1: OPD-KJ-2-SF-Ergebnisse eines 15-jährigen Mädchens mit
Borderline-Persönlichkeitsstörung

Beeinträchtigungen in der Persönlichkeitsstruktur	T-Wert	%-Rang	Roh-Wert
Struktur Gesamtwert	**79**	**99.8**	**256**
1. Steuerung	**70**	**97.7**	**45**
1.1 Impulssteuerung	63	90.3	11
1.2 Affekttoleranz	71	98.2	13
1.3 Gewissensbildung	48	42.1	5
1.4 Selbstwertregulation	80	99.9	16
2. Identität	**78**	**99.7**	**79**
2.1 Kohärenz	69	97.1	13
2.2 Selbsterleben	79	99.8	18
2.3 Selbst-Objektdifferenzierung	75	99.4	18
2.4 Objekterleben	52	57.9	10
2.5 Zugehörigkeit	80	99.9	20
3. Interpersonalität	**76**	**99.5**	**77**
3.1 Fantasien	69	97.1	13
3.2 Emotionale Kontaktaufnahme	71	98.2	15
3.3 Reziprozität	72	98.6	10
3.4 Affekterleben	72	98.6	18
3.5 Empathie	60	84.1	9
3.6 Fähigkeit, sich zu trennen	72	98.6	12
4. Bindung	**80**	**99.9**	**55**
4.1 Zugang zu Bindungsrepräsentationen	80	99.9	16
4.2 Sichere innere Basis	76	99.5	16
4.3 Fähigkeit, allein zu sein	70	97.7	10
4.4 Nutzung von Bindungsbeziehungen	74	99.2	13

Hohe Werte sprechen für eine hohe Beeinträchtigung, niedrige Werte für eine gesunde Struktur.

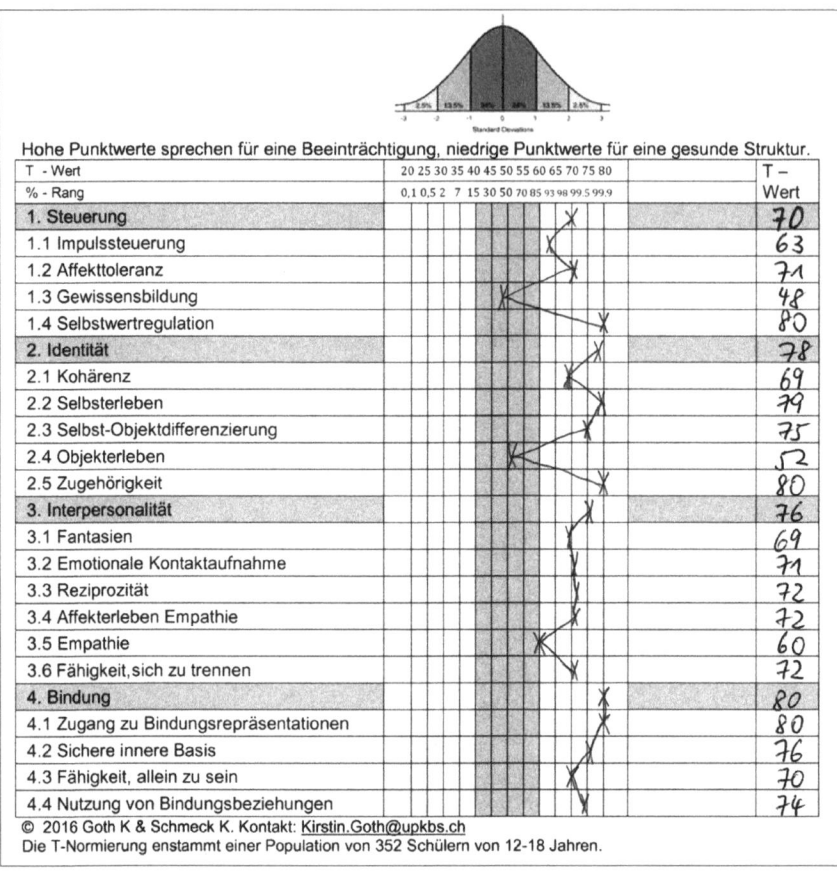

Abbildung 1: OPD-KJ-2-SF-Profil eines 15-jährigen Mädchens mit Borderline-Persönlichkeitsstörung

Wie bei einer solchen Diagnose zu erwarten, zeigt sich im Gesamtscore mit einem T-Wert von 79 (entsprechend einem Prozentrang von 99.8) eine massive Beeinträchtigung der Struktur, wie sie von Otto Kernberg als Borderline-Persönlichkeitsorganisation beschrieben wird. Auf Ebene der Dimensionen finden sich die größten Beeinträchtigungen auf den Dimensionen Bindung (T = 80) und Identität (T = 78), aber auch die Werte auf den Dimensionen Interpersonalität (T = 76) und Steuerung (T = 70) liegen deutlich über dem Normbereich. Ein differenziertes Bild zeigt sich auf den 18 Subdimensionen, wo sich sowohl Werte im Normbereich (Gewissensbildung, T = 48; Objekterleben, T = 52; Empathie, T = 60) als auch extrem hohe Werte zeigen (Selbstwertregulation, Zugehörigkeit und Zugang zu Bindungsrepräsentationen jeweils T = 80). Aus diesem Profil können Behandlungsstrategien und -fokusse abgeleitet werden.

Einen schnellen Überblick liefert das in Abbildung 2 dargestellte Diagramm, das bei der Verwendung der internetbasierten Eingabe (www.academic-tests.de) automatisch erzeugt wird.

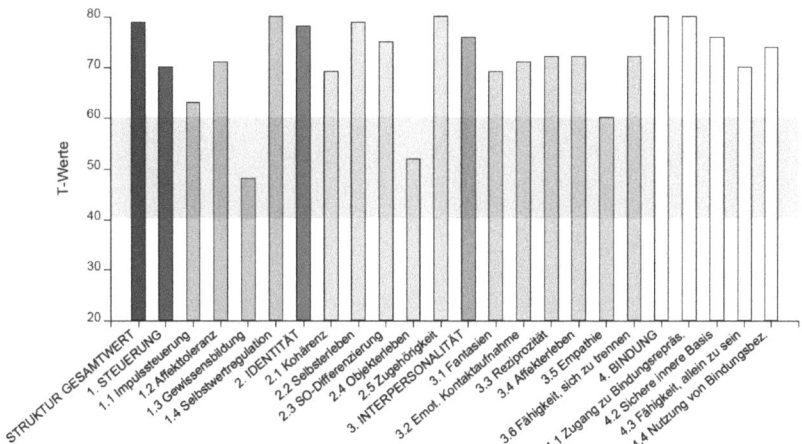

Abbildung 2: OPD-KJ-2-SF-Ergebnisdiagramm

Ausblick

Der OPD-KJ-2-SF-Strukturfragebogen ist nach seiner psychometrischen Überprüfung (Schrobildgen et al., 2019) gegenwärtig in einer Reihe von Kliniken und Praxen im Einsatz (siehe auch den Beitrag von Ruth Weissensteiner und Jörg Ulrich Koenig in diesem Buch). Neben der deutschen Version gibt es auch englische und spanischsprachige Fassungen. Um eine ökonomische Einschätzung des Strukturniveaus auch bei jüngeren Kindern zu ermöglichen, wird der Fragebogen gegenwärtig zusätzlich adaptiert für den Einsatz als Fremdrating (durch Eltern oder andere Bezugspersonen) zur Struktureinschätzung von 6–18-jährigen Kindern. Die psychometrischen Gütekriterien werden zurzeit überprüft.

Der Fragebogen OPD-KJ-2-SF kann mit T-Normierung über den Verlag academic-tests bezogen werden. Es ist zu hoffen, dass dadurch sowie durch die Entwicklung des Konfliktfragebogens (siehe den Beitrag von Inge Seiffge-Krenke und Fabian Escher in diesem Buch) die Erfassung der OPD-KJ-2-Achsen Struktur und Konflikt in Zukunft nicht nur bei klinischen Fragestellungen, sondern vermehrt auch in Forschungsprojekten eingesetzt wird.

Inge Seiffge-Krenke und Fabian Escher

Der Konfliktfragebogen: Multiperspektivische standardisierte Erfassung der intrapsychischen Konflikte nach OPD-KJ-2

Vorbemerkungen

Die Konfliktdiagnostik nach OPD-KJ-2 ist ein wichtiges Instrument im Rahmen der Diagnostik und Behandlungsplanung (Arbeitskreis OPD-KJ-2, 2013). Sie hat sich zum Ziel gesetzt, intrapsychische länger andauernde Konflikte, die die Entwicklung von Kindern und Jugendlichen behindern, zu erfassen. Die OPD-KJ-2 ist kein konkurrierendes Instrument zur ICD-10 (vgl. den Beitrag von Helene Timmermann in diesem Buch), sondern eine wichtige Ergänzung in der Diagnostik von Kindern und Jugendlichen, die in den letzten Jahren zunehmend im ambulanten und stationären Bereich eingesetzt wird. Sie ist nicht nur zur Differenzialindikation der Psychotherapie für die Entscheidung zwischen ambulantem und stationärem Setting geeignet, insbesondere in Kombination mit Informationen der Strukturachse, sondern sie erlaubt auch eine genauere Unterscheidung hinsichtlich der Therapieform (Kurzzeittherapie, tiefenpsychologisch fundierte Langzeittherapie oder Psychoanalyse). Neben Hilfen bei der Indikation und differenziellen Indikation ist die Konfliktachse der OPD-KJ-2 für die Therapieplanung ein wesentlicher Baustein. Die Differenzierung über insgesamt sieben Konfliktbereiche, die jeweils in einem aktiven und passiven Modus vorliegen, erlaubt es, entwicklungsbehindernde Konflikte am Beginn der Behandlung zu erkennen, gezielt die Behandlungsplanung darauf abzustellen und den wichtigsten entwicklungsbehindernden Konflikt bzw. den zweitwichtigsten entwicklungsbehindernden Konflikt zu bearbeiten. Wie in Seiffge-Krenke et al. (2014) dargestellt, taucht oftmals in der Behandlung ein zweiter Konflikt auf, der am Beginn der Therapie noch nicht so gut erkennbar war und nun bearbeitet werden kann.

Um die Erfassung des intrapsychischen Konflikts ökonomischer zu gestalten und eine standardisierte Erhebung zu ermöglichen, haben wir einen multiperspektivischen Fragebogen nach OPD-KJ-2 erstellt. Der Fragebogen kann von jugendlichen Patienten ab dem Alter von 13 Jahren (Altersstufe 3, Selbstrating) und ihren behandelnden Psychotherapeuten (Fremdrating) ausgefüllt werden. Therapeutinnen und Therapeuten können aber auch ein Fremdrating für ein Kind der Altersstufen 1 und 2 abgeben, das ihnen bei der Behandlungsplanung hilft. Wir gehen davon aus, dass den Jugendlichen, insbesondere zu Beginn der Behandlung, der zugrunde liegende Konflikt noch nicht ganz klar ist bzw. er vorbewusst ist. Im Laufe der Therapie wird er aber bewusster, da Therapeut und Patient gezielt an diesem Thema in verschiedenen Bereichen (Schule, Elternhaus etc.) arbeiten. Es ist also davon auszugehen, dass die Übereinstimmung zwischen den Ratings im Konfliktfragebogen des Therapeuten und in dem des Jugendlichen am Ende der Therapie größer sein wird als am Anfang.

Aufbau des Fragebogens

Der Konfliktfragebogen liegt in einer Therapeuten- und einer Patientenversion vor. Er besteht aus 28 Items, die von Patient und Therapeut unabhängig voneinander beantwortet werden. Dabei wird jeder intrapsychische Konflikt nach OPD-KJ-2 mit jeweils vier Items erfasst. Die beiden vorherrschenden Verarbeitungsmodi (aktiv versus passiv) werden dabei gleichwertig mit jeweils zwei Items abgefragt. Das Antwortformat ist fünfstufig: 0 = nein, 1 = eher nein, 2 = teils/teils, 3 = eher ja, 4 = ja. Der Fragebogen ist im Selbstrating für Patienten der Altersstufe 3 (13.–18. Lebensjahr) vorgesehen; im Fremdrating kann ein Therapeut, eine Therapeutin ihn wie beschrieben für diese Altersstufe, aber auch für jüngere Patienten einsetzen. Es folgen Beispielitems für die Konflikte und Verarbeitungsmodi:

Nähe versus Distanz
- aktiv: Enge Beziehungen zu Freunden machen mir Angst.
- passiv: In engen Freundschaften/Beziehungen habe ich immer Angst vor Verlust.

Unterwerfung versus Kontrolle
- aktiv: Unter meinen Freunden habe ich das Sagen.
- passiv: In meinen Beziehungen ordne ich mich gern unter.

Selbstversorgen versus Versorgtwerden
- aktiv: Ich muss häufig für mich selbst sorgen/auf mich selbst achten.
- passiv: In meiner Familie helfen mir alle, kümmern sich alle ständig um mich.

Selbstwertkonflikt
- aktiv: Mir ist es wichtig, bessere Leistungen zu erbringen als andere, damit man sieht, dass ich ihnen überlegen bin.
- passiv: Ich vergleiche mich sehr häufig mit Gleichaltrigen, und das geht meistens negativ aus.

Schuldkonflikt
- aktiv: Ich habe die schrecklichsten Eltern der Welt.
- passiv: Ich mache mir Vorwürfe, wenn etwas in meiner Familie schiefgeht.

Ödipaler Konflikt
- aktiv: Ich konkurriere gern um den attraktivsten Jungen/das attraktivste Mädchen.
- passiv: Mich nervt, dass Sexualität überall in den Medien so viel thematisiert wird.

Identitätskonflikt
- aktiv: Ich habe ständig neue Idole, denen ich nacheifere.
- passiv: Ich kann mich nicht festlegen, wer ich sein möchte, die vielen Möglichkeiten machen mir Angst.

Auswertung des Fragebogens

Die Skalenbildung erfolgt durch die Bildung von Mittelwerten pro Konflikt und Verarbeitungsmodus. Dabei werden alle Skalen durch zwei Items erfasst. Es ergeben sich aus den 28 Items also 14 Mittelwerte, die anschließend auf klinische Relevanz geprüft werden können. In der Auswertung können Werte ab 1 bzw. 1.5 als auffällig angesehen werden.

Beispielprofile eines Konfliktfragebogens

Im Anschluss an die Auswertung des Fragebogens ist eine Darstellung des Konfliktprofils möglich. Es folgt ein Beispiel der Therapeutenversion, in der der Konflikt Selbstversorgen versus Versorgtwerden im aktiven Modus als Hauptkonflikt imponiert. Es ist dabei möglich, dass sekundäre intrapsychische Konflikte, die eventuell aufgrund des dominanten primären Konflikts in der Szene und in der Gegenübertragung des Psychotherapeuten nicht bedeutsam schienen, ebenfalls deutlich werden. So zeigt unser Beispiel einen vorhandenen Schuldkonflikt, der allerdings weniger bedeutsam erscheint als der Konflikt Selbstversorgen versus Versorgtwerden. Wie erwähnt, kann er dann in einer laufenden Behandlung prominenter werden und bearbeitet werden. Dies spricht dafür, dass die Konfliktskalen mehrfach im Verlauf einer Therapie (Anfang, Mitte, Ende) eingesetzt werden.

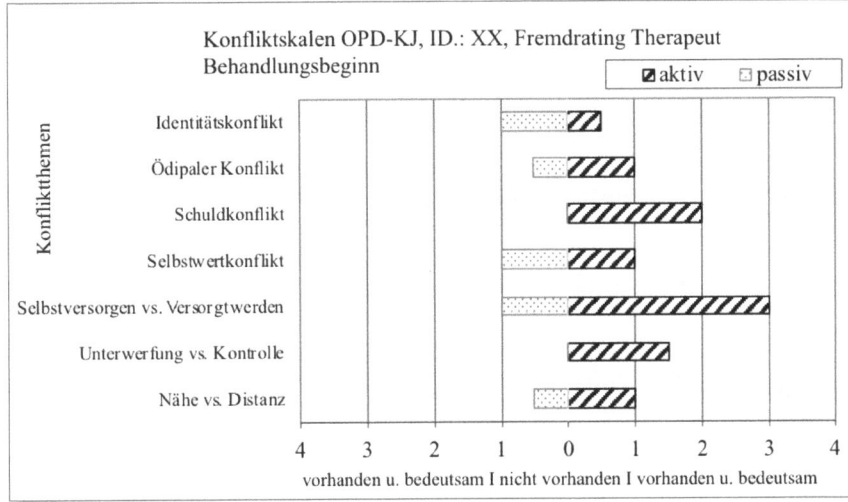

Abbildung 1: Beispielhaftes Konfliktprofil eines Jugendlichen mit Konflikt Selbstversorgen versus Versorgtwerden im aktiven Modus nach Fremdrating durch den Psychotherapeuten

In diesem Beispielprofil des Therapeutenfragebogens fällt der Konflikt Selbstversorgen versus Versorgtwerden im aktiven Modus als primärer Konflikt auf. In der folgenden Patientenversion zeigt sich, dass die Einschätzung insbesondere zu Beginn einer Behandlung noch deutlich heterogener ausfallen kann. Das kann unterschiedliche Gründe haben, die auf neurotischer, aber auch auf struktureller Ebene, im Sinne einer geringen Selbst- und Affektwahrnehmung, liegen können. Diese Informationen sind ebenfalls wichtig für die Behandlungsplanung.

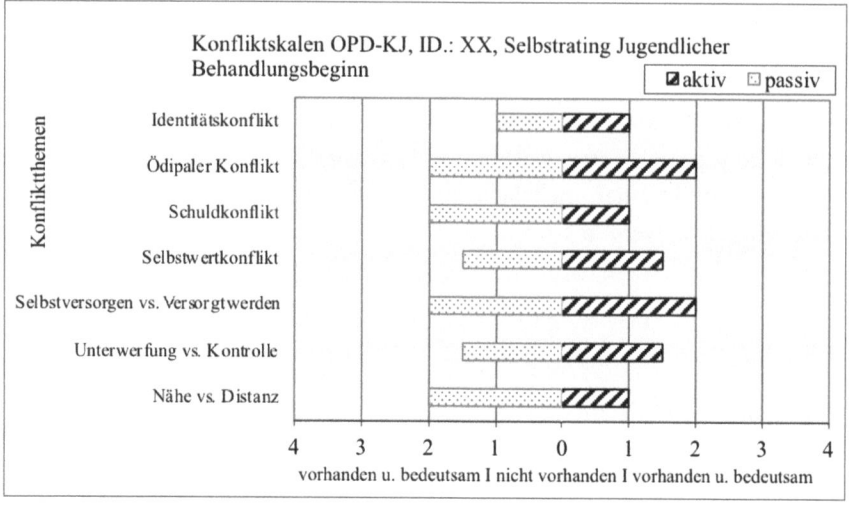

Abbildung 2: Beispielhaftes heterogenes Konfliktprofil eines Jugendlichen nach Selbstrating

Ausblick

Gegenwärtig werden die Konfliktfragebögen für Jugendliche und ihre Therapeuten in verschiedenen ambulanten und stationären Einrichtungen in der Bundesrepublik, aber auch in der Schweiz und Österreich eingesetzt. Eine schwedische Version wird in Stockholm, eine spanische Version in Chile verwendet. Im Rahmen des Themenheftes »Konfliktachse der OPD-KJ-2«, das für die »Zeitschrift für Kinder- und Jugendpsychiatrie und -psychotherapie« 2021 geplant ist, werden die Ergebnisse zur Validität (Differenzierung zwischen klinisch unauffälligen und auffälligen Jugendlichen, Zusammenhänge in der Einschätzung von jugendlichen Patienten und ihren Therapeuten) sowie die Veränderung des Konfliktniveaus im Verlauf von ambulanten und stationären Therapien dargestellt werden. Die Erfahrungen zeigen, dass das Instrument eine brauchbare und hilfreiche Ergänzung im diagnostischen und therapeutischen Prozess darstellt. Man darf sehr gespannt sein, was die weiteren statistischen Auswertungen erbringen werden.

AUSBLICK

Klaus Schmeck und Inge Seiffge-Krenke

OPD-KJ-2: Wo stehen wir und wie geht es weiter?

Dieses Fallbuch ist von Klinikern und Klinikerinnen geschrieben worden, die sich der OPD-KJ verbunden fühlen und sie in ihrer klinischen Arbeit einsetzen. Im ständigen Austausch mit ihren Patientinnen und Patienten haben sie die Vorteile eines diagnostischen Systems schätzen gelernt, das ihnen dabei hilft, ein psychodynamisches Fallverständnis in einem strukturierten Prozess gewinnbringend für die Planung, Durchführung und Evaluation von Behandlungen einzusetzen. Die Fallbeispiele aus verschiedenen Arbeitsfeldern und von Therapeutinnen und Therapeuten mit unterschiedlichem beruflichem Hintergrund zeigen eindrucksvoll, wie breit die Anwendungsmöglichkeiten der OPD-KJ sind und welche verschiedenen Blickwinkel durch ihre Anwendung eingenommen werden können.

Deshalb war es uns ein Anliegen, nicht nur Fallbeispiele zur Anwendung der vier Achsen darzustellen, sondern auch darüber hinausgehende Themen anzugehen, wie die von Helene Timmermann bearbeitete Frage, wie das diagnostische System der OPD-KJ-2 mit der Herangehensweise des Szenischen Verstehens in Einklang zu bringen ist, oder die von Inge Seiffge-Krenke diskutierte Überlegung, wie das Auftauchen bestimmter Konfliktthemen mit gesamtgesellschaftlichen Veränderungen in den Erziehungsstilen und der Bedeutung von Kindern für den Selbstwert von Eltern bei fehlenden Generationsgrenzen zusammenhängen mag. Die OPD-KJ-2 öffnet sich aber auch neuen Herausforderungen, wie sie in der geänderten Psychotherapie-Richtlinie und den zusätzlichen Regelungen vom 21.12.2018 mit erweitertem Indikationsbereich möglich werden. Die Beschreibungen von Sebastian Glock, Petra Adler-Corman und Heiko Dietrich illustrieren, wie sich die OPD-KJ-2 auch bei Kindern und Jugendlichen mit intellektuellen Beeinträchtigungen oder bei transidenten Jugendlichen gewinnbringend einsetzen lässt.

Die Fallbeispiele zu den vier Achsen der OPD-KJ-2 decken alle drei Altersgruppen und ein sehr breites Spektrum an Diagnosen ab, das sich von internalisierenden Störungen (Eger et al., Yücel-Gülay et al., Cropp u. Claaßen,

Seiffge-Krenke), externalisierenden Störungen (Bilke-Hentsch, Kempf-Giefing u. Weissensteiner, Escher) bis hin zu Essstörungen (Weber u. Weissensteiner, Kalkum u. Seiffge-Krenke), Persönlichkeitsstörungen (Schwarzenfeld u. Weissensteiner, Weissensteiner u. Koenig) und psychotischen Störungen (Koch) erstreckt. Dargestellt werden die Bindungs- und Beziehungsrepräsentanzen von Kindern und Jugendlichen, ihre inneren Konflikte und ihre psychische Struktur. Dass der Achse Behandlungsvoraussetzungen eine besondere Bedeutung bei der Planung von Behandlungsfokus und -setting zukommt, wird ebenfalls ausführlich beschrieben. Dabei ist hervorzuheben, dass die Autorinnen und Autoren nicht nur in ganz unterschiedlichen ambulanten und stationären Settings arbeiten, sondern dass auch sehr unterschiedliche Therapieansätze (von psychoedukativen über kognitiv-behavioralen bis zu psychoanalytischen Behandlungsformen) zum Einsatz kamen mit einem Schwerpunkt in den tiefenpsychologisch fundierten Behandlungsformen. Dies veranschaulicht, dass die OPD-KJ-2 als Instrument zwar ursprünglich von einem psychoanalytischen Hintergrund kam und sich auch weiterhin so versteht, dass ihre gelungene Operationalisierung als diagnostisches Instrument aber auch den Einsatz bei anderen Behandlungsformen ermöglicht. Es sind nicht nur unterschiedliche Behandlungsformen einbezogen worden, die sich im stationären und ambulanten Setting oftmals deutlich unterscheiden, der Stundenumfang der Behandlungen unterschied sich auch deutlich (von 25 Stunden bis zu dreieinhalb Jahren Langzeittherapie).

Die Autorinnen und Autoren lassen auch eine unterschiedlich große Affinität zur Operationalisierung von OPD-KJ-Konstrukten in der Therapie erkennen. Während einige den eher klassischen Fallschilderungen folgen, bei denen die OPD-KJ-2-Diagnostik etwa in Bezug auf Konflikte, Struktur und Behandlungsvoraussetzungen quasi als Folie im Hintergrund mitläuft, finden sich einige Fallberichte, die erstaunlich genau in der Behandlung operationalisiert haben, wie die Arbeit etwa an einem Struktur- oder Konfliktfokus aussehen kann, wie sie therapeutisch den Aufbau struktureller Defizite leisten und in welcher Form sie ein Konfliktthema immer wieder in der Therapie mit dem Kind oder Jugendlichen und dessen Eltern bearbeiten und schließlich auch in der Gegenübertragung reflektieren. Damit kommen sie schon nahe an eine Idee, die von der OPD-E vertreten wird und an der gegenwärtig gearbeitet wird: die Entwicklung einer manualisierten operationalisierten psychodynamischen Therapie. Anhand dieser breiten Palette von Konzepten und Anwendungsformen lässt sich anschaulich zeigen, wie sich das Instrument OPD-KJ-2 im diagnostischen und therapeutischen Alltag bewährt hat.

Deutlich dürfte aber auch geworden sein, wie sehr die OPD-KJ-2 als Instrument die Kommunikation beflügelt und den Austausch unter Kollegen und

Kolleginnen ganz unterschiedlicher Fachrichtungen erleichtert und stimuliert. Tatsächlich ist gegenwärtig die OPD-KJ-2 in Weiterbildungsinstituten und in ambulanten Praxen bzw. im stationären Setting vielfach in Intervisions- und Supervisionsgruppen Grundlage, sie ist gemeinsame Sprache beim Austausch über Diagnostik und Behandlungsfälle. Inzwischen gibt es auch die OPD-KJ-2 als Hilfe bei der Antragstellung für den Bericht an den Gutachter, der im ambulanten Bereich für die Übernahme der Kosten durch die Krankenkasse gegenwärtig noch gestellt werden muss (Seiffge-Krenke, 2020). Eine Zusammenfassung wichtiger Forschungsergebnisse zur OPD-KJ findet sich ebenfalls in Seiffge-Krenke (2020).

Viele psychodynamisch orientierte Psychotherapeuten verwenden die OPD-KJ-2 als Hilfsmittel beim Verfassen von Therapieanträgen, aber scheuen die Anwendung in der täglichen Praxis, da ihnen die Durchführung des Instruments in der Routine zu aufwendig erscheint. Um den Zugang zur Operationalisierten Psychodynamischen Diagnostik zeitökonomischer zu ermöglichen und damit eine bessere Implementierung im klinischen Alltag herbeizuführen, haben wir mit dem Struktur- und dem Konfliktfragebogen zwei Messinstrumente entwickelt, die es allen mit der OPD-KJ-2 vertrauten Klinikern ermöglichen, die Achsen Struktur und Konflikt in die Alltagsroutine zu integrieren und darüber in einen Dialog mit ihren jugendlichen Patientinnen und Patienten zu gelangen. Wie dies konkret gelingt, wird in den Beiträgen von Ruth Weissensteiner und ihren Co-Autorinnen und -Autoren Martina Kempf-Giefing, Ilonka Schwarzenfeld, Alexa Kyra Weber und Jörg Ulrich Koenig eindrucksvoll dargestellt, und ihre Fallbeispiele wie auch diejenigen von Carmen Eger et al., Emine Yücel-Gülay et al. sowie Carola Cropp und Bastian Claaßen belegen ebenfalls, wie eine intensive Kooperation zwischen Psychotherapeuten und Kinder- und Jugendpsychiatern erfolgreich gelingt.

Die OPD-KJ-2 ist in den deutschsprachigen Ländern seit vielen Jahren im klinischen Kontext ein etabliertes Instrument. Im neuen *Masterstudiengang Psychotherapie* wird sie ab 2020 auch Einzug in die Lehre an den Universitäten halten, und ihre Verbreitung in den Weiterbildungsinstitutionen wird weiter zunehmen (Ehrenthal u. Seiffge-Krenke, 2021), nachdem sie inzwischen auch Stoff für die mündlichen Prüfungen zur Approbation geworden ist. Die Internationalisierung der OPD-KJ-2 ist eine weitere bemerkenswerte Entwicklung. Durch die im Jahr 2017 veröffentlichte englische Fassung des Manuals, die im Jahr 2020 erscheinende spanischsprachige Fassung und die schon weit fortgeschrittene Übersetzung ins Türkische wird sich das Konzept der Operationalisierten Psychodynamischen Diagnostik international noch deutlich stärker verbreiten.

Der Erfolg des Instruments basiert zu einem großen Teil auch darauf, dass die Erfahrungen der Anwendenden immer wieder zurückfließen zu den Entwickelnden, um dadurch eine ständige Verbesserung zu ermöglichen. Die Arbeitsgruppe OPD-KJ hat diese Rückmeldungen in den vergangenen Jahren wiederholt aufgegriffen und das Instrument in einer zweiten Fassung überarbeitet. Dieser Prozess wird kontinuierlich weitergeführt, sodass die Arbeitsgruppe gegenwärtig an der dritten Version der OPD-KJ arbeitet. Um diese Überarbeitung möglichst erfolgreich zu gestalten, sind nicht nur theoretische Überlegungen und empirische Forschungsergebnisse notwendig, sondern in gleichem Maße die Erfahrungen der Anwendenden im klinischen Alltag in unterschiedlichen Settings, da nur dadurch die möglicherweise noch bestehenden Schwachstellen aufgedeckt und korrigiert werden können. Wie würden uns deshalb freuen, wenn wir mit diesem Fallbuch viele Leserinnen und Leser dazu animieren könnten, die OPD-KJ-2 in ihre klinische Arbeit zu integrieren und uns, der Taskforce OPD-KJ, ihre Erfahrungen bei der Anwendung zurückzumelden. Wenn dadurch die OPD-KJ-3 noch ein Stück besser werden kann als die Vorläuferversionen, dann wäre damit auch den Patienten und ihren Therapeuten geholfen.

Literatur

Aberlin, E. (1971). The role of the father in the separation-individuation process. New York: International Universities Press.
APA – American Psychiatric Association (2013). Diagnostic and statistical manual of mental disorders (DSM-5). Washington, DC: American Psychiatric Publishing.
Arbeitskreis OPD-KJ-2 (2013). Operationalisierte Psychodynamische Diagnostik im Kindes- und Jugendalter. Bern: Huber, Hogrefe AG.
Argelander, H. (1970). Das Erstinterview in der Psychotherapie. Darmstadt: Wissenschaftliche Buchgesellschaft.
Bion, W. R. (1997). Transformationen. Frankfurt a. M.: Suhrkamp.
Blos, P. (1964). Die Funktion des Agierens im Adoleszenzprozess. Psyche – Zeitschrift für Psychoanalyse und ihre Anwendungen, 18, 120–138.
Blos, P. (2001). Adoleszenz. Eine psychoanalytische Interpretation. Stuttgart: Klett-Cotta.
Delmo, C., Weiffenbach, O., Gabriel, M., Stadler, C., Poustka, F. (2001). KIDDIE SADS (K-SADS-PL), deutsche Forschungsversion erweitert um ICD-10-Diagnostik (5. Aufl.). Frankfurt a. M.: Klinik für Psychiatrie und Psychotherapie des Kindes- und Jugendalters.
Deutsche Gesellschaft für Kinder- und Jugendpsychiatrie (2013). 028/014 – S1-Leitlinie: Störungen der Geschlechtsidentität im Kindes- und Jugendalter, Stand 08/2013, publiziert bei AWMF online, http//www.awmf.org/leitlinien/detail/ll/028-014.html (11.10.2019).
Ehrenthal, J. C., Dinger, U., Horsch, L., Komo-Lang, M., Klinkerfuß, M., Grande, T., Schauenburg, H. (2012). Der OPD-Strukturfragebogen (OPD-SF): Erste Ergebnisse zu Reliabilität und Validität. Psychotherapie, Psychosomatik und Medizinische Psychologie, 62, 25–32.
Ehrenthal, J. C., Seiffge-Krenke, I. (2021). Psychodynamische Konzepte und Behandlungstechnik lehren und lernen. Göttingen: Vandenhoeck & Ruprecht.
Fonagy, P., Target, M. (2001). Mentalisierung und die sich ändernden Ziele der Psychoanalyse des Kindes. Kinderanalyse, 23, 229–243.
Freud, S. (1905). Drei Abhandlungen zur Sexualtheorie. GW V (S. 33–145). Frankfurt a. M.: Fischer.
Goth, K., Schrobildgen, C., Schmeck, K. (2018). Das Inventar OPD-KJ2-SF (Operationalisierte Psychodynamische Diagnostik im Kindes- und Jugendalter –Strukturfragebogen). Offenbach: Academic-tests (verfügbar unter www.academic-tests.com).
Grande, T. (2007). Wie stellen sich Konflikt und Struktur in Beziehungen dar? Zeitschrift für Psychosomatische Medizin und Psychotherapie, 53, 144–162.
Grieser, J. (2018). Elternarbeit in der Psychotherapie von Kindern und Jugendlichen. Göttingen: Vandenhoeck & Ruprecht.
Günther, M. (2009). Die Aufmerksamkeitsdefizithyperaktivitätsstörung (ADHS) – eine Denk- und Affektverarbeitungsstörung. Kinderanalyse, 4, 388–415.
Herpertz, S., Fichter, M., Herpertz-Dahlmann, B., Hilbert, A., Tuschen-Caffier, B., Vocks, S., Zeeck, A. (Hrsg.) (2018). S3-Leitlinie Diagnostik und Behandlung der Essstörungen. Heidelberg: Springer.
Hopf, H. (2014). Die Psychoanalyse des Jungen. Stuttgart: Klett-Cotta.
Kraus, A. (2010). Identitätsbildung Melancholischer und Hysterischer. In G. Seidler (Hrsg.), Hysterie heute. Metamorphosen eines Paradiesvogels (3. Aufl., S. 181–192). Gießen: Psychosozial-Verlag.

Laimböck, A. (2013). Szenisches Verstehen, Unbewusstes und frühe Störungen. Psyche – Zeitschrift für Psychoanalyse und ihre Anwendungen, 67, 881–902.

Lehmhaus, D., Reiffen-Züger, B. (2018). Spiel und Spielen in der psychodynamischen Kinder- und Jugendlichenpsychotherapie. Stuttgart: Kohlhammer.

Lichtman, T. (2019). »Die machtvolle kleine Dame«. Abschlussbericht zur Prüfung zur tiefenpsychologisch fundierten und psychoanalytischen Kinder- und Jugendlichentherapeutin, Mainz.

Lorenzer, A. (1970). Sprachzerstörung und Rekonstruktion. Frankfurt a. M.: Suhrkamp.

Menschik-Bendele, J. (2013). Sprachloses Entsetzen: Zum Zusammenhang von Hysterie und Trauma. Kulturkritik, 33, 23–37.

Mentzos, S. (2010). Affektualisierung innerhalb der hysterischen Inszenierung. In G. Seidler (Hrsg.), Hysterie heute. Metamorphosen eines Paradiesvogels (3. Aufl., S. 181–192). Gießen: Psychosozial-Verlag.

Reddemann, L. (2011). Psychodynamisch Imaginative Traumatherapie. PITT® – Das Manual. Stuttgart: Klett-Cotta.

Remschmidt, H., Schmidt, M. H., Poustka, F. (2008). Multiaxiales Klassifikationsschema für psychiatrische Störungen im Kindes- und Jugendalter nach ICD-10 der WHO (6. Aufl.). Bern: Huber.

Rudolf, G. (2014). Psychodynamische Psychotherapie. Die Arbeit an Konflikt, Struktur und Trauma (2. Aufl.). Stuttgart: Schattauer.

Rupprecht-Schampera, U. (2015). Hysterie – ein missglückter Separationsversuch. Eine Zusammenfassung meiner Hysterietheorie. Psychotherapie, 20, 151–179.

Sandler, J. (1976). Gegenübertragung und Bereitschaft zur Rollenübernahme. Psyche – Zeitschrift für Psychoanalyse und ihre Anwendungen, 30, 297–305.

Schmeck, K., Pick, O. G., Milidou, M., Schenk, N., Schlüter-Müller, S., Zimmermann, R. (2018). Früherkennung von Persönlichkeitsstörungen. Persönlichkeitsstörungen. Theorie und Therapie, 22, 179–185.

Schrobildgen, C., Goth, K., Weissensteiner, R., Lazari, O., Schmeck, K. (2019). Der OPD-KJ2-SF. Ein Instrument zur Erfassung der Achse Struktur der OPD-KJ-2 bei Jugendlichen im Selbsturteil. Zeitschrift für Kinder- und Jugendpsychiatrie und Psychotherapie, 47, 428–484.

Schulze, S. (2016). Den Schmerz vermeiden. Unbewusste Phantasien zwischen Einverleibung und Ausstoßung des Objekts. Psyche – Zeitschrift für Psychoanalyse und ihre Anwendungen, 70, 508–529.

Seiffge-Krenke, I. (2013). Arbeitsbündnis und Übertragung in der psychotherapeutischen Behandlung von Kindern und Jugendlichen. In R. Sannwald, M. Schulte-Markwort, F. Resch (Hrsg.), Psychotherapeutische Fertigkeiten (S. 97–116). Göttingen: Vandenhoeck & Ruprecht.

Seiffge-Krenke, I. (2016). Väter, Männer und kindliche Entwicklung: Ein Lehrbuch für Psychotherapie und Beratung. Heidelberg: Springer.

Seiffge-Krenke, I. (2017). Die Psychoanalyse des Mädchens. Stuttgart: Klett-Cotta.

Seiffge-Krenke, I. (2019). Essstörungen: Entwicklungspsychologische und entwicklungspsychopathologische Perspektiven. Kindheit und Entwicklung, 28, 197–209.

Seiffge-Krenke, I. (2020). Jugendliche in der psychodynamischen Psychotherapie: Kompetenzen für Diagnostik, Behandlungstechnik, Konzepte, Qualitätssicherung. Stuttgart: Klett-Cotta.

Seiffge-Krenke, I., Dietrich, H., Adler-Corman, P., Timmermann, H., Rathgeber, M., Winter, S., Röpke, C. (2014). Die Konfliktachse der OPD-KJ-2: Ein Fallbuch für die klinische Arbeit. Göttingen: Vandenhoeck & Ruprecht.

Seiffge-Krenke, I., Escher, F. (2018). Der Konfliktfragebogen der OPD-KJ-2. Universität Mainz, unveröffentlichter Bericht.

Staehle, A. (2013). »Spiel mit mir«. Die Bedeutung der Spielfähigkeit für die kindliche Entwicklung und die analytische Kindertherapie. Analytische Kinder- und Jugendlichen-Psychotherapie, 157, 29–60.

Streeck-Fischer, A. (2014). Trauma und Entwicklung: Adoleszenz – frühe Traumatisierungen und ihre Folgen (2. Aufl.). Stuttgart: Schattauer.

Tress, W., Henry, W. P., Junkert-Tress, B., Hildebrand, G., Hartkamp, N., Scheibe, G. (1996). Das Modell des Zyklisch-Maladaptiven Beziehungsmusters und der Strukturalen Analyse Sozialen Verhaltens (CMP/SASB). Psychotherapeut, 41, 215–224.

WHO – World Health Organization (2018). International statistical classification of diseases and related health problems, 11th revision (ICD-11). Geneva: WHO.

Williams, G. (2003). Innenwelten und Fremdkörper. Abhängigkeitsbeziehungen bei Essstörungen und anderen seelischen Erkrankungen. Stuttgart: Klett-Cotta.

Winnicott, D. W. (1979). The maturational process and the facilitating enviroment – studies in the theory of emotional development. London: Maresfield Library.

Wöller, W. (2014). Bindungstrauma und Borderline-Störung. Ressourcenorientierte Psychodynamische Therapie (RPT). Stuttgart: Schattauer.

Die Autorinnen und Autoren

Petra Adler-Corman, Dipl.-Päd. und Sonderpädagogin, ist als analytische Kinder- und Jugendlichenpsychotherapeutin in Düsseldorf niedergelassen und Dozentin und Supervisorin an Ausbildungsinstituten und in der Jugendhilfe.

Oliver Bilke-Hentsch, Dr. med. MBA LL.M., ist Facharzt für Kinder- und Jugendpsychiatrie und Psychotherapie und als Chefarzt des Kinder- und Jugendpsychiatrischen Dienstes Luzern tätig. Er ist Sprecher der Achse Behandlungsvoraussetzungen der OPD-KJ.

Bastian Claaßen, Dr. med., ist Oberarzt in der Klinik für Psychiatrie und Psychotherapie des Kindes- und Jugendalters des Asklepios Fachklinikums Tiefenbrunn. Er ist Facharzt für Psychiatrie und Psychotherapie, Kinder- und Jugendpsychiatrie und -psychotherapie und befindet sich in der Ausbildung zum Psychoanalytiker am Lou Andreas-Salomé-Institut in Göttingen.

Carola Cropp, Dr. phil. Dipl.-Psych., in Ausbildung zur analytischen und tiefenpsychologisch fundierten Kinder- und Jugendlichenpsychotherapeutin am Lou Andreas-Salomé-Institut in Göttingen. Sie ist tätig in der Klinik für Psychiatrie und Psychotherapie des Kindes- und Jugendalters des Asklepios Fachklinikums Tiefenbrunn.

Heiko Dietrich, Dr. med., ist Facharzt für Kinder- und Jugendpsychiatrie und -psychotherapie und in eigener Praxis niedergelassen in Köln. Er hat die Weiterbildung und Anerkennung in tiefenpsychologisch fundierter Psychotherapie und Verhaltenstherapie.

Carmen Eger, Dipl.-Soz.-Päd., tiefenpsychologisch fundierte Kinder- und Jugendlichenpsychotherapeutin, Therapeutin an der IPU Berlin und niedergelassen in eigener Praxis in Templin. Dozentin und Supervisorin an der Psychologischen Hochschule Berlin/Berliner Akademie für Psychotherapie sowie für die Deutsche Gesellschaft für Soziale Psychiatrie.

Fabian Escher, Dr. phil. Dipl.-Psych., ist Psychoanalytiker und tiefenpsychologisch fundierter Therapeut für Erwachsene, Kinder und Jugendliche. Er ist Ambulanzleiter des Weiterbildungsstudiengangs Psychodynamische Psychotherapie (WePP) der Universitätsmedizin Mainz und niedergelassen in eigener Kassenpraxis in Mainz.

Sebastian Glock, M. A. Erziehungswissenschaft-Sonderpädagogik, in Ausbildung zum Psychoanalytiker für Kinder und Jugendliche am Alfred Adler Institut in Mainz. Er ist tätig in der Institutsambulanz und einer Kinderklinik.

Jenny Kaiser, M. A. Psychologin, wissenschaftliche Mitarbeiterin an der IPU Berlin im Bereich Psychotherapieforschung, Emotionsforschung und psychoanalytische Entwicklungspsychologie und Diagnostik, Mitglied der Arbeitsgruppe OPD-KJ Struktur, in Weiterbildung zur psychologischen Psychotherapeutin (TP & AP).

Gisela Kalkum, Dr. med., ist Kinderärztin und in der Klinik für Kinder- und Jugendpsychiatrie der Rheinhessen-Fachklinik Mainz tätig. Sie befindet sich in der Weiterbildung zum Facharzt für Kinder- und Jugendpsychiatrie und zur tiefenpsychologisch fundierten Therapeutin.

Martina Kempf-Giefing, Dipl.-Päd., psychotherapeutische Ausbildung beim Österreichischen Verein für Individualpsychologie. Tätig als Psychotherapeutin in freier Praxis und am Institut für Erziehungshilfe in Wien.

Eginhard Koch, Dr. med., ist Facharzt für Kinder- und Jugendpsychiatrie und als Oberarzt an der Klinik für Kinder- und Jugendpsychiatrie des Zentrums für psychosoziale Medizin (ZPM) der Universität Heidelberg tätig. Er ist Sprecher der Strukturachse der OPD-KJ.

Jörg Ulrich Koenig ist Psychoanalytiker (WAP/IPA) und psychoanalytischer Psychotherapeut im Landesklinikum Baden-Mödling, Niederösterreich, und in eigener Praxis in Wien.

Lydia Kruska, M. A. Psychologin und Dipl.-Päd. (Rehab.), wissenschaftliche Mitarbeiterin an der IPU Berlin im Bereich Psychotherapieforschung, psychoanalytische Entwicklungspsychologie und Diagnostik, Mitglied der Arbeitsgruppe OPD-KJ Struktur, in Ausbildung zur psychologischen Psychotherapeutin und Kinder- und Jugendlichenpsychotherapeutin (TP & AP).

Susanne Schlüter-Müller, Dr. med., ist Kinder- und Jugendpsychiaterin und Psychotherapeutin in eigener Sozialpsychiatrischer Praxis in Frankfurt am

Main und Forschungsoberärztin an den Universitären Psychiatrischen Kliniken der Universität Basel. Sie ist Mitglied der Arbeitsgruppe OPD-KJ Struktur.

Klaus Schmeck, Prof. Dr. med. Dipl.-Psych., ist Ordinarius für Kinder- und Jugendpsychiatrie, Universitäre Psychiatrische Kliniken der Universität Basel, und Mitglied der Sprechergruppe der OPD-KJ.

Ilonka Schwarzenfeld, M. A. Niederlandistik, ist Individualpsychologische Analytikerin in freier Praxis und im Ambulatorium für Kinder- und Jugendliche in Krisensituationen, »die Boje«, in Wien.

Inge Seiffge-Krenke, Prof. Dr., ist em. Professorin für Entwicklungspsychologie an der Universität Mainz, Psychoanalytikerin für Kinder, Jugendliche und Erwachsene und als Dozentin und Supervisorin in verschiedenen Ausbildungsinstituten tätig. Sie ist Sprecherin der Konfliktachse der OPD-KJ und Mitglied der Sprechergruppe der OPD-KJ.

Annette Streeck-Fischer, Prof. Dr. med., Ärztin für Kinder- und Jugendpsychiatrie, Psychotherapeutische Medizin, Psychoanalytikerin, Hochschullehrerin an der IPU Berlin, Lehranalytikerin, Supervisorin. Sie ist Mitglied der Arbeitsgruppe OPD-KJ Struktur.

Helene Timmermann, Dr. phil., Sozialpädagogin, ist in Hamburg als Kinder- und Jugendlichenpsychotherapeutin niedergelassen mit der Fachkunde Psychoanalyse und tiefenpsychologisch fundiert. Sie ist Dozentin und Supervisorin an mehreren Ausbildungsinstituten.

Alexa Kyra Weber, Magister der Philosophie, ist individualpsychologische Analytikerin für Kinder, Jugendliche und Erwachsene in freier Praxis in Wien und an der klinischen Abteilung für Kinder- und Jugendpsychiatrie und Psychotherapie des Universitätsklinikums Tulln.

Ruth Weissensteiner, Dr. med., ist Fachärztin für Kinder- und Jugendpsychiatrie und Psychotherapie in eigener Praxis in Wien und individualpsychologische Analytikerin. Sie ist Mitglied der Strukturachse der OPD-KJ.

Emine Yücel-Gülay, Dipl.-Pädagogin, ist approbierte Kinder- und Jugendlichenpsychotherapeutin und Mitarbeiterin in der Sozialpsychiatrischen Praxis Schlüter-Müller, Frankfurt am Main.